Monika Specht-Tomann
Erzähl mir dein Leben

W0059301

Monika Specht-Tomann

Erzähl mir dein Leben

Zuhören und Reden
in Beratung und Begleitung

Walter Verlag

Den Menschen, die mir ihre Geschichten geschenkt haben!

Fotos: Monika Specht-Tomann
Abbildungsbearbeitung: Werner Specht

Bibliografische Information der Deutschen Bibliothek

Die Deutsche Bibliothek verzeichnet diese Publikation in der Deutschen National-
bibliografie; detaillierte bibliografische Daten sind im Internet über http://dnb.ddb.de
abrufbar.

© 2003 Patmos Verlag GmbH & Co. KG
Walter Verlag, Düsseldorf und Zürich
Alle Rechte vorbehalten.
Umschlaggestaltung: Groothuis, Lohfert, Consorten (Hamburg)
Druck und Bindung: Bercker, Kevelaer
ISBN 3-530-40143-9
www.patmos.de

Inhalt

Geschichten sind Lebensbegleiter. In der Kindheit führen sie die
Menschen in die geheimnisvolle Welt der Märchen und Mythen.
Später helfen sie, einen positiven Zugang zu den religiösen, kulturellen und sozialen Lebensumwelten zu finden. Geschichten
können Unbegreifliches verständlicher machen. Sie gehen unter
die Haut, sprechen unser Gefühl ebenso an wie unseren Geist
und leiten uns oftmals an, Neues und Unbekanntes zu erschlie-
ßen. Geschichten ermutigen Menschen, auf Entdeckungsreisen
in das Land der Fantasie zu gehen. Sie helfen auch, die Welt
anderer zu verstehen, gleichsam mit ihren Augen und Ohren sehen
und hören zu lernen. Dies gilt für Aufzeichnungen der alten Grie-
chen im gleichen Maße wie für das reiche Märchen- und Sagen-
gut anderer Kulturen.
Wie ist das aber mit den Geschichten, die sich im Leben eines
jeden Menschen ereignen? Wie ist das mit den einfachen, alltäglichen Lebensgeschichten? Welche Schätze in Lebenserinnerungen stecken können, zeigen auf eindrucksvolle Weise die zahlreichen autobiographischen Arbeiten bekannter und weniger
bekannter Autoren, die als Bücher erschienen sind und eine große
Leserschaft interessieren. Was führt diese Menschen dazu, ihr
Leben in Form von Erinnerungen anderen mitzuteilen? Vielleicht
ist es der Wunsch, das eigene Leben rückschauend nochmals zu
durchschreiten und sich der wichtigsten Stationen bewusst zu
werden. Vielleicht ist es der Wunsch, eine Art geistiges Vermächtnis zu hinterlassen und den Mitmenschen den jeweils individuellen Lebensweg als eine Möglichkeit der Lebensgestaltung nahe zu
bringen. Manche Lebensstation kann erst im Nachhinein richtig
begriffen, bewertet und gewürdigt werden. Das Eintauchen in die
eigene Geschichte ermöglicht dem Schreibenden, die Licht- und
Schattenseiten aus der wohltuenden Distanz gelebter Jahre zu

betrachten. In manchen Fällen wird es vielleicht sogar möglich, dort versöhnliche Klänge anzustimmen, wo sich bisher nur Ablehnung und Widerstand zeigte. In anderen wiederum kann es sein, ein tieferes Verständnis für das eigene Handeln zu bekommen, wenn man sich darauf einlässt, die Stufen des Lebensweges nochmals zu durchschreiten. So ist es nicht verwunderlich, dass viele »Lebensgeschichten« als Lebenserinnerungen von älteren Menschen verfasst werden oder von Menschen, die sich am Ende ihres Lebens wähnen. Dies wäre die eine Seite, die des Schreibenden, des Erzählenden.

Auf der anderen Seite verspüren viele Menschen eine große Neugierde, etwas vom Leben anderer zu erfahren. Warum ist es aber so interessant zu hören, was beispielsweise ein Musiker, ein Politiker, ein Schauspieler … erlebt hat, zu welchen Erkenntnissen er gekommen ist und welche Lebensweisheiten in und zwischen den Zeilen zu finden sind? Zum Einen mag da die Sehnsucht eine Rolle spielen, ein bisschen an all dem Glanz und Ruhm teilzuhaben und sich mit ihnen identifizieren zu können – und sei es nur für ein paar schöne Lesestunden. Zum Anderen gibt es bei vielen Menschen das Bedürfnis, politisch-historische, soziale und kulturelle Ereignisse über die Aussagen von Zeitzeugen besser begreifen zu können. Man könnte auch sagen, dass oft der Wunsch nach »Wahrheit« hinter der Neugierde steckt, der Wunsch zu wissen, wie es »wirklich« war. Geschichten können helfen, »Geschichte« transparenter zu machen – die Geschichte eines einzelnen Menschen ebenso wie die »große« Geschichte im historischen Sinn.

Aber nicht nur bekannte und exponierte Persönlichkeiten stoßen mit ihren Erzählungen bei anderen auf Interesse. Oft sind es die kleinen Alltagsgeschichten Unbekannter, etwa die Erinnerungen an Jugenderlebnisse, an Krieg und Wiederaufbau, an kleine Abenteuer und große Lieben …, die Zeitreisen ermöglichen und den Leser oder Zuhörer einen Blick hinter die Kulissen erlauben. Ähnlich wie bei den großen Menschheitsgeschichten der Mythen kann man über die Anteilnahme am Schicksal anderer neuen Mut schöpfen und die Kraft, das eigene Leben zu gestalten. Zahlreiche Berichte von Menschen mit schweren Schicksalsschlägen –

etwa Krebserkrankungen, Suchtproblemen, Trennungserlebnissen – werden so, als Geschichten verpackt, für Personen in ähnlichen Situationen zu wertvollen Geschenken. Geschichten können aufbauen, Mut machen und Hoffnung spenden. Geschichten können Licht in dunkle, unbekannte (Seelen)Gebiete bringen. Ihre Aussagen haben für manchen Leser Vorbildwirkung. So wie der Held im Märchen manchem Kind hilft, eigene Ängste zu überwinden, so kann beispielsweise der Bericht über den positiven Umgang mit Krankheit, Verlust und Schmerz Menschen mit ähnlichem Schicksal als Modell dienen.

Erlebtes in Worte fassen. Erzählen. Niederschreiben. Aufzeichnen. Festhalten. Weitergeben:
Das ist die eine Seite.
Erzähltem lauschen. Niedergeschriebenes aufnehmen. In unbekannte Lebenswelten eintauchen. Neues kennen lernen. Altem neu begegnen:
Das ist die andere Seite.
Beide Seiten gehören zum positiven Umgang mit Lebens-Geschichten, bei dem Erinnerungen zu einer Gabe, einem Geschenk werden – an sich selbst und all diejenigen, die zu hören bereit sind. Der positive Umgang mit den vielen großen und kleinen Berichten rund um das eigene Leben ist in jeder Lebensphase eine wertvolle Hilfe. Was jedoch in Zeiten der Ruhe, Stabilität und Gesundheit einem heiteren Spaziergang durch das Bilderbuch des Lebens gleicht, kann in Ausnahmesituationen zu einem Überlebenskampf werden, zu harter Arbeit und zum Ringen um neue Perspektiven. In zahlreichen Begegnungen mit gesunden und kranken, mit alten und jungen Menschen ist mir deutlich geworden, wie wichtig und hilfreich ein *lebensgeschichtliches Gespräch* in Situationen der Neuorientierung und bei der Bewältigung von Stress, Angst, Verlust, Verzweiflung und Einsamkeit sein kann. Ausgehend von persönlichen Erfahrungen aus der Begleitung von Gesunden und Kranken möchte ich im vorliegenden Buch zeigen, welche *Möglichkeiten* und *Chancen* die Beachtung der *Lebens-Geschichten* in der *Begleitung* von Menschen hat. Dabei sollen zahlreiche *Impulse* für einen lebensgeschichtlich orientierten

Umgang mit kranken und alten Menschen Begleitern ganz konkrete Anregungen für ihren Berufsalltag geben.

Im Mittelpunkt der Arbeit werden zahlreiche Beispiele von *Lebens-Geschichten* stehen – einmal mehr aus der Sicht der Erzählenden, dann wiederum eher aus der Sicht der Begleiter. Ein Teil der hier wiedergegebenen Geschichten entstand als »Antwort« auf einen Impuls von mir, über lebensgeschichtliche Themen schreibend »ins Gespräch zu kommen« (vgl. S. 175 ff.). Ein anderer Teil entstand als Stegreiferzählungen direkt im Rahmen von Gesprächen und wurde erst nachträglich von mir – in möglichst enger Anlehnung an das Erzählte – in eine schriftliche Form gebracht. Dadurch haben sie zwar an Ursprünglichkeit verloren, können aber mehreren Menschen als Anregung dienen. Alle Texte erlauben reizvolle Einblicke in ganz unterschiedliche »Lebensabenteuer«, Verarbeitungsweisen und Darstellungsmöglichkeiten von Jungen und Alten, Gesunden und Kranken, Aufgeschlossenen und Zurückhaltenden ... Allen, die mir ihre Geschichten zum Geschenk gemacht haben, ein herzliches *Danke!*

Wie es im Laufe meines eigenen Lebens dazu kam, dass ich so viele Geschichten – erzählte, geschriebene, gedichtete, gemalte, fotografierte – geschenkt bekam, ist ein eigener kleiner Roman. Der Beginn dieses Romans führt weit zurück in meine Kindheit und könnte wie ein Märchen beginnen ...

... es war einmal ein kleines Mädchen, das lebte mit seiner Familie in einem alten Haus, umgeben von einem verwilderten Garten. Die Obstbäume hatten dicke knorrige Äste, die Sträucher bildeten einen lebenden Zaun und die Wiese bot eine bunte Blumenpracht. Das kleine Mädchen liebte diesen Garten und verbrachte viele Stunden darin. Doch noch mehr liebte es seine Großmutter. Die alte Frau konnte etwas, das niemand so wunderbar beherrschte wie sie: Märchenerzählen. Es gab viele Abende, an denen sich die Großmutter in ihren tiefen Lehnstuhl setzte, die Stehlampe anschaltete und den Wäschekorb mit der Stopfwäsche hervorholte. Das waren dann die schönsten Stunden für das kleine Mädchen! Eng an die Beine der Großmutter geschmiegt, saß es am Boden und lauschte dem herrlichen Singsang von Großmutters Stimme. Schon bald tauchten fremde Städte und Dörfer auf …, Menschen holten Wasser beim weit entlegenen Brunnen …, Pferde mussten gestriegelt werden – und dann war da noch die Geschichte von der Weihnachtsgans, die sich nicht fangen lassen wollte …

Erst als ich viel älter geworden war, erfuhr ich, dass die Märchen meiner Kindheit die Lebenserinnerungen meiner Großmutter waren! Natürlich gab es da noch »Hänsel und Gretel«, »Rotkäppchen« oder »Aladin und die Wunderlampe«. Doch keines der vielen Märchen konnte jemals den Reiz für mich haben, den die Lebens-Geschichten meiner Großmutter hatten. Sie war eine großartige Erzählerin! Und ich lernte bei ihr Zuhören. So wurden wir über die Jahre hin ein gutes Erzähler-Zuhörer-Team, auf das wir in ganz unterschiedlichen Lebenssituationen zurückgreifen konnten. Am Ende ihres Lebens, in meiner Jugend, wurde ich noch einmal eingeladen, ihre Lebensgeschichte zu hören – diesmal war ich die Einzige, die ihr, der alten verwirrten Frau, ihre Geschichten glaubte. Von Krankheit gezeichnet, gebrechlich und in der neuen Umgebung eines Sanatoriums schlecht orientiert, nahm sie Zuflucht in die Bilderwelt ihrer Kindheit und Jugend. Niemand wollte der alten Frau glauben, dass des Nachts »die herrlichsten Pferdeparaden« im Park stattfanden, und keiner hielt es für möglich, dass »der alte Kaiser« im Chefarztzimmer seine Audienz abhielt. Bei einem meiner letzten Besuche saß Großi, so nannten wir meine Großmutter im Familienkreis, mit leuchtenden Augen in ihrem Bett. Verschmitzt lächelnd zog sie mich zur Seite und erzählte mir, dass diese lieben Menschen hier alle keinen Sinn für Geschichten hätten, keine Geduld zuzuhören und keine Zeit. Aber jetzt sei ich ja gekommen und einer Erzählstunde stünde nichts im Weg! Sie bat mich, etwas länger zu bleiben – und da wurde ich wieder das kleine Mädchen und lauschte dem Singsang von Großmutters Stimme …

So wurde das Thema »Geschichten« zu einem ganz wesentlichen Teil meines Lebens und hat seine Faszination bis heute nicht verloren.

Wie ist das Buch aufgebaut?

- *Einführende* Gedanken sollen die Leser zum Thema »Geschichten hören – Geschichten erzählen« hinführen. Sie möchten sensibel machen für die Bedeutung und Funktion lebensgeschichtlicher Gespräche in Zeiten von Gesundheit und Krankheit.
- Im *zweiten* Abschnitt stehen konkrete Impulse für die Begleitung im Mittelpunkt. Es werden Grundelemente der Kommunikation anwendungsbezogen dargestellt, Hinweise für eine gute Gesprächsführung gegeben und Möglichkeiten einer persönlichen Auseinandersetzung aufgezeigt. Zahlreiche Anregungen, wie man mit Menschen ins Gespräch kommen kann, geben Begleitern Impulse für ihre Arbeit und unterstreichen den Praxisbezug.
- *Abschließend* werden Beispiele lebensgeschichtlicher Berichte aus ganz unterschiedlichen Situationen dargestellt. Kindheitserinnerungen kommen darin ebenso vor wie die Verarbeitung von schweren Schicksalsschlägen, Krankheit und Verlust. Die Leser werden eingeladen, nachzuvollziehen, wie schöne und weniger schöne Erinnerungen erzählend zu einer Geschichte zusammengefügt werden und zu einer Lebenshilfe ganz besonderer Art werden.

Welches Ziel verfolgt das Buch?

Es geht darum:

- die *heilsame Kraft* des Erzählens in der Lebensbewältigung darzustellen
- die *Bedeutung* einer lebensgeschichtlichen Begleitung für den Umgang mit kranken und alten Menschen herauszuarbeiten
- *Impulse* und *Anregung* für eine lebensgeschichtliche Begleitung zu geben
- *Geschichten* »aus der Praxis für die Praxis« sprechen zu lassen
- *Mut* zu *machen*, in der Begleitung und Betreuung den kreativen Weg des Erzählen-Lassens und des einfühlsamen Zuhörens zu gehen

- die Modelle der Begleitung und Betreuung kranker und alter Menschen um die Dimension des Erzählens zu *erweitern*

An wen wendet sich das Buch?

Durch die Verschränkung von theoretischen Ausführungen und praxisbezogenen Anregungen wendet sich das Buch in erster Linie an Personen, die Menschen in schwierigen Lebenssituationen begleiten oder beruflich mit der Pflege und Betreuung kranker oder alter Menschen betraut sind.

Die Fülle an berührenden, nachdenklichen, lustigen, schlichten, einfallsreichen, lyrischen Lebensgeschichten macht dieses Buch aber auch zu einem Lesebuch für alle, die an Alltagsgeschichten Interesse haben, die oft ganz und gar nicht alltäglich sind!

Somit wendet sich das Buch an:

- Pflegepersonal, AltenbetreuerInnen, Ärzteschaft
- SozialarbeiterInnen, SeelsorgerInnen, PsychologInnen, TherapeutInnen
- ehrenamtliche HelferInnen im Sozialbereich
- Menschen, die sich für die eigene Lebensgeschichte und die anderer Menschen interessieren, …und an alle, die Freude an »Geschichten« haben!

1

LEBEN – ERINNERN – ERZÄHLEN:
Geschichten als Lebensbegleiter

Funktionen eines lebensgeschichtlichen Gesprächs

> Wer eine Geschichte zu erzählen hat, ist eben-
> so wenig einsam wie der, der einer Geschichte
> zuhört. Und solange es noch irgend jemand
> gibt, der Geschichten hören will, hat es Sinn, so
> zu leben, dass man eine zu erzählen hat.
>
> *Sten Nadolny*

Die Geschichten-Welt eines Menschen hat viele bunt schillernde Bestandteile und setzt sich aus einem *passiven* und einem *aktiven* Teil zusammen. Die vielfältigen »Geschichten« und Märchen, die als kulturelles Erbe vorhanden sind, stellen den passiven Teil dar, sie sind gleichsam der eine Pol auf der Geschichten-Landkarte. Der andere Pol sind die aktiv gestalteten, die persönlich erzählten Geschichten. Lauschen, Aufnehmen und Verarbeiten gehören ebenso wie das aktive Erzählen und das »Sprechen über die Dinge des Lebens« zu jedem Menschen. Von der Geburt bis zum Tod ist das Aufnehmen und Verarbeiten von Geschichten ebenso wie das Gestalten eigener Erzählungen ein wichtiger Bestandteil der Entwicklung.

Einige *Beispiele* sollen dies verdeutlichen:

- Erzählend lernt das Kind eine Brücke zu schlagen zwischen seinen eigenen kindlichen Vorstellungen und den äußeren Eindrücken.
- Erzählend tasten sich Jugendliche an Neues heran und formen ihre eigene Wirklichkeit.
- Erzählend lernen Menschen die Welt besser zu verstehen und vermögen manchen unbegreiflichen Dingen einen Sinn zu verleihen.
- Erzählend gibt der alte Mensch sein Wissen und seine Einsichten an die nächste Generation weiter und kann damit sein eigenes Leben bereichern.

Betrachtet man den Lebensweg eines Menschen, so kann man diesen Weg von außen, aus der Sicht des Betrachters schildern. Die Orientierung wird dann an so genannten harten Daten erfolgen, Geburtsdatum, Schuleintritt, Berufsfindung, Eheschließung und anderem. Durch intensives Nachforschen kann es gelingen, ein stimmiges Bild, eine gelungene Biografie zu erstellen. Diese Biografie ist die Geschichte eines Menschen aus der Sicht eines anderen. Es gibt aber auch die Möglichkeit, den Betreffenden selbst seine Geschichte erzählen zu lassen. Hier wird wiederum ganz Anderes zum Leben erweckt. Viele Ereignisse, die ein Außenstehender als wichtig und markant beschrieben hat, werden kaum erwähnt oder gar »vergessen«, einige werden vielleicht anders »beleuchtet« und schließlich wird es Dinge geben, die nur der Erzähler selbst auspacken kann. Wenn er sie nicht zur Sprache bringt, bleiben sie für immer verborgen und haben keine Chance, über den Erzähler hinaus zu wirken.

Mit einem Menschen in einen Dialog über sein Leben zu treten, kann mit einer gemeinsamen Bergwanderung verglichen werden, bei der die Bergroute nur vage festgelegt ist. Das Ziel ist eine »Geschichte«. Doch der Weg zum Gipfel ist nicht immer geradlinig. Oft müssen Umwege in Kauf genommen, Klippen überwunden und Hindernisse beseitigt werden. Auch gibt es Orte des Verweilens, des Kräftesammelns und der Neuorientierung. Manchmal ist es auch notwendig, ein Stück des Weges wieder zurückzugehen und einen Neuaufstieg zu wagen. So wie man den Berggipfel nur über bestimmte Stationen Schritt für Schritt erreichen kann, sind auch auf dem Weg zum großen Lebens-Buch viele kürzere oder längere Kapitel notwendig. Oftmals werden Teil-Geschichten zu bestimmten Zeitpunkten, an markanten Wendepunkten oder nach einschneidenden Erlebnissen umgeschrieben. Die Lebens-Geschichte wird manchmal erweitert, dann wiederum werden Abschnitte gestrichen oder neue hinzugefügt.

Über das eigene Leben zu sprechen kann verschiedene Ziele verfolgen. Unter anderem bedeutet es oft:

- dem eigenen Leben ein Motto geben
- sich selbst ernst nehmen

- sich mit den Ecken und Kanten des Lebens beschäftigen
- das eigene Leben »bearbeiten«
- Spuren suchen, die man hinterlassen hat
- sich aussöhnen
- sich annehmen, so wie man geworden ist

Lebensgeschichtliche Gespräche sind in gewisser Weise eine sprachliche Begleitung einzelner Lebens- und Entwicklungsstufen. Sie umfassen die ganze Bandbreite von »Gesprächen über das Leben«, die alle Menschen von der Kindheit bis zu ihrem Ende mit anderen Menschen verbindet. Neben universellen Erfahrungen spiegeln sie Mitteilungen von Eindrücken und Erfahrungen wider, wie sie von ein und derselben Person nur so und nicht anders gemacht werden. Im Erzählen und Austauschen alters-, geschlechts- und kulturspezifischer Eindrücke und Erfahrungen gewinnen Menschen ein Stück ihrer Identität. Ohne diese Form von Gesprächen ist Entwicklung nicht möglich. Somit erweisen sich lebensgeschichtliche Gespräche als echte Lebensbegleiter! Sie können unterschiedliche *Funktionen* erfüllen:

1. Verarbeiten von Alltagserfahrungen

Jeder Tag hält eine Fülle von Erfahrungen und Erlebnissen bereit. Doch nicht alles kann bleibende Bedeutung erhalten. In der Mitteilung liegt die Möglichkeit, sich im Dschungel der hereinstürzenden Eindrücke zu orientieren. Indem Menschen einen Bericht verfassen, geben sie gleichzeitig ihrem Leben, ihren Wahrnehmungen, ihren Handlungen eine Richtung. Sie wählen aus und legen sich bis zu einem gewissen Grad fest. In der Reflexion über das Leben und die Geschichten des Lebens können sie einen bewussten Zugang zu sich und ihrer Umwelt bekommen. Erzählend nähern sich Menschen anderen Welten und versuchen ihre eigene besser zu begreifen. Sie tasten sich an ihrem eigenen Erzähl-Rahmen entlang und versuchen, sich über Form, Material und Farbe dieses Rahmens klar zu werden. Damit äußere Ereignisse zu inneren »Wahrheiten« werden können, müssen sie einen weiten Weg zurücklegen. Prinzipiell muss alles, was geschieht, erst in die eigene Sprache übersetzt werden! Es müssen Bilder, Begriffe, Beschreibungen – mit einem Wort »kleine Erzählungen« – entwickelt werden, die aus Unbekanntem Vertrautes machen. Neue Erlebnisse müssen erst eine Heimat im Reich der Sprache bekommen. Sie werden danach interpretiert, wie gut sie in die bereits vergangenen Erlebnismuster passen. Ereignisse, die ganz fremd sind, keine entfernten Ähnlichkeiten mit bereits Erlebtem aufweisen und die im Menschen nichts zum Klingen bringen, haben keine Chance, erzählt zu werden. Damit haben sie aber auch keine echten »Überlebenschancen«. Nicht erzählt, verblassen ihre Bedeutungen, verlieren sie jeden auch noch so vagen Sinn und hören subjektiv schlicht und einfach auf zu existieren. Es sind die erzählten Geschichten und die darin zum Ausdruck gebrachten gelebten Erfahrungen eines Menschen, die sein Leben und seine Beziehungen formen!

> Ein lebensgeschichtliches Gespräch ist nichts anderes als ein Akt der Lebensgestaltung, es schafft Ordnung, stiftet Sinn und gibt der Person ihre individuelle Bedeutung.

2. Verwandeln und Gestalten

Denkt man an die vielen Schritte in der menschlichen Entwicklung vom Kind bis hin zum Erwachsenen, wird auch deutlich, wie sehr ein und dieselbe Erfahrung einem Wandel unterworfen sein kann. Besonders in stürmischen Entwicklungsphasen können bekannte Dinge ganz neu erfahren werden. Mitteilungen über diesen Wandel sind dann Mitteilungen über wahrgenommene Unterschiede. Aus »Altem« wird »Neues«! Die Erzählung eignet sich bei diesem »Verwandeln« hervorragend, um sich selbst und anderen neue Sichtweisen der eigenen Welt mitzuteilen und Entwicklungsprozesse verständlich zu machen. Es ist wie der Versuch, ein schon bekanntes Buch neu zu lesen oder neu zu interpretieren. Diese interpretativen Erzählungen sind persönlich gestaltete Kunstwerke. Aus vielen Möglichkeiten greift der Erzählende selbst ganz bestimmte Details einer Erfahrung heraus, sucht nach entsprechenden Worten, Vergleichen, Beschreibungen. Er trifft eine Auswahl, bringt Ordnung in seine Sätze und gibt den Ereignissen eine eigene Reihenfolge. Er entwirft das Bild seiner Erfahrung, gibt den Ereignissen eine Bedeutung, eine unverwechselbar individuelle Note, die manchmal auch auf sein weiteres Verhalten einen Einfluss hat. So entstehen nach und nach »Geschichten einer Geschichte«, die dazu beitragen, dass aus einer simplen Erfahrung eine »gelebte Erfahrung« wird. Dies wiederum trägt wesentlich dazu bei, den eigenen Lebenserfahrungen Bedeutung zu verleihen.

> **Ein lebensgeschichtliches Gespräch gibt das Verständnis eines Menschen von sich und der Welt wieder.**

3. Bewältigen von Ausnahmesituationen

Besonders bei der Verarbeitung von Ausnahmesituationen, von Neuem, Unerwartetem und Dramatischem liegt im Erzählen die Möglichkeit, »Fremdes« zu »Eigenem« werden zu lassen. Die Eingliederung unbekannter Realitäten in die eigene Lebenswirklichkeit wird durch eine Mitteilung, eine oft wieder und wieder neu- und umgestaltete Erzählung erleichtert, wenn nicht sogar in manchen Fällen überhaupt erst ermöglicht. Eine objektive Lebensumwelt wird so zu einer subjektiven Lebenswelt. Die Gestaltung einer Erzählung über Neues, Unbekanntes, Belastendes oder Unverständliches kann zu einer spannenden Erkundungsfahrt in die Bilderwelt früher Jahre werden. Wie im Märchen versuchen wir dann für eine bestimmte Problemlage »den richtigen Schlüssel« zu finden, ein andermal das »Zauberwort« herauszubekommen oder »die Prüfungen zu bestehen«, die ein Weiterkommen auf dem Lebensweg möglich machen. Dabei kann das passive Aufnehmen alter Weisheiten und neuer Ideen mit dem aktiven Erzählen eine heilsame Synthese ergeben und eine Form der Lebensbegleitung oder Lebensberatung werden. Erfolgreich erzählte Lebens-Erfahrungen sind dann auch Ausdruck einer gelungenen Integrationsarbeit.

> Ein lebensgeschichtliches Gespräch schafft den Raum, Geschichten neu- oder umzuschreiben. Dadurch können belastende Situationen in einem anderen Licht gesehen und neue Entwicklungen angedeutet werden.

4. Zugang zu verschütteten Erlebnissen

Eine lebensgeschichtliche Erzählung kann niemals die Fülle gelebter Erfahrungen wiedergeben. Immer bleiben bestimmte Erlebnisse und Gefühle auf der Strecke. Sie werden ausgeklammert, zurückgestellt und geraten oft in Vergessenheit. Da gibt es zum einen Ereignisse, die in ihrer Dynamik so ganz und gar nicht zu Form und Inhalt der anderen Lebens-Geschichten passen, für die einfach die entsprechenden Vokabeln fehlen. Dann gibt es auch Erfahrungen, die überhaupt nicht in Geschichten gefasst werden können, die sich einer klaren Erzählstruktur entziehen. Schließlich gibt es Erfahrungen, die so schlimm sind, dass sie sprachlos machen. Manchmal gelingt es, den »Schattenwesen des Unerzählten« Form zu verleihen. Es kann sein, dass sich nie erzählte Geschichten zaghaft melden, als schwache Bilder auftauchen, leise anklopfen und doch noch erzählt werden möchten. Solange die Möglichkeit besteht, einem »Du« davon zu erzählen, gibt es immer noch die Chance, neue Einsichten über nie verstandene Zusammenhänge zu bekommen. Die eigenen Geschichten können dann umgeschrieben oder ergänzt werden. Manchmal gelingt es sogar, ein neues Kapitel anzufügen. Die Bedeutung, die Menschen diesen Geschichten dann beimessen, beeinflusst oftmals auch das nachfolgende Verhalten. Ein Wiederbeleben nicht erzählter Erfahrungen kann neue Lebensperspektiven eröffnen. Im Erzählen liegt die Quelle des Wandels und die Chance für Veränderung. Wo das nicht mehr möglich ist, stirbt der Glaube an die Zukunft.

> Mit Hilfe lebensgeschichtlicher Gespräche können die weißen Flecken auf der Landkarte der Lebens-Erfahrungen Farbe gewinnen.

5. Zurückblicken und Abrunden

Im Laufe eines Lebens wird es immer wieder Momente geben, in denen ein Bilanzieren, ein Zurückschauen, Ordnen und Neuorientieren notwendig wird. Besonders am Lebensende geht es darum, inne zu halten, einen Blick in die Vergangenheit zu werfen und die eigenen Lebensspuren zu erkennen. Gelingt es, den Lebensbogen in seiner Gesamtheit zu betrachten und erzählend wieder zu beleben, so wird ein Überdenken, ein Bewerten, ein Anklagen, aber auch ein Versöhnen möglich. Noch einmal können aus der Fülle an möglichen Berichten über die eigene Person und über die eigene Weltsicht jene Puzzlestücke herausgegriffen werden, die ein harmonisches, abgerundetes Bild ergeben. Erstarrte Erlebnisformen und festgefahrene Darstellungsweisen können vielleicht ein letztes Mal gelöst und einem Erzählstrom zugeführt werden, in dem Konturen einer »neuen Lebensgeschichte« aufleuchten. In gewissem Sinne geht es darum, die Ernte des bisherigen Lebens zu betrachten, sie in Worte zu verpacken und in einem lebensgeschichtlichen Gespräch einem anderen Menschen zu schenken.

> Im Erzählen der eigenen Lebens-Geschichte kann auch die Chance liegen, seinem Leben Sinn zu geben!

Abschließend möchte ich noch darauf verweisen, dass das Erzählen der eigenen Lebensgeschichte dem Verfassen einer *Chronik* gleicht. Dies ist kein spektakuläres Ereignis. Es ist vielmehr ein Prozess des Lebens selbst und der Lebensgestaltung, der scheinbar beiläufig geschieht und nur dort unsere Aufmerksamkeit auf sich zieht, wo das Erzählen misslingt oder wo es ganz gezielt als Lebenshilfe eingesetzt wird.

Die Chronik

Nach reiflicher Überlegung entschloss sich der chinesische Maler Li, das Massiv zu malen, in dessen Schatten sein Dorf lag. Früh wanderte er bis zum Fluss des Gebirges, und als er seine Staffelei auf einem Vorsprung direkt dem Grat gegenüber aufgestellt hatte, glitt sein Blick in die Höhe. Schwarz und mächtig hing der Felsen über seinem Kopf, hoch über dem Gipfel schwebte die silberne Sichel des Mondes, und Berg und Mond schienen für die Ewigkeit an den gestirnten Himmel gezeichnet. »Das ist es«, flüsterte Li, und voll Schrecken, Bewunderung und Entzücken prägte er sich das Bild ein. Und nachdem er die Götter um Hilfe angefleht, macht er sich daran, das Gesehene auf den Bogen zu bannen. Nach einer Stunde aber, als er seine Skizze beendet hatte und das Gemälde beginnen wollte, verglich er das Blatt noch einmal mit der Wirklichkeit. Aber die hatte sich unterdessen vollkommen geändert. Denn der Scheitel des Kammes lag nun in rötlichem Schimmer, der Himmel glänzte grün, und statt der silbernen Sichel hoch über dem Gipfel schwamm der Mond nun wie ein duftiges Wölkchen direkt über dem Grate. »Das ist es«, flüsterte Li abermals, und seine Überzeugung, dass dies der Anblick war, den zu malen er sich auf den Weg gemacht hatte, war um nichts minder fest als seine erste Überzeugung. Und er prägte sich voller Schrecken, Bewunderung und Entzücken auch dieses Bild ein, und macht sich daran, es auf das Papier zu werfen.

Nach einer Stunde aber, als er seine zweite Skizze beendet hatte und das Blatt noch einmal mit der Wirklichkeit verglich, da hing die Felswand in klarstem Braun über seinem Kopf, weiße Nebelstreifen zerteilten sie in sieben Stockwerke, der Himmel war fast schwarz vor Bläue, und die Sichel des Mondes war nirgends mehr zu finden. Ob es noch immer das eigentliche Bild war, dem er, als er nun an seine dritte Skizze ging, nachjagte, das wissen wir nicht. Aber dass er seine Arbeit nicht unterbrach, dass er sich, immer von neuem entzückt, an seine vierte Skizze machte und an seine fünfte, dass er nicht das Verrinnen der Zeit spürte und nicht den Hunger, und dass er sich erst, als sein Vorrat an Blättern erschöpft war, als zu seinem größten Erstaunen die Bergwand wieder schwarz drohend über ihm hing und sogar der Mond wieder über dem Grate schwebte – dass er sich erst dann erhob, um zweifelnd und mit zitternden Knien hinunter ins Tal zu steigen, das wissen wir.

»Und wo ist das Bild?« fragte seine Frau, als er sich auf der Bank vor seiner Hütte niedersetzte.

Er schob ihr die Skizzen zu .(...)

»Eine Chronik!« sagte sie verächtlich. »Statt des Berges!«

Und schob die Blätter von sich.

Da erhob er sich. Auf der Schwelle seiner Hütte aber wandte er sich noch einmal um.

»Und wie«, fragte er, »wenn der Berg selbst nichts wäre als eine ›Chronik‹?«

(G. Anders)

Zusammenfassung

Funktionen des lebensgeschichtlichen Gesprächs:

- Verarbeiten von Alltagserfahrungen (vertraut machen, Identität schaffen)
- Verwandeln und Gestalten (entwicklungsbedingte Anpassungen)
- Bewältigen von Ausnahmesituationen (Integration)
- Zugang zu verschütteten Erlebnissen (Verstehen, Reparieren)
- Zurückblicken und Abrunden (Sinnfinden)

■ Das lebensgeschichtliche Gespräch in der Begleitung und Beratung

Die Menschen reden, worüber sie reden
wollen und müssen, wenn wir ihnen nur die
Gelegenheit dazu geben.
Marlene Anderson

Das Gespräch spielt in der Begleitung von Menschen in schwierigen Lebenssituationen eine große Rolle. Über seine heilende Wirkung gibt es zahlreiche Berichte unterschiedlicher psychotherapeutischer Schulen. Sie alle verwenden mehr oder weniger intensiv die eine oder andere Form des biografischen Gesprächs. Ich werde mich im Folgenden mit der Bedeutung von Geschichten in der *Begleitung und Beratung* beschäftigen, also in Bereichen, in denen *keine gezielte* therapeutische Intervention erfolgt.

Was ist unter Begleitung und Beratung zu verstehen?

Beratung und Begleitung sind zwei verwandte Begriffe. Die meisten Menschen verbinden mit ihnen Hilfestellungen für Einzelne oder Gruppen, die sich in einer Problemsituation befinden. Mit anderen Worten: Es handelt sich um Formen der Hilfesysteme von »Menschen für Menschen«.

Was erwartet sich nun jemand, der um eine *Anleitung* bittet oder eine *Begleitung* wünscht?

> »Bitte hilf mir, meine Möglichkeiten zu erweitern!« oder
> »Bitte hilf mir, meine Lage zu ertragen!«

Aus unterschiedlichsten Gründen können Menschen nicht mehr weiter wissen. Vielleicht fehlen ihnen bestimmte Fertigkeiten und Fähigkeiten. Vielleicht fühlen sie sich in ihrer Situation überfordert und können mit ihren Problemen nicht umgehen. Es gilt zum einen, bestimmtes *Wissen zur Verfügung* zu *stellen*, um dadurch einen Mangel auszugleichen. Die Kunst dabei wird es sein, dieses Wissen so anzubieten, dass der Hilfe Suchende es auch annehmen kann. Dabei kann ein lebensgeschichtliches Gespräch ein Kompass sein, der klären hilft, aus welcher »Verpackung« die Hilfestellung sein muss, um einen Zugang in das jeweilige Lebens-Bild zu finden. Zum anderen können lebensgeschichtliche Gespräche in schwierigen Lebenssituationen, die nicht aus der Welt zu schaffen sind, eine *stützende Funktion* haben. Was vielleicht in längst vergangenen Tagen geholfen hat, könnte wieder ein kleiner Rettungsanker in stürmischen Zeiten sein.

Wie könnte die Bitte eines Menschen lauten, der eine *Beratung* wünscht?

»Bitte hilf mir, meine Möglichkeiten zu nutzen!«

Diese Aufforderung deutet darauf hin, dass sich der Hilfe Suchende in seinem Handlungsspielraum eingeengt fühlt. Er fühlt sich blockiert. Hier können biografische Gespräche eine Spur in erfolgreiche Zeiten legen, in denen Handeln möglich war. Oft erfolgt dadurch eine Förderung der verschütteten Ressourcen. Die Einladung, »Altes« neu zu erzählen, bereits Gesagtes noch einmal auszusprechen oder für »Noch nie Gesagtes« Worte zu finden, kann helfen, das Tor in die Zukunft einen kleinen Spalt zu öffnen. Dabei spielt die Kraft der Verwandlung, die in jeder Erzählung steckt, eine große Rolle. Auf spielerische Art wird eine neue, andere, noch nie bedachte Zukunft entworfen. Das Zusammenspiel zwischen Erzähler und Zuhörer kann dabei zum Sprungbrett für das Gestalten einer neuen Idee werden.

Menschen zu begleiten bedeutet immer auch, sich auf eine lange Geschichte einzulassen. Je nach dem, an welchem Punkt ihres Lebens sie sich befinden, werden sie ganz bestimmte Themen zum Inhalt des Gespräches machen. Im Zentrum der seelischen Prozesse steht jedoch immer das Bearbeiten eines Erlebnisses. Zwei *Beispiele* aus ganz unterschiedlichen Lebensphasen sollen das deutlich machen:

- ■ *Kleine Kinder* erzählen von den großen Abenteuern ihres jungen Lebens. Da wird beispielsweise die erste aufregende und angstbesetzte Zugfahrt wieder und wieder erzählt, erinnert, erzählt ... bis schließlich der Zug, die vorbei flitzenden Bäume, die Geräusche, der Schaffner, die Wurstsemmel und der kleine Hund am Bahnsteig zu einem Erinnerungsbild zusammengefügt werden, das den anfänglichen Schrecken verloren hat. Dieses Bild kann überleben und sich gegen die Flut anderer Erlebnisse durchsetzen. Geduldige Zuhörer können das Kind unterstützen und Zeugen der Entstehung dieses Prozesses werden. Zuerst taucht der Zug als unbekanntes, dunkles, bedrohliches »Monster« auf. Laut und riesig steht er als inneres Bild vor dem Kind. Noch einmal erlebt es erzählend seine Furcht, aber auch seine Neugierde wieder ... Es sieht sich an der Hand der Eltern, es berichtet von den riesengroßen Rädern ... Stück für Stück greift sich das Kind wichtige Details aus dem Erlebnis heraus, dreht und wendet sie so lange, bis sie eine Form angenommen haben, mit der es ohne allzu große Furcht leben kann. Als Geschichte »Meine erste Zugfahrt« kann dieses Erlebnis schließlich zu einer kleinen Lebens-Geschichte werden, an die sich das Kind von damals vielleicht noch als alter Mensch zurück erinnert. Dann wird er seinen Enkelkindern von diesem ersten Zugabenteuer erzählen, und wer weiß, wie es sich beim Wiedererzählen verändert ...

- *Alte Menschen* erzählen von den kleinen Abenteuern ihres langen Lebens. Sie erinnern sich beispielsweise an den Duft von Weihnachten und indem sie noch nach Worten suchen, wird in ihnen eine längst versunkene Welt lebendig. Da erstrahlt der festlich geschmückte Baum noch einmal und bringt Glanz in die Stube und von Ferne tönt das zarte Läuten des Weihnachtsglöckchens. Im glitzernden Silber des Lamettas meint man Engelshaar zu sehen und der unwiderstehliche Duft der Weihnachtskekse scheint so nah zu sein, dass es fast so ist, als würde der Schokoladestern auf der Zunge zergehen! Schimmerndes Kerzenlicht und die Freude über das erste Schnitzmesser verschmelzen zu einem wohligen Gefühl und schon beginnt eine Geschichte über das richtige Holz, erste Schnittwunden beim Versuch, ein Boot zu schnitzen ... Das Rad der Geschichte hat sich zu drehen begonnen!

Erzählen kann *unterschiedliche Formen* annehmen. Einmal hat es eher den Charakter eines Selbstgesprächs (Monolog). Dabei werden Eindrücke geordnet und sortiert, neu zusammengestellt, begutachtet, auseinander genommen, neu zusammengesetzt, für gut befunden und schließlich als innerer kleiner Schatz abgelegt. In der Mitteilung (Dialog) über das Erlebte wird demgegenüber der *Prozess* der Gestaltung aktiviert und gelenkt. An den Reaktionen des Gesprächspartners wird dem Erzähler oft erst so recht bewusst, was er gesehen, gefühlt, gerochen, erfahren hat und was ihm besonders wichtig war. Abwägend kann er vor den Augen des Gegenübers seine Worte hervorzaubern, bewundern lassen, bei Seite legen und wieder neu zusammenfügen.

Jede Lebensphase, jeder Lebensabschnitt birgt viel Neues, Unbekanntes, Wunderbares in sich und ruft geradezu danach, mitgeteilt zu werden. Dennoch gibt es einige Lebensstationen, die eine besondere Begleitung benötigen. Aus der eigenen Beratungs- und Begleitungspraxis hat sich für mich die *Bedeutung lebensgeschichtlicher Gespräche* besonders in *folgenden Situationen* gezeigt:

- ◼ Lebensübergänge
- ◼ Neuorientierungen
- ◼ Krankheit
- ◼ Verlust
- ◼ Alter

Hier können biografische Gespräche zu echten Hilfestellungen werden. Beraten und Begleiten ist dann ein zaghaftes Herantasten an besonders brüchige Seiten des Lebensbuchs. Oft gilt es angesichts erlittener Verluste, das eine oder andere Kapitel umzuschreiben. So manches Blatt muss neu gedruckt werden, wenn alte Zeilen nicht mehr zu lesen oder die Buchstaben vergilbt sind, wenn das Papier zerrissen oder verbrannt ist. In solchen Situationen wird menschliche Begleitung zur Beratung und ein Miteinander-Reden zu einer besonderen Hilfestellung, sich auf den Irrpfaden des Lebens nicht zu verlieren. In jedem Lebensabschnitt können lebensgeschichtliche Gespräche wertvolle Hinweise zur

Lebensgestaltung geben. Ganz besonders wichtig werden sie jedoch für kranke und alte Menschen.

Krankheit

Krankheit, besonders eine schwere Erkrankung, fordert vom Patienten eine intensive Auseinandersetzung mit unterschiedlichsten Lebensthemen. In vielen Fällen ist eine Erkrankung der Anlass, das bereits gelebte Leben Revue passieren zu lassen und Weichen für die Zukunft zu stellen. Um mit den Folgen einer schweren Krankheit leben zu können, ist es oft notwendig, eine Neuorientierung einzuleiten. Dies ist eine schwierige Aufgabe und fordert viel von den Patienten. Mit Krankheiten »fertig« zu werden und die »richtigen« Schlüsse für das weitere Leben zu ziehen, ist eine echte Herausforderung! Dabei kann das Erzählen – das Sprechen über die Dinge, die im Inneren gären – dem Kranken helfen, all die belastenden, bedrückenden, ängstigenden Gefühle aus seinem Inneren nach Außen zu bringen und zu verarbeiten. Auch positive Entwicklungsmöglichkeiten – wie etwa das Aufleuchten einer Chance, das Entdecken neuer Lebensqualitäten – können, in Worte gefasst, das Bild des kranken Menschen von sich selbst beeinflussen und verändern (vgl. S. 91 ff.).

Im Rahmen eines biografischen Gesprächs wird erzählend eine ganz spezielle Form der *Kranken-Geschichte* geschrieben, die den rein medizinischen Bericht erweitert, ergänzt, interpretiert … Diese Form der Kranken-Geschichte eines Menschen ist mehr als Beginn und Verlauf von Symptomen. Sie ist mehr als das Erheben von Daten und Melden medizinischer Erfolge oder Niederlagen. Diese Kranken-Geschichte ist ein sehr subjektiv gefärbter Bericht über Empfindungen, Erlebnisse, Erfahrungen, Ängste und Hoffnungen. Und sie ist auch die Geschichte einer Begegnung und Konfrontation mit den Schattenseiten des Lebens. Eine Hilfestellung, mit diesen Schattenseiten besser umgehen zu können, stellt das Erzählen, das »Darüber Reden« dar (vgl. S. 107 ff.).

In besonderen Fällen schwerer, oft chronischer Erkrankungen wird aus einer »einfachen« Begleitung eine *Trauerbegleitung* mit einer Reihe von *Trauergeschichten*. Wie lässt sich der Zusammenhang zwischen Krankheit und Trauer erklären? Bereits bei den *harmlosen* Erkrankungen, denen jeder ein Leben lang ausgesetzt ist, klingt immer wieder ein Gefühl des Traurigseins an. Krankheiten trüben unsere Vorstellung, Herr über uns selbst sein zu können. Sie sind in gewissem Sinn Mahner der Vergänglichkeit. Auf eindrückliche Weise erzählt dies das Märchen »Die Boten des Todes« der Brüder Grimm. Aus Dankbarkeit für seine Dienste verspricht darin der Tod einem jungen Mann, ihn nicht unversehens zu holen. Er wolle ihm zuerst seine Boten schicken. Als die Stunde seines Abschieds von der Welt kommt, kann es der Mann nicht fassen und beschuldigt den Tod, sein Wort gebrochen zu haben. Doch dieser erwidert:

> »Schweig!, habe ich dir nicht einen Boten über den anderen geschickt? Kam nicht das Fieber, stieß dich an, rüttelte dich und warf dich nieder? Hat der Schwindel dir nicht den Kopf betäubt? Zwickte dich nicht die Gicht in allen Gliedern? Brauste dir's nicht in den Ohren? Nagte nicht der Zahnschmerz in deinen Backen? Ward dir's nicht dunkel vor den Augen? Über das alles, hat nicht mein leiblicher Bruder, der Schlaf, dich jeden Abend an mich erinnert? Lagst du nicht in der Nacht, als wärst du schon gestorben?«

Da erkennt der Mann rückblickend die Zusammenhänge und ergibt sich in sein Schicksal.

Bei *schweren* Erkrankungen ist die Verbindung zur Trauer noch leichter nachzuvollziehen. In vielen Fällen brechen schwere Erkrankungen unvermittelt über die Menschen herein. Da bleibt dann »kein Stein mehr auf dem anderen« und Trauer greift um sich. Je nach Art der Erkrankung oder Verletzung gilt es, von unterschiedlichen Dingen Abschied zu nehmen. Beispielsweise müssen Querschnittsgelähmte von der Vorstellung Abschied nehmen, je wieder laufen zu können; Tumorpatienten müssen eine »gesunde« Vergangenheit hinter sich lassen; chronisch Erkrankte müssen sich von der Annahme verabschieden, ohne Apparate und Medikamente leben zu können. Die Begleitung von kranken

Menschen ist in gewissem Sinn immer auch eine Form der Trauerbegleitung. Erzählen und Aussprechen-Können wird hier zu einer Möglichkeit, Vergangenes loszulassen und Zukünftiges zu entwerfen.

Alter

Auch im *Alter* kann Erzählen wichtig und heilsam sein. In diesem Lebensabschnitt wird die Frage bedeutsam: »Was bleibt von mir, wenn ich einmal gegangen bin?« Und um diese Frage ansatzweise zu beantworten, ist ein Blick zurück in die eigene Geschichte hilfreich.

Das Leben, auf das alte Menschen zurückschauen können, ist oft ein Weg mit Hindernissen. Unterschiedliche Kräfte weben an der Lebens-Geschichte jedes Einzelnen. Einmal sind da *äußere* Einflüsse: soziale oder politische Einbrüche, kulturelle Gegebenheiten, einmalige Chancen, unglückliche Verstrickungen, besondere Schicksalsfügungen. Zu der Fülle an äußeren Einflüssen kommen noch *innere* Faktoren hinzu, typische Persönlichkeitsmerkmale, die jede Person einzigartig und einmalig machen. Bei diesen inneren Einflüssen ist etwa an das Temperament, die verschiedenen Begabungen, das Sozialverhalten, die Intelligenz, die Auffassungsgabe oder an Eigenschaften wie den Humor zu denken. Auch sie gestalten und formen den persönlichen Lebensweg eines jeden Einzelnen. Und so nimmt im Zusammenwirken äußerer und innerer Faktoren der Lebensweg eines Menschen Gestalt an.

Die einzelnen Stationen dieses Weges prägen sich unterschiedlich tief ein. Nicht alle sind gleich gut »beleuchtet«. Einige liegen im hellen Sonnenschein, andere im Halbschatten. Und dann gibt es wohl in jedem Leben Dinge, die in tiefe Dunkelheit gehüllt, längst vergessen und vergraben wurden. Manchmal ist es gut und wichtig, dass sie wieder hervorgeholt und einer Neu-»Bearbeitung« zugeführt werden. Doch manchmal ist es auch besser, dass sie ruhen können und nicht mit Gewalt ans Tageslicht einer bewussten Auseinandersetzung gezerrt werden. Ein neuerliches Beleuchten der im Dunkel ruhenden Schreckenserlebnisse könnte unstillbaren Schmerz auslösen und nichtheilende Wunden zurücklassen. Es ist möglicherweise für den inneren Seelenfrieden gefährlich, »schlafende Hunde« zu wecken! Andererseits kann es aber auch entlastend und bedeutsam sein, über die Schattenseiten des Lebens zu sprechen, sie gleichsam abzulegen, loszuwerden und dadurch zu einem inneren Frieden zu gelangen, der frei von den Schattengespenstern einer düsteren Vergangenheit ist. Welcher Weg zu beschreiten ist, lässt sich nicht immer leicht entscheiden! Begleiter und Betreuer müssen in diesem Zusammenhang besonders behutsam vorgehen (vgl. S. 75) und sich bewusst sein, dass es *immer* in der freien Entscheidung jedes Einzelnen liegt, wie er mit den Licht- und Schattenseiten seines Lebens umgehen und welchen Aspekten seiner Lebensgeschichte er Kraft des erzählenden Wortes Gestalt verleihen möchte. Dass es in einem lebensgeschichtlichen Gespräch nicht darum geht, »Wahrheiten« gewaltsam ans Licht zu bringen oder Objektivität vom Gesprächspartner einzufordern, ist besonders bei »dunklen Stellen« der Biografie zu bedenken.

Entsteht bei alten Menschen der Wunsch, sich ihr Leben noch einmal anzusehen, geht es sehr oft um eine Art *Bilanz*. Die meisten holen die gut beleuchteten Stellen ihres Lebensweges aus der Truhe der Erinnerungen und geben sie wieder. Andere sind »mutiger«, sie wagen sich auf unsicheres Terrain und wollen auch jene Dinge nochmals betrachten, die in die tiefe Dunkelheit abgesunken sind. Für einige alte Menschen ist dieser Weg in die Vergangenheit ihrer Lebensgeschichte eine abenteuerliche Reise, bei der es tatsächlich noch viel zu entdecken gibt. Ob nun alte Bilder neu beleuchtet und belichtet werden sollen oder ob längst verloren geglaubte Erinnerungen wieder lebendig werden, immer wird es hilfreich sein, diesen Erinnerungsspuren Worte zu verleihen und sie gleichsam erzählend zum Leben zu erwecken. Nur ausgesprochen, in die Kleider der Sprache »gesteckt«, können sie lebendig werden. Für den Erzähler bietet sich dadurch die Möglichkeit, ganz bewusst inne zu halten, einen Blick in die Vergangenheit zu werfen und die eigenen Lebensspuren zu erkennen. Es geht einerseits darum, die Schätze des Lebens zu betrachten.

Andererseits gilt es auch, Trauerarbeit zu leisten. Vieles ist nicht möglich gewesen und wird in der noch verbleibenden Zeit auch nicht mehr möglich sein. In der Begegnung mit den vielen Abschieden des gelebten Lebens liegt die Chance, sich auf den »großen Abschied«, den Tod, vorzubereiten (vgl. S. 159 ff.).

Das lebensgeschichtliche Gespräch in der Begleitung und Beratung ist eine Möglichkeit, Menschen dabei zu unterstützen, ihre Schicksalswege selbst klar vor Augen zu bekommen, Freud und Leid beim Namen zu nennen. Dadurch können Änderungen ins Auge gefasst und der eigene Anteil an Lösungsansätzen herausgearbeitet werden. Auch die Stimmigkeit der eigenen Lebensthematik kann man selbst finden, ohne dabei groß Gefahr zu laufen, manipuliert zu werden.

Lebensgeschichtliche Gespräche anzubieten öffnet Betroffenen und Begleitern neue Dimensionen des zwischenmenschlichen Kontakts. Es handelt sich um eine sanfte Form des Helfens, eine besondere Art der *Hilfe zur Selbsthilfe.*

> Ich habe keine Lehre.
> Ich zeige nur etwas.
> Ich zeige Wirklichkeit,
> ich zeige etwas
> an der Wirklichkeit,
> was nicht oder zu wenig
> gesehen worden ist.
> Ich nehme ihn, der mir zuhört,
> an der Hand und führe ihn zum Fenster.
> Ich stoße das Fenster auf
> und zeige hinaus.
> Ich habe keine Lehre,
> aber ich führe ein Gespräch.
>
> *Martin Buber*

Zusammenfassung

Positive Aspekte eines lebensgeschichtlichen Gesprächs für die Betroffenen:

- Entlastung schwieriger seelischer Situationen durch Mitteilung.
- Bearbeitung von Trauer, Schmerz, Wut und Zorn sowie Verarbeiten von Verdrängtem.
- Verbesserung des Wohlbefindens durch das Gefühl, die eigene Lebensgeschichte wird wertgeschätzt.
- Möglichkeit, dem eigenen Leben ein »Motto« zu geben und das Gelebte wie in einem Bilderbogen zu einem harmonischen Ganzen zusammenzustellen.
- Auflösen konflikthafter Lebenssituationen (Schuld, Konflikt, Streit, Versäumnisse …) durch Neubearbeitung und Chance der Aussöhnung.
- Förderung der kommunikativen Fähigkeiten gerade dort, wo Krankheit und Einsamkeit zu einem geistig-seelischen Rückzug zu führen drohen.

Positive Aspekte eines lebensgeschichtlichen Gesprächs für die Begleiter:

- Verbesserung der oft sehr belastenden Pflegesituation durch die Chance konkreter menschlicher Begegnung im Gespräch; Schulung im Zuhören und in diskreter Gesprächsführung.
- Möglichkeit, den eigenen Horizont zu erweitern, Toleranz zu üben, Altes, Unbekanntes – vielleicht auch Unbegreifliches zu erfahren.
- Einsicht in Strategien des Patienten, die sich aus den lebensgeschichtlichen Umständen erklären lassen.
- Erleichterung im zwischenmenschlichen Umgang durch die Kenntnis lebensgeschichtlicher Details des Patienten.
- Realistischere Einschätzung des aktuellen Handlungs- und Gestaltungsspielraumes des Patienten und konkretere Möglichkeit, dessen kreative Kräfte gezielt zu beleben.

- Anstöße, das eigene Leben unter lebensgeschichtlichen Aspekten zu betrachten und somit den Prozess des abschiedlichen Lebens bei Zeiten einzuüben.

Wirkweisen lebensgeschichtlicher Erzählungen: Beispiele

> Menschen sind wie Flüsse: das Wasser,
> das in ihnen fließt, ist das gleiche und überall
> ein und dasselbe, aber jeder Fluss ist bald
> schmal, bald breit, reißend oder ruhig, klar oder
> kalt, trüb oder warm.
> *Leo Tolstoi*

Das Erzählen von Lebensgeschichten hat spezielle *Funktionen*, folgt eigenen *Gesetzmäßigkeiten* und hat bestimmte *Merkmale*. Die Erzählungen zeichnen Stationen des Lebens nach, verweilen an unterschiedlichen Orten des Lebensweges, stehen in Verbindung mit den kulturellen, sozialen und politischen Strukturen des lebensgeschichtlichen Hintergrundes und sind eine Form der Lebensvergewisserung. In ihnen nehmen innere Bilder Kontur an und Unverarbeitetes kann nochmals bearbeitet werden. Sie bieten auch die Möglichkeit der schöpferischen Gestaltung, der individuellen Formgebung und persönlichen Akzentsetzung. In den nachfolgenden *Beispielen* werden die unterschiedlichen Aspekte sichtbar und ermöglichen einen Einblick in die Vielfalt von Lebensgeschichten.

> Das Erzählen von Lebensgeschichten ist mit einer Reise zurück in die eigene Vergangenheit zu vergleichen. Dabei tauchen ganz unterschiedliche *Bilder* aus dem *Inneren* auf.

Bei dieser Reise in die Vergangenheit wird es beispielsweise möglich, zu spüren, wie man als 10-jähriges Mädchen mit dem Rad einen steilen Berg hinunter gefahren ist. Es wird möglich, wieder und wieder den Duft der Kirschblüten einzusaugen, den ersten Kuss zu spüren, das Staunen zu erleben, wie verschieden Menschen auf die eigene Person reagieren. Der alte Dorflehrer nimmt Gestalt an und man meint ihn lachen zu hören ... dann droht er mit dem Zeigefinger ... unwillkürlich duckt man sich und meint, seine Faust krachend auf den Katheder aufschlagen zu hören ... Die Wiederkehr vergangener Hoffnungen und Träume macht deutlich, was noch offen geblieben ist, aber auch, wie man mit den Enttäuschungen umgegangen ist. Gibt es noch etwas zu betrauern? Gilt es jetzt, am Ende des Lebens, in einer gewissen Milde Abschied zu nehmen von alten Wünschen? Oft tauchen am Ende des Lebens Bilder aus der Kindheit auf. In Worte gekleidet werden sie zu Berichten, die einen hohen emotionalen Gehalt haben und häufig mit intensiven Erinnerungen an Sinneseindrücke (Gerüche, Berührungen, Töne) verbunden sind.

Beispiel: Haarflechten
Vor dem Frühstück haben wir Mädchen uns zum Haarflechten angestellt. Mutter saß auf einem breiten Stuhl, vor ihren Füßen stand ein Schemel, auf den wir uns gesetzt haben. Während Mutter uns die Haare gebürstet hat, hat sie das Morgengebet gesprochen:
O Gott, du hast in dieser Nacht
so väterlich für mich gewacht.
Ich lob' und preise dich dafür
und dank für alles Gute dir.
Bewahre mich auch diesen Tag
vor Sünde, Tod und jeder Plag.
Und was ich denke, red' und tu',
das segne, bester Vater, du.

Ich höre noch ihre Stimme ... den Singsang ihres Gebetes. Ich spüre noch ihre Wärme ... und ich rieche noch den Duft ihrer Hände. Warm, wohlig, weich – oh, war das ein schönes Gefühl! So muss eine Mutter sein. Es hat da im Dorf auch einige so magere Bäuerinnen gegeben, so große, kräftige, hagere Frauen. Das waren aber keine Mütter für mich, nein – gar nicht. Rund, warm, mollig, wohlig, weich – nur so war eine richtige Mutter ... Und die Zöpfe sind auch schön geworden!
(Wally S.)

> Erzählen von Lebensgeschichten setzt alte *Gefühle* frei und macht sie einer neuerlichen Bearbeitung zugänglich.

Vieles hat sich im Laufe des Lebens wie hartes Gestein im Menschen abgelagert. Schicht um Schicht. Manchmal sind diese Gesteinsschichten von Moos überwachsen oder von Dorngestrüpp überzogen. Im Erzählen nähert sich der Mensch auch diesen Bergen und Müllhalden, dem Dorngestrüpp und den Moospolstern. Die Kräfte, die im Erzählen liegen, die Dynamik des Erzählens, bringt in diese erstarrten Seelenlandschaften Leben. Die steinigen Brocken werden verwandelt, das Dorngestrüpp kann weichen und vielleicht wird dann der eine oder andere sogar »sein Dornröschen« entdecken. Weit zurückliegende Ereignisse können wieder lebendig gemacht werden. Sie treten eine Zeitreise an von der Vergangenheit in die Gegenwart und lassen sich dabei oft in ein anderes Gewand kleiden. Die Ausgestaltung von Details und die Umformung von wichtigen Elementen gehören ebenso dazu wie das gedankliche Nacharbeiten bestimmter Ereigniszusammenhänge. Der Erzähler vergewissert sich, was er erfahren hat, wie es ihm dabei gegangen ist, und kann es aus einer neuen, anderen Perspektive betrachten. Manchmal sind es kleine, harmlos wirkende Anlässe, die bunte Gedankenketten auslösen, an alte Wunden erinnern, die eigene Lebenseinstellung deutlich werden lassen und Raum für neue Ideen schaffen.

Beispiel: Die Obstschale
Auf meinem Tisch steht eine große blaue Schale, in bunter Mischung liegt das Obst drinnen, Bananen, Mandarinen, Äpfel und Nüsse. Früher wurde aufgeteilt, jeder eine Mandarine, der große Luxus, weil es ja genügend Äpfel gab. Zuerst musste man die angefaulten essen, das dauerte meistens so lange, bis die schönen schon wieder braune Flecken hatten. Die Kinder bekamen das Beste, sie mussten wachsen. Nun bin ich alt, ich soll gesund bleiben, obwohl mich alle pflegen wollen. Auch bin ich zu dick, Obst stillt den Hunger, ohne Kalorien zu erzeugen. Wenn ich allein bin,

packt mich die Sehnsucht nach dem Verlorenen, der Hunger nach Leben wird durch den Biss in den sauren Apfel gestillt. Mein Leben war erfüllt mit den süßen Früchten der Liebe und auch mit Kummer, mit den harten Nüssen, die es zu knacken galt. Ich höre Musik, laut, denn es stört niemanden mehr. Dann weint meine Seele und wird erlöst von Wehmut. Gehe ich auf die Straße, lache ich oft, man wundert sich, wie ich alles im Griff habe und dabei zittern die Hände. Einem kummervollen Herzen weicht der Mitmensch aus, als wäre es ein grippaler Infekt. Der Nachbar in Not ist jenseits der Grenze oder …

Meine Gedanken springen schon wieder vom Antlitz des Todes zu den vielen Tulpenblüten des Marktes, an dem ich so gern vorbeigehe. Auch dort liegen die Äpfel, Birnen und Nüsse herum.

Ich sehe mich als Kind, von der Sonne geküsst, vom Regen benetzt, das Herbstlaub sammelnd, weil es so bunt ist, unbeschwert voll Lebensfreude.

Ich sitze noch immer vor meiner blauen Schale, ein »Luxusweib« auf einem Biedermeiersofa in Grün. Welches Obst soll ich mir nehmen? Die Banane aus den Ländern der Armut? Die Mandarine aus Israel? Die Nüsse aus des Nachbars Garten? Den steirischen Apfel? Nun ja – ich mache einen Obstsalat und teile ihn mit den Kindern und Enkeln.

(G. R.)

> Erzählen von Lebensgeschichten bedeutet, eine persönliche Auswahl zu treffen und den Geschichten eine bestimmte *Form* zu geben.

Der Erzähler wählt eine ganz bestimmte Thematik aus und stellt diese in den Rahmen von »Anfang und Ende« einer Geschichte. Bestimmte Grundelemente werden von allen Erzählern verwendet, z.B. die Hauptperson der Geschichte, die in wissenschaftlichen Arbeiten oft als »Erlebnisträger« bezeichnet wird. Ferner sind es noch Ort und Zeit des Geschehens und Elemente des persönlichen Stils. Was geschieht noch im Laufe dieser intensiven Beschäftigung mit Elementen des eigenen Lebens? Es wird zusammengefasst, verdichtet, gekürzt, gerafft, ausgelassen, ausgeschmückt, korrigiert ... und das immer aus einem subjektiven Blickwinkel. Es geht also beim Erzählen von Lebensgeschichten nicht um »objektive Geschichte«, sondern immer um eine höchst persönliche Geschichtsschreibung – den Inhalt betreffend aber auch die Art und Weise des Erzählens oder Schreibens.

Beispiel: ich beginne ...
ich beginne einfach, schreibe sätze, die fürs erste überhaupt keinen besonderen anspruch haben. ich schreibe nur mit kleinbuchstaben, weil ich dabei auf meinem personalcomputer die umschalttaste nicht benützen muss, außerdem habe ich dafür eine ideologische begründung: hauptwörter stechen zu sehr aus dem text, wieso soll das hauptwort katze wichtiger sein als das zeitwort liebkosen? im schreiben kommen dann – wieso weiß ich nicht – wie von selbst worte und sätze, die mir speicherwürdig erscheinen. musik ist mir dabei wichtig, »who pays the ferryman« von yannis markopoulos läuft in der repeat-function auf dem kleinen cd-player. pfeife rauche ich auch meist beim schreiben.
nach dem ersten absatz beginne ich dem geschriebenen nachzusinnen, lasse mich tiefer hineintragen in die geheimnisse. erst wenn meine seele sich im wasser an das glitzern der sonne gewöhnt hat und mein körper sich eins fühlt mit dem tragenden element, kann ich mich dem meer anvertrauen, schlagen die wellen nicht über mir zusammen, sondern wiegen mich in ihrem liebevollen takt. wenn in mir bilder aufsteigen, pocht mein herz schneller. dann kann es wohl sein, dass mich die strömung forttreibt vom anvisierten punkt am horizont oder von der himmelsrichtung, die ich gewählt habe. ich schwimme dann ohne anstrengung, lege mich ausrastend auf den rücken und lasse mich mit geschlossenen augen schwimmen, ja, es schwimmt mich. denn ich bin es, der schreibt, aber wer verbirgt sich hinter diesem ich? schlage ich dann die augen auf, finde ich mich an unbekannten gefilden wieder, reibe mir, ein schreibender odysseus, die augen und gehe an land.
(Karl Mittlinger)

> Erzählen von Lebensgeschichten bedeutet, sich den Erlebnissen der Vergangenheit mit all ihren Schönheiten (»Gut«) und ihrem Schrecken (»Böse«) zu stellen.

Durch das Wiederbeleben alter Ereignisse wird der Erzähler in einen emotionalen Strudel gezogen. Dies kann dazu führen, dass der Erzählvorgang plötzlich abbricht. Der Erzähler wird überwältigt von dem, was ihm einst geschah. Hier kann im wahrsten Sinn des Wortes »nachgearbeitet« werden, können alte Wunden versorgt und einer Heilung zugeführt werden. Die im weitesten Sinne therapeutische Wirkung liegt unter anderem darin, dass der Erzähler wirklich noch einmal in die alte Erlebens- und Erleidensgeschichte eintaucht und im Erzählen nicht eine distanzierte Perspektive einnimmt. Es geht beispielsweise darum:
noch einmal mit allen Fasern des Herzens den ersten Liebeskummer zu empfinden …
noch einmal die Wut und den Zorn gegen den ersten Vorgesetzten in sich aufsteigen zu spüren …
noch einmal vor Verzweiflung über den Verlust des Kindes blind und ohnmächtig zu werden …
noch einmal den Stolz zu fühlen, das erste selbst verdiente Geld nach Hause zu tragen …
noch einmal mit zitternder Stimme und zitternden Knien über den Schrecken der Bombennacht zu berichten …
Das biografische Gedächtnis stellt dem Erzähler unendlich viele Gefühle und körperliche Empfindungen zur Verfügung, aus denen er die Geschichte seines Lebens knüpfen kann. Manchmal wird es einer behutsamen Begleitung bedürfen, um sich an weit zurückliegende Schrecken heran zu tasten und den Gespenstern der Vergangenheit zu begegnen.

Beispiel: Freude und Schrecken
Es war eine Kriegshochzeit. Die Essens-Marken haben wir alle zusammengelegt für die Feier. Meine Schwester, die Dora, war ganz begeistert: »Ach – war das ein schöner Tag, da hab' ich wieder ein-

mal Kuchen essen können, bis ich satt war!«, das hat sie immer wieder gesagt. Zwei Wochen haben wir dann Ferien gemacht, am Hof von Klementine. Sie haben alles schön hergerichtet, der Eingang war geschmückt und eine große Torte haben sie zum Empfang gebacken. In der kleinen Dachkammer hat Luise unsere Betten gerichtet und mit lauter Rosen geschmückt. Wir haben es schön gehabt, zwei Wochen im Juli. Dann ist Vati nach Russland und ich war schwanger – naja, ich hab's noch nicht ganz sicher gewusst, aber es war schon so. Ich bin zurück nach München »in Stellung«.

Im September waren die Luftangriffe auf München. Wir haben alle in den Keller gemusst. Ich weiß es noch ganz genau! Alle waren wir im Keller, aber wir haben kein Licht mitgenommen. Da musste ich zurück in die Wohnung gehen, eine Kerze zu holen. Gerade als ich die Treppen zur Kellertür hinuntergegangen bin, ist eine Bombe in der Nähe heruntergekommen. Durch den Druck hat's die Tür aufgerissen und mich an die Wand geworfen. »Mein Gott, ich krieg' doch ein Kind!« – das war das einzige, was ich gedacht habe. Und dann hab' ich gekündigt. Die Frau hat es verstanden. Ich bin dann aufs Land zu meiner Schwester. Im April war die Geburt.

(Wally S.)

> Erzählen von Lebensgeschichten führt zu einem tieferen Verständnis der Verbindung des eigenen Lebens mit *gesellschaftlichen, politischen* und *kulturellen* Strömungen.

Das Erzählen der Lebensgeschichte kann dem Erzähler klar machen, wie stark sein Leben in die großen Entwicklungsströme seiner Kultur, seiner Gegend, seiner sozialen Schicht eingebettet war und ist. Er kann mit einem Mal sehen, wie seine eigene Geschichte mit der Geschichte einer ganzen Generation verknüpft ist. Er kann vielleicht zum ersten Mal klar erkennen, dass bestimmte Entwicklungen seines Lebens nur so und nicht anders möglich waren, weil die politische oder soziale Lage seiner Zeit eben nichts anderes zuließ. Manchem Erzähler wird schlagartig klar, woher seine Wertestrukturen kommen, warum er da oder dort aneckte, wie sehr er mit oder gegen den Strom der Zeit kämpfte … Individuelle Geschichte kann rückblickend in ein großes Ganzes eingeordnet werden, dem Erzähler werden Mechanismen sozialer, politischer und kultureller Kräfte mehr oder weniger deutlich, die seine lebensgeschichtliche Entwicklung geprägt haben. Dadurch wird eine Zusammenschau möglich. Das kann im einen Fall entlastend sein, im anderen zu konflikthaften Beurteilungen der eigenen Handlungen führen. In jedem Fall »*erkennt*« der Erzähler, er erkennt ein Stück seiner eigenen Lebensgeschichte in umfassender Weise, wird sich seiner »Heimat« bewusst.

Beispiel: Jakobisonntag in Kaindorf
Warm ist es, schwül, die Hitze des Kornschneidens. In der Kirche drängen sich die Menschen. Ein feierliches Hochamt wird gelesen, die aus der Pfarre hervorgegangenen Priester sind heimgekommen und stehen am Altar, die missa in honorem sancti Nicolai von Joseph Haydn singt der Kirchenchor unterstützt von auswärtigen Musikern. Mögen die Solostimmen nicht dem gewohnten Standard der Konzertsäle und Compactdisks entsprechen, der Chor füllt den Kirchenraum, ein herzerfrischendes Jubilieren ist das, ein Lächeln gleitet über müde Gesichter, ein Paradieseshauch. Du aber siehst auf dem Kanzeldach den Weltenrichter mit dem Flammenschwert in Händen, sein Geschau drückt Barmherzigkeit aus und Hilflosigkeit auch, so, als ob er nicht sicher sei, jede geschwänzte Sonntagsmesse mit dem Höllenfeuer ahnden zu müssen. Verlorenes Paradies.
Heimat.
Achtzehn Kinder stehen um den Altar, die Buben kurzgeschoren, die Mädchen mit wallenden Haaren gleichen den Engeln, Turnschuhe tragen die meisten und wohl auch Jeans unter den Kitteln. Auch das Volk wird beweihräuchert. Die Predigt des heimischen Prälaten ist würdig und recht. Wer in der Umgebung kann damit aufwarten?
Heimat.

Kirtag am Jakobisonntag. Die Musikkapelle hat sich eine Tracht schneidern lassen, die Grillhendln gehen weg mit den Semmeln, das Bier aus dem Fass wird mit viel Schaum serviert, die Kinder probieren ihre Trompeten und Spritzpistolen aus und kriegen ein paar Tetschen dafür, die Händler des Orients haben auch hier Einzug gehalten, zögernd erinnern sich die Kaindorfer ans Feilschen, die Kroaten ließen längst nicht mehr mit sich handeln.

Heimat.

Die Ungarn, die Türken und 1705 die Kuruzzen haben alles niedergebrannt. Kruzzitürkn. Die herrschaftliche Burg hat ein gnädiger Nebel verschont, die Dörfer mussten daran glauben. All das Leid der Geschundenen, nur nicht auffallen, sonst bekommst du was aufs Dach. Heimat ist was für die Reichen und Schlauen. Die Armen werden geduldet, den Alkoholikern wird der Schnaps verkauft, die Behinderten werden durchgefüttert, jede Aniwandn (der Ackerrain) ist ein Kriegsschauplatz, jeder Grenzstein eine Grabstätte nachbarlicher Freundschaft.

In der Heimat sagen auch die Feinde Du zueinannder.

Die sanften Hügel der Oststeiermark, kannst du die Übergänge von Grün zu Blau in den Horizontlinien benennen, das herbstliche Bunt der Wälder beschreiben, die dir Kulisse sind auf dem Allerheiligengang zum Friedhof, wenn die Heimkehrer heldenmütig ihre versulzten Glieder graderichten zum Lied vom guten Kameraden und die Kinder sich Augen und Ohren zuhalten, um die unvermeidlichen Böllerschüsse nicht hören zu müssen? Heimlich ehrst du die Zigeuner mit, die Juden und die paar Widerstandskämpfer und die russischen Familien, über die sie hergefallen ist, die ruhmreiche Wehrmacht.

Heimat ist die Sammlung der alten Geschichten, die immer wieder erzählt werden. Mit der Zeit weiß niemand mehr, was davon wirklich passiert ist und was erfunden wurde. Die Geschichten werden mit jeder Variante wahrer. (...)

(Karl Mittlinger)

Erzählen von Lebensgeschichten kann *Unbewältigtes* an die Oberfläche bringen.

Im normalen Alltag werden heikle Themen, schuldhafte Verstrickungen, »dunkle« Flecken der eigenen Seelenlandschaft meist erfolgreich »weggesteckt«, ausgeblendet, bei Seite gestellt. Nicht nur aus therapeutischen Arbeiten weiß man, dass sich Erlebtes nur bedingt beseitigen lässt. Irgendwann meldet sich das Verdrängte zu Wort, überschwemmt Denken und Fühlen und wirkt sich lähmend auf das Handeln des Menschen aus. Auch das sollten Begleiter in ihrer Rolle als Zuhörer beachten.

»Ich darf daran nicht mehr denken …, ich darf daran nicht mehr denken …« Ständig wiederholt sich dieser Satz im Kopf eines Menschen, so lange, bis er meint, »vergessen« zu haben. Die unliebsamen Gedanken, die verabscheuungswürdigen Handlungen, die schlimmen Erfahrungen werden langsam aus dem Bewusstsein hinausgedrängt. Dies ist weniger ein bewusster Verschleierungsprozess. Es ist vielmehr ein krampfhafter Versuch das, was nicht sein darf, schließlich tatsächlich nicht sein zu lassen. Dies ist schwierig! Mühsam werden Ausweichstrategien entwickelt und Tabuthemen aufgebaut. An solche Tabus hält man sich nicht nur selbst, sondern sie legen sich allmählich wie ein schleichendes Gift über die nächste Umgebung und ziehen letztendlich oft ganze Generationen in Mitleidenschaft. Der Einzelne spürt dann ein bedrückendes Gefühl, eine unerklärliche Traurigkeit und Bekümmertheit.

Beispiel: 1984. In den Krallen des Lebens
Beethoven-Klavierkonzert.
Benebeln der Sinne oder Aufwühlen – was soll ich zulassen oder einfach nur fühlen?
Er liegt neben mir, sein Blick ins Nichts, aber auf keinen Fall in mein Gesicht, wenn wir uns sehen. Vage Antworten, nicht zu fassen, ferne. So weit wie Alaska und ich fische nach Deinen Gefühlen, werfe die Angel aus, aber Du bleibst ungefangen – frei. So

willst du schon lange sein, meine Hand in Deiner Hand, warm und leblos und die Blicke in die Weite, dorthin, wo ich Dir nicht folgen kann. Du gibst mich nicht her, aber meine Zügeln halten ein Phantom alter Liebe in der Hand – ein Gespinst des Nebels. Immer will ich anfangen, zu schreiben – solange, bis kein Gedanke mehr in die Feder fließt. Dann aber bin ich müde und leer, wie ein Krug leer ist, wenn man ihn austrinkt. Ich habe alles in die Liebe zu Dir verschenkt, auch meine Haut, über die Du immer wieder leise gestrichen hast. Jeder Nerv nervte für Dich, jeder Herzschlag pulste für Dich. Keine Minuten ohne Gedanken an Dich. Ich bin nicht ich – bin Du und ihr Alle. (…)

Jeden Tag spüre ich, dass es mir nie mehr gelingen wird, zu entrinnen und panikartige Angst befällt mich. Ich habe mich verströmt …

Vier Uhr Früh, ich schleiche hinaus. Kein Laut aus Deinem Zimmer. Soll ich mich um Deinen Atem kümmern oder wecke ich Dich aus Deinen Träumen? Ich nehme Nerventropfen – »Bleibe ruhig, mein Kind« – dann werde ich zu ihm gehen – »es säuselt der Wind« – ich halte es nicht mehr aus. Draußen graut der Morgen, die Luft wird kühler – ich mache Programm.

(G. R.)

> Erzählen von Lebensgeschichten kann dem Erzähler deutlich machen, was er noch braucht. Er kann sich seines Lebens *vergewissern* und er erfährt durch einen Zuhörer *Wertschätzung*.

Belastende Erlebnisse können nicht »ausgemistet« werden, ohne verarbeitet zu werden. In einer konkreten Krankheits- oder Krisensituation kann nicht nur das aktuelle Geschehen bearbeitet werden, nein, es bietet sich auch die Chance, die alten Narben anzusehen und ihnen endlich einen würdigen Platz zu geben. Im Alter wird die Aussöhnung mit den Tabuthemen des Lebens besonders wichtig. Es ist vielleicht die letzte Chance, seinen Frieden mit der Vergangenheit zu machen, wenn man einen Menschen findet, der es aushält, wertfrei und verstehend den Reisen zu den

Klippen der eigenen Biografie zu folgen. Dass vieles nicht bei einem einzigen Gespräch gelöst sein kann, liegt auf der Hand. Da braucht man nur an die Schuldfrage einer ganzen Kriegsgeneration zu denken. Es wird viel von der Haltung des Zuhörers abhängen, ob ein Mensch in Zeiten von Krankheit und Leid oder am Ende seines Lebens noch einmal erfährt, was es heißt, geschätzt und angenommen zu werden – manchmal auch »trotz allem«.

Beispiel: Später Abschied
Mein erst 12-jähriger Enkelsohn schied aus dem Leben. Das war an einem schönen Frühlingstag. Die Vögel haben gesungen, die Blumen geblüht, in der Luft lag Sonnenschein – in meinem Herzen war es dunkel. Gedanken waren keine da. Nur ein dunkles, riesengroßes Etwas kroch in mir hoch. Ich wollte schreien – aber kein Laut kam über meine Lippen. Vielleicht hat mich mein Mann gehalten, das weiß ich nicht mehr ... Wir sind dann zu Anna gefahren – es war ja ihr Sohn, mein jüngstes Enkelkind.
Wie ich in das Haus gekommen bin, weiß ich nicht mehr. Aber dann war ich plötzlich in der kleinen Stube, Anton lag aufgebahrt vor mir – so friedlich, so ruhig und schön. Der Atem stockte mir – und mit einem Mal sah ich meine kleine vierjährige Tochter Christina vor mir. Sie weinte so herzzerreißend als ich sie damals allein im Krankenhaus zurücklassen musste. »Nein, nein ...!« – es war, als hörte ich ihre kleine Stimme wieder ... Ich hielt mir die Ohren zu! Oh Gott, warum habe ich Christina nicht mit nach Hause nehmen können? Warum haben sich weiße Türen für immer hinter ihrem kleinen Körper verschlossen? Alles, was ich jemals wieder sah, war ein kleiner Sarg.
Anton, Christina, Anton ... alles wirbelte in meinem Kopf herum. Wie lange ich weinend bei Anton saß, weiß ich nicht. Ich streichelte seine kalte Hand, redete mit ihm, erzählte dem toten Enkel von Christina, meiner vor vielen Jahren verstorbenen Tochter, seiner Tante. In meine Tränen um Anton mischten sich noch einmal all die geweinten und ungeweinten Tränen um Christina und den Abschied, der nie stattgefunden hat. In Gedanken nahm ich

mein totes Kind in den Arm, wiegte sie noch einmal … strich Anton über seinen blonden Haarschopf … kehrte wieder zu Christina zurück … Bei all dem Schmerz und der Verzweiflung war ich doch unendlich dankbar, dass ich die Zeit bekam, Abschied zu nehmen – von Anton und von meiner kleinen Christina. Irgendwie habe ich das Gefühl gehabt, etwas gut machen zu können, eine alte Schuld auszugleichen …
(Hannelore T.)

> Erzählen von Lebensgeschichten bringt den Erzähler mit den *Stationen* seines Lebens in Kontakt.

In lebensgeschichtlichen Erzählungen werden ganz unterschiedliche Themen angesprochen. Der eine breitet die ganze Fülle seiner Lebenserfahrungen aus, der andere nähert sich recht zaghaft mal diesem, mal jenem Bild seiner Vergangenheit. Prinzipiell gibt es unendlich viele Themenbereiche. Der Bogen spannt sich von Kindheitserlebnissen bis zu den Ereignissen des eben erst vergangenen Tages. Manche Themen spielen in jeder Lebensphase eine Rolle, andere tauchen nur hin und wieder auf und fließen in den gesamten Erfahrungsstrom ein, der am Ende eines Lebens die »Fülle« ausmacht. Vieles tritt zu einem bestimmten Zeitpunkt markant hervor, verändert und verwandelt sich aber laufend. Es ist, als würden die einzelnen Lebensphasen bildhauerische Arbeit leisten: Rohem Material wird eine Form gegeben, es wird gemeißelt, geformt, bearbeitet, geschliffen. Am Baustein »Identität«, einem Grundelement der menschlichen Existenz, kann man das besonders deutlich sehen. Die Suche nach einer Antwort auf die Frage »Wer bin ich?« steht denn auch bei vielen lebensgeschichtlichen Erzählungen im Mittelpunkt. Dabei nimmt der Erzähler eine Gewichtung der Erlebnisse vor. Kraft seiner Erinnerung und seiner Fantasie wird er zum Baumeister, Architekt, Bildhauer und Maler seiner Lebensgeschichte. Manchmal erinnert er sich auch »nur« daran, in welchen »Schuhen« er durchs Leben ging …

Beispiel: Auf dem Weg nach Santiago

Auf dem Weg nach Santiago holt ihn ein eiliger Wanderer ein, der ihn um einen Schluck Wasser bittet. Die Rückgabe der Flasche und der Dank des überstürzt Weitereilenden lassen ihn verwundert und nachdenklich zurück auf diesem Weg, der sich erst im Unendlichen, im Horizont zu verlieren scheint. Der eilige Pilger rennt fast und wird vor seinen Augen kleiner und kleiner, löst sich – er kann es nicht anders bezeichnen – in Nichts auf, und das ist keineswegs eine optische Täuschung, das weiß er. Und auch hellwach ist er und er kann ja die Fußabdrücke auf dem schlammigen Boden sehen und er geht ihnen nach, folgt den Spuren. Die Schuhgröße verändert sich. Männerschuh. Frauenschuh. Kinderschuh. Auch noch vom Puppenschuh ist das kräftige Wanderschuhprofil zu sehen. Auch die Tiefe des Abdrucks verringert sich. Und vor dem letzten, kaum noch erkennbaren, sinkt er nieder. Seine Fingerspitzen zeichnen vorsichtig die Umrisse nach. Und es ist ihm, als habe ihn ganz sacht eine Vogelfeder gestreift, ein Lufthauch, ein Lächeln.

(Karl Mittlinger)

Erzählen kann gelingen. Erzählen kann scheitern. Manchmal ist es hilfreich, von einfühlsamen Begleitern eine Unterstützung bei der Wegsuche durch das Land seiner Lebensgeschichten zu erhalten. Ob es sich um Ordnen, Aussöhnung, Verzeihen oder Abrunden handelt, immer wird es vor allem darum gehen, »das Leben lebendig zu halten«, der Sprachlosigkeit entgegen zu wirken und Schritte gegen eine drohende Vereinsamung zu setzen.

Zusammenfassung

Wirkweise lebensgeschichtlicher Erzählungen
- Lebendigwerden der inneren Bilderwelt
- Freilegen »alter« Gefühle
- Individuelle Gestaltungsweise und Formgebung
- Akzentuierung von »Gut« und »Böse«
- Querverbindungen zu gesellschaftlichen, politischen und kulturellen Strömungen
- Zutagetreten unbewältigter Erlebnisse
- Vergewisserung der eigenen Bedeutung
- Kontakt zu den unterschiedlichen Lebensstationen

2

IMPULSE FÜR BEGLEITER

■ Ins Gespräch kommen

Ein gutes Gespräch kann ein Geschenk sein,
kann wie ein rettender Strohhalm wirken, kann
neue Perspektiven eröffnen und Ordnung in
chaotische Seelenzustände bringen.

Virginia Satir

Geschichtenerzählen gehört zum Leben jedes Menschen: Alltagsgeschichten, Liebesgeschichten, ernste und heitere Geschichten, Geschichten des Abschieds und des Neubeginns ... Sie alle spiegeln nicht nur die Erlebnisse und Erfahrungen der Menschen, sie sind gleichzeitig auch kleine Kunstwerke, in denen die Handschrift des Baumeisters zu erkennen ist. Tief in unserem Inneren wissen wir über die Bedeutung der Erzählung für das Überleben unserer Erlebnisse Bescheid! Nur wenn es uns gelingt, für die Fülle an Erlebtem die richtigen Worte zu finden, gleichsam das richtige Kleid auszuwählen, können wir ein beiläufiges Erlebnis zu »unserem« machen, können wir aus der Fülle von Erfahrungen und Eindrücken jene herausgreifen, die als Lebenserinnerungen bei uns bleiben. Wir laufen Gefahr, vieles aus den Augen, aus dem Herzen, aus dem Sinn zu verlieren, wenn wir es nicht erzählen und mit einem anderen teilen können. Nicht erzählt, entwickeln viele Erlebnisse ihr Eigenleben oder gleiten ins Vergessen.

Im Laufe eines langen Lebens haben wir verschiedene *Gesprächspartner*, die sich unsere Geschichten anhören. Durch ihre Anteilnahme oder ihr Desinteresse werden sie Einfluss auf die Art der Darstellung, aber auch auf die Auswahl der Details nehmen. Das menschliche Leben ist ausgerichtet auf ein Du, ein Gegenüber, das an der eigenen Existenz in umfassender Weise Anteil nimmt. Dies gilt für fast alle Lebensbereiche. Auch das Verfassen unserer Lebensgeschichte wird stark davon beeinflusst, wer die Menschen sind, denen wir im Laufe vieler Jahre die großen und kleinen Geschichten unseres Lebens anvertrauen. Wir sind keine »Einzelkämpfer«, wenn es darum geht, ein Bild von uns zu entwerfen!

Jedes Erzählen braucht einen Zuhörer, ein Gegenüber – und sei es nur eine Fantasiegestalt, die wir zum stummen Zuhörer auserkoren haben. Durch dieses Eintreten in einen wie immer gearteten Dialog – ein Gespräch – wird unsere Geschichte umgeformt, erhält neue Akzente, eine andere Farbgebung, andere Zusammenstellungen. In gewissem Sinn kann aus dem »Erzählen–Zuhören–Reagieren« wiederum eine neue Geschichte werden.

Wie Menschen mit dem Erzählen ihrer Geschichten umgehen, ist sehr verschieden. Da gibt es welche, denen das »Herz auf der Zunge« liegt, die gern und leicht über ihre Erlebnisse berichten – ja sogar Freude daran haben, einen großen Kreis zu unterhalten. Dann gibt es wieder andere, die sich hin und wieder hinsetzen und einen Brief schreiben, ein Gedicht verfassen, ihre Eindrücke und Erfahrungen in Form kleiner Texte einem fiktiven Gegenüber mitteilen. Wieder andere brauchen den geschützten Rahmen einer intimen Beziehung, um über sich zu reden. In jedem Fall spielt die Rolle des Gegenübers eine große Rolle! So gesehen sind wir alle in mehrfacher Hinsicht am Entstehen und Aufrechterhalten von Lebens-Romanen beteiligt – an unserem eigenen und an denen unserer Mitmenschen, denen wir unser Ohr leihen.

Im Alltag wird man sich selten die Frage stellen, was ein Freund, ein Kollege, der Partner oder ein flüchtiger Bekannter für Hilfestellungen braucht, damit er uns etwas erzählen kann. Anders ist das in »besonderen« Situationen, in denen dann plötzlich klar wird, dass die Rolle des Zuhörers eine besondere ist. Das können schon so banale Dinge sein wie das Verlegen des Schlüssels, das Versäumen eines Busses oder das zufällige Wiedersehen mit einem alten Schulkollegen. Alles, was aus der »grauen Masse« des Alltäglichen herausragt, möchte mitgeteilt und erzählt werden! Und dafür braucht man einen Zuhörer, einen Menschen, der bereit ist, der eigenen Mitteilung zu lauschen und damit das eigene Erlebnis zu teilen. Was für den Alltag und die mehr oder weniger harmlosen Ereignisse unseres Lebens wichtig ist, erhält in kritischen Lebensphasen oder bei dramatischen Ereignissen eine besondere Bedeutung. Menschen in Krisensituationen oder in kritischen Lebensabschnitten benötigen mehr als alles andere ein Gegenüber, das bereit ist, sie bei dem schweren Prozess der Auseinandersetzung mit ihren oft traumatischen Erfahrungen zu begleiten.

Die Begleitung von kranken und alten Menschen bedarf eines sehr sensiblen Umgangs mit dem Element *Gespräch* – besonders dort, wo es den Rahmen eines rein routinemäßigen Abfragens oder diagnostischen Erfassens sprengt. Mit kranken und leidenden Menschen ins Gespräch zu kommen und ihnen so eine Möglichkeit zu geben, auch diese Erfahrungen in ihr Lebensbuch einzutragen kann genauso schwer sein, wie alte Menschen auf ihre Reise in die Vergangenheit zu begleiten. Auf der einen Seite steht die Notwendigkeit und in vielen Fällen auch das Bedürfnis, in einem Gespräch Klarheit über verschiedene Aspekte des eigenen Lebens, der Krankheit, des Leidens oder der Krise zu bekommen. Auf der anderen Seite fällt es vielen schwer, über das eigene Leben im Allgemeinen und über heikle Themen im Besonderen zu reden oder mit anderen ins Gespräch zu kommen.

Was kann Begleitern helfen, »gute« Gesprächspartner zu sein? Welche Möglichkeiten der Kommunikation können den gestalterischen und heilsamen Prozess des Erzählens fördern?

Jeder kennt Menschen, die rasch »ins Gespräch kommen«, denen sich andere leicht öffnen und die viele Geschichten erzählt bekommen! Was unterscheidet diese von anderen, bei denen das Gegenüber kaum den Mund aufmacht, geschweige denn, etwas Wichtiges aus seinem Leben erzählt? Das wichtigste Merkmal eines guten Gesprächspartners ist wohl das echte und ehrliche *Interesse* an den Menschen und ihrem Leben. Das, was der andere sagt, ist dann keine beiläufige Erzählung, keine Bemerkung »am Rande«, sondern rückt in den Mittelpunkt der Aufmerksamkeit. Verbunden mit einem großen *Respekt* vor den jeweils sehr unterschiedlichen persönlichen Grenzen der Menschen, schafft dieses Interesse eine Art *positive Neugierde*. Neugierig sein bedeutet auch, dass *Fragen* gestellt werden (vgl. S. 75 ff.). In der nachfolgenden Geschichte von Johann Gottfried Herder steht die Bedeutung des Fragens im Mittelpunkt:

Die Katze und die Maus

Als Kung-Tsee einst von seinem Nachmittagsschlummer erwachte, nahm er seiner Gewohnheit nach das Instrument Kin sogleich zur Hand, griff aber auf ihm so leise, schwache, und wie es seinen Schülern vorkam, traurige Töne, dass diese, die im Vorzimmer waren, ihn für krank oder missmutig hielten. Bestürzt trat Tseng-Tsee zu ihm und entdeckte ihm seiner Freunde Besorgnis.

»Ich danke euch für eure Teilnehmung an meinem Befinden«, sprach Kung-Tsee, »und ebenso für die Aufmerksamkeit, die ihr auf die Töne der Musik wendet. Sie sind nicht leer-verhallende Lufthauche, die einige Augenblicke dem Ohr schmeicheln, sodann aber ohne Spur verschwinden; Griffel sind sie, die der Seele eingraben, was durch sie gesagt werden sollte. Aber beruhigt euch. Meine Töne waren nur schwach, nicht traurig. Eben sah ich, als ich erwachte, die Katze und eine Maus in gegenseitiger Aufmerksamkeit aufeinander. Den Ausgang dieser Aufmerksamkeit wollte ich erwarten und beide Parteien darin nicht stören: darum griff ich die Töne so leise.

Nicht wahr, meine Freunde, ihr würdet nie auf diese Ursache gekommen sein, wenn ihr mich nicht gefragt hättet? Ihr hättet mir vielleicht gar eine wichtige Materie, eine schwere Aufgabe Schuld gegeben, die mein Inneres beschäftigte? So geht es bei tausend Vermutungen im Laufe des Lebens. Trauet ihnen nie blind, schreibt keiner Zerstreuung, keiner gedankenvollen Miene zu viel zu, die vielleicht auch nur an die Katze und Maus denket. In allen Vermutungen aber, die euch, vielleicht vergebens, ängstigen, grübelt nicht für euch selbst, sondern wo es sein darf, *fraget*.«

(*Johann Gottfried Herder*)

Damit sich Menschen öffnen und ihren eigenen Erzählrhythmus finden können, müssen sich die Fragen stark am Erzählten selbst orientieren und niemals »detektivischen« Charakter annehmen. Wer, wann, wo, warum und all die anderen – auch Polizeifragen genannten – Formulierungen sollen in einem offenen Gespräch im Hintergrund bleiben. An ihre Stelle können Rückfragen zum besseren Verständnis des Erzählten treten. Ein guter Gesprächspartner wird dem Gegenüber mit *Offenheit* begegnen und versuchen, sich dem *Rhythmus* des anderen anzupassen. Dies alles hat nichts damit zu tun, dass man seine eigene Meinung ganz wegstecken muss und sich aus dem Gesprächsfeld vollkommen zurückzieht. Das richtige Maß zwischen »neugieriger Nähe« und »abgrenzender Distanz« muss bei jedem Gespräch aufs Neue gesucht werden. Das fällt oft schwer und macht deutlich, dass es in jedem Fall eine Gratwanderung ist, ein Gespräch ins Fließen zu bringen und eine Balance zu finden, die beiden Gesprächsteilnehmern genügend *Raum* zur Entwicklung der eigenen Geschichte lässt. Eine persönliche Zusammenfassung und die Wiedergabe des Gehörten zeigt dem Erzähler, dass man sich Mühe macht, seine Gedanken zu *verstehen* und seine Sprache *anzunehmen*. Verschiedene Anmerkungen, Erweiterungen und persönliche Eindrücke stellen den nächsten Schritt in der Gesprächsabfolge dar. So wird aus einem Monolog ein Dialog, ein gemeinsames Eintauchen in den Bericht über ein Lebens-Ereignis, an dessen Ende ein Gefühl der Vertrautheit steht. Aus einem »Ich« und »Du« kann in einem gelungenen Gespräch ein »Wir« entstehen – und sei es nur für ein paar kurze Augenblicke!

Miteinander ins Gespräch kommen bedeutet mehr als nur einfach reden.

Miteinander ins Gespräch kommen bedeutet, sich gemeinsam einen Weg durch verschiedene Gesprächsthemen zu bahnen. Es ist ein Reagieren auf die Darstellung des anderen, ein gemeinsames Austauschen von Ideen, Erörtern wichtiger Fragen oder Mit-Teilen von Erinnerungen.

Miteinander ins Gespräch kommen ist auch ein kreativer Prozess, bei dem neue Bedeutungen entdeckt werden können. Darin liegt die große *Chance von lebensgeschichtlichen Gesprächen.* Aus dem Bemühen um ein Verständnis des anderen kann Neues entstehen, werden bisher noch unbekannte Perspektiven sichtbar, lichten sich die Schleier des Vergessens, darf Nie-Gesagtes Gestalt annehmen. So wird Veränderung möglich.

Zusammenfassung

Chancen lebensgeschichtlicher Gespräche für die alltägliche Lebensbewältigung und Lebensgestaltung:

- In und durch Gespräche werden aus der Fülle von Eindrücken, Erfahrungen und Erlebnissen ganz bestimmte hervorgehoben. *Allgemeines* erhält durch persönliche Sichtweise und entsprechende Darstellung mit einem Mal etwas unverwechselbar *Individuelles*.

- Gespräche über die Dinge des Lebens stellen eine Form der *aktiven Lebensgestaltung* und Lebensbewältigung dar. Letzteres wird besonders in Situationen deutlich, in denen Neues, Unbekanntes oder Fremdes auf Menschen zukommt. Erzählend fällt es vielen leichter, »Neuland« in das eigene Lebenspanorama einzufügen.

- In der Mitteilung über Entwicklungsprozesse werden Lebensveränderungen transparent gemacht. Dadurch kann ein oftmals notwendiger *Wandel* leichter *akzeptiert* werden.

- Auch *Deutungen* der »Welt«, diese jeweils sehr individuellen Interpretationen der unterschiedlichsten Lebensbereiche, bekommen in einem Gespräch Form und Gestalt.

- Unklare, bisher noch »dunkle« Stellen in der eigenen Vergangenheit können beleuchtet und einer *Bearbeitung* zugänglich gemacht werden.

- Schließlich gelingt es vielen Menschen erst durch das Erzählen ihrer gelebten Erfahrungen, ihrer »Chronik«, dem eigenen Leben, jene Kontinuität zu verleihen, die ihnen hilft auch in schwierigen Lebensstationen einen je individuellen *Sinn* zu sehen.

Gesprächsmerkmale

Ein Gespräch kann von verschiedenen Seiten her beleuchtet und erklärt werden. Sprachwissenschaftler werden andere Merkmale und Bedeutungen herausgreifen als Psychologen, Journalisten oder Manager. Für Mediziner wird ein Gespräch andere Schwerpunkte haben als für einen Literaturwissenschaftler, für einen Verkäufer stehen andere Aspekte im Vordergrund als für einen Schauspieler. Dennoch gibt es eine gemeinsame Klammer für all die vielen unterschiedlichen Gespräche. Das Wissen um wesentliche *Merkmale von Gesprächen* kann den Begleitern ein Stück Sicherheit vermitteln und dazu führen, ein Einzelgespräch vor dem Hintergrund eines größeren Zusammenhangs zu sehen:

■ Jedes Gespräch hat seinen eigenen *Raum*, sein typisches Umfeld, in dem es geführt wird; es findet an *diesem* Ort statt, zwischen *diesen* Menschen aus *dieser* Kultur, *dieser* Gegend, mit *diesem* sozialen Hintergrund usw.

■ Die Menschen, die an einem Gespräch beteiligt sind, bringen alle ihren eigenen *Bezugsrahmen* mit, ihre typische Geschichte, in der sich die Summe ihrer Lebenserfahrung spiegelt. Die Gesprächspartner mit ihrem unterschiedlichen Hintergrund und Bezugsrahmen beeinflussen die jeweiligen Inhalte. Sie ermöglichen ganz bestimmte Entwicklungen oder unterdrücken andere. Sie wirken sich gestaltend auf den Gesprächsverlauf aus.

■ Jedes einzelne Gespräch ist eingebettet in eine Fülle *anderer* aus der Vergangenheit, der Gegenwart und einer erwarteten, vorgestellten, fantasierten Zukunft. Dabei stehen all diese Gespräche miteinander in Beziehung, sind wie durch einen unsichtbaren Faden verbunden und beeinflussen einander.

■ Gespräche haben einen *Sinn* und *Zweck*, sind mit *Erwartungen* verbunden, verfolgen *Absichten* – auch wenn diese oft verborgen sind.

■ Jedes laut geführte Gespräch wird von einer Reihe stiller, »im Inneren« geführter begleitet, die sich manchmal sogar an Menschen richten, die nicht anwesend sind oder gar nur in der Vorstellung existieren. Auch diese inneren Dialoge tragen Merkmale eines echten Gesprächs, wenngleich ihnen die wichtige Interaktion mit einem äußeren Partner und die damit verbundene Orientierung oder Korrektur fehlt.

Lebensgeschichtliche Gespräche können einfach »passieren« oder gezielt herbeigeführt werden. Auch in der Begleitung von kranken und alten Menschen wird es immer beide Formen geben. Oft sind es gerade die beiläufigen Bemerkungen, die der Begleitperson signalisieren, dass das Bedürfnis nach einem Gespräch besteht. Aber auch immer wiederkehrende, stereotyp erzählte Geschichten verweisen auf die *Sehnsucht*, wirklich *angehört* und *verstanden* zu werden. Inhaltsleere Gesprächsfetzen, ritualisiertes Erkundigen nach Befindlichkeit, Therapiefortschritt und anderes können Begegnungen nicht ersetzen, in denen der Mensch mit all seinen Bedürfnissen, Ängsten, Freuden und seiner Lebensgeschichte angenommen wird. Im Gegenteil. Kann das Bedürfnis nach einem echten Dialog nicht erfüllt werden, ziehen sich viele Menschen zurück, verschließen ihre Gefühle vor dem Zugriff neugieriger »Frager«, entziehen sich bald jeder Kommunikation, verstummen. Oder sie ergreifen jede nur erdenkliche Möglichkeit, um das innere Bilderchaos, die angestauten Erlebnisse und unaufgearbeiteten Erfahrungen »herauszusprudeln«. Beides – das Verschließen ebenso wie das ausufernde »Heraussprechen« – kann als Hilferuf nach einem Zuhörer verstanden werden. Solche Hilferufe können während der täglichen Pflegemaßnahmen vorkommen, beim Waschen, Essenausteilen, beim Anziehen, beim Gang zu einer Untersuchung, beim Aufräumen …

Nicht immer wird es möglich sein, auf die direkte oder indirekte Bitte nach einem Gespräch gleich einzugehen. Doch oft genügt es schon, wenigstens *wahrzunehmen*, was sich in Worten und Gesten der Menschen ausdrückt. Es geht darum, die *Signale zu erkennen*, die anzeigen, dass ein Bedürfnis nach Mitteilung besteht. Fürs Erste genügt es dann schon, wenn man sich die Zeit nimmt, in wenigen *Worten* das auszudrücken, was man gespürt, gesehen, gehört hat. Dies wäre der erste Schritt hin zu einem Dialog. Darin drückt sich ein Ernstnehmen der menschlichen Bedürfnisse aus und eine Wertschätzung der Menschen. Für die Betroffenen knüpft sich daran die Hoffnung, im Leben und Erleben als Person mit Geschichte gesehen und verstanden zu werden und in den Köpfen der Pflege- und Begleitpersonen nicht nur als Fall, Diagnose oder Belegzahl zu existieren. Virginia Satir, die bedeutende Therapeutin und Kommunikationsforscherin, meint:

> Ich glaube, das größte Geschenk, das ich von jemandem bekommen kann, ist, dass er mich sieht, mir zuhört, mich versteht und mich berührt. Das größte Geschenk, das ich einem anderen Menschen machen kann, ist, ihn zu sehen, ihm zuzuhören und ihn zu berühren. Wenn das gelingt, habe ich das Gefühl, dass wir uns wirklich begegnet sind.

Und darum geht es immer und überall, wo Menschen aufeinander treffen, sei dies in der Familie, in der Schule, am Arbeitsplatz, im Krankenhaus oder Pflegeheim!

Neben den kleinen lebensgeschichtlichen Gesprächen am Rande des Pflege- und Betreuungsalltags gibt es die gezielt herbeigeführten. Darunter sind zum Einen alle Formen beratender und therapeutischer Interventionen zu verstehen, zum Anderen die Angebote in der Erwachsenenbildung, in der Seniorenarbeit und in speziellen Bereichen angewandter Pädagogik. Aus diesen Bereichen stammen auch viele Anregungen (vgl. S. 91 ff. und S. 159 ff.), die man gut in den Alltag der Begleitungs- und Pflegepraxis einbauen kann.

Zusammenfassung

Gesprächsmerkmale
Ein Gespräch hat (…)
einen typischen Gesprächsraum
einen persönlicher Bezugsrahmen
ein zeitliches Setting
eine Absicht, einen Zweck, einen Sinn,
einen Adressaten.

Gesprächsbedingungen

Wie gut oder wie schlecht es uns gelingt, mit anderen in Kontakt zu kommen, wird von vielen Faktoren abhängen. Nicht alles können wir frei wählen und gestalten. Das fängt schon bei den *äußeren Rahmenbedingungen* an. Wo ein Gespräch stattfindet, lässt sich nicht immer planen. Wir sind oftmals in den Möglichkeiten der Raumgestaltung eingeschränkt, müssen improvisieren und in der Lage sein, durch kleine Gesten jenen intimen Rahmen zu schaffen, der Begegnung möglich macht. Aber auch *innere Bedingungen* der Gesprächspartner fließen in das Gespräch ein, z. B. die persönliche Lebensgeschichte, ein bestimmter sozialer Hintergrund, ein beruflicher Auftrag bzw. ein besonderes Anliegen, Sympathien und Antipathien, unterschiedliche Persönlichkeitszüge und vieles andere mehr.

Die folgenden Bedingungen tragen zum Gelingen eines lebensgeschichtlichen Gesprächs bei:

1. »Raum gestalten und Freiraum schaffen«

Ein lebensgeschichtliches Gespräch braucht Raum. Damit sind einmal die äußeren Rahmenbedingungen gemeint. Der Gesprächspartner soll das Gefühl haben, er ist als »Gast« willkommen. Kleinigkeiten – etwa Blumen, gemütliche Sitzgelegenheiten, angenehme Raumatmosphäre, warmes Licht – können Anspannung lösen und Wohlfühlen ermöglichen. Zum andern geht es aber auch um einen inneren Raum, der zwischen den Partnern entstehen soll. Dies ist ein Ort der Fantasie, an dem die Gesetze von Raum und Zeit aufgehoben scheinen und die Gedanken unsanktioniert eine Form annehmen können, die man ihnen schon immer geben wollte. *Raum gestalten und Freiraum schaffen* – ist ein Merksatz für das Führen lebensgeschichtlicher Gespräche.

2. »Sich Zeit nehmen und Geduld haben«

Im Mittelpunkt eines lebensgeschichtlichen Gespräches steht weniger ein bestimmtes Thema als vielmehr das Bemühen, die Geschichte des anderen, seine Ansichten, seine Schlussfolgerungen, seine Wünsche, Urteile und Sehnsüchte zu verstehen. Dieses Suchen nach Verstehen entspricht dem »Zähmen« des Fuchses bei Saint-Exupery. Als der kleine Prinz einem Fuchs begegnete, bat ihn dieser: »Bitte zähme mich!«. Doch der kleine Prinz wusste nicht, was das bedeuten könnte: »Zähmen«. Der Fuchs versuchte es zu erklären, zähmen bedeute »vertraut machen« und es erfordere viel Zeit. Zeit und Geduld. Zuerst müsse sich der kleine Prinz ein wenig abseits ins Gras setzen, allmählich würde er sich ein bisschen näher setzen können ... *Sich Zeit nehmen und Geduld haben* – ein zweiter wichtiger Merksatz für das Gelingen lebensgeschichtlicher Gespräche – kann dazu führen, dass sich unverständliche Lebenstexte entschlüsseln lassen. Freilich wird es wohl nie gelingen, einen anderen Menschen »ganz und gar« zu verstehen. Es wird sich immer nur um eine mehr oder weniger große Annäherung an die Welt des anderen handeln. Und manchmal wird es nur eine Ahnung sein. Verstehen darf auch nicht mit Einverstandensein verwechselt werden. Man muss nicht derselben Meinung sein, um Erzähltes zu verstehen. Wohl aber sollte man die Bereitschaft aufbringen, dem Gegenüber seine Wahrheit zu lassen.

3. »Offensein für den kreativen Prozess«
In einem lebensgeschichtlichen Gespräch geht es nicht um die Klärung einer historischen Wahrheit. Vielmehr geht es um die jeweils sehr persönliche Wahrheit, die erzählte Wahrheit. Durch das Eingehen auf die Sichtweise des anderen, durch die Offenheit und Toleranz gegenüber den bunten Formen, die eine Lebensgeschichte im Verlauf eines Gesprächs annehmen kann, wandeln sich auch Bedeutungen. Wenn Hans-Georg Gadamer von der »Unendlichkeit des Ungesagten« spricht, so rückt er die Fülle an potenziellen Ausformulierungen ins Blickfeld. Erlebtes, konkret Erfahrenes vermischt sich mit den geheimen inneren Gedanken und stillen Gesprächen. Unfertiges, so genanntes »Rohmaterial« nimmt in einem lebensgeschichtlichen Gespräch Gestalt an. *Offensein für den kreativen Prozess* – dieser Merksatz zielt auf die heilende Bedeutung eines echten Dialogs ab, in dem es möglich

ist, aus sich herauszugehen und neue Interpretationen des eigenen Lebens zu wagen.

4. »Echtheit und der Mut zu Ich-Botschaften«

In einem lebensgeschichtlichen Gespräch muss das Gefühl vorherrschen, gemeinsam »unterwegs« zu sein. Dieses Gefühl der Verbundenheit kann durch intensives Eingehen auf die Situation des Partners zu Stande kommen. Dabei spielen nicht nur die Worte eine große Rolle. Der gesamte Bereich der nonverbalen Kommunikation ist für das Gelingen oder Misslingen ausschlaggebend. Von der ersten Kontaktaufnahme, über den Blickkontakt bis hin zur Körperhaltung senden Menschen einander Signale, die ein Akzeptieren andeuten oder Ablehnung spürbar machen. Ganz im Sinne des bekannt gewordenen Satzes von Paul Watzlawick: »Man kann nicht nicht kommunizieren«, wird einfach »alles« Teil des Austausches, übt seine Wirkung aus und bestimmt den weiteren Verlauf der gemeinsamen Gesprächsgeschichte. Gerade bei kranken und alten Menschen ist die »Haut« dünn geworden. Die Antennen für feine Abstufungen von Annahme oder Ablehnung, der Missbilligung oder Übereinstimmung sind besonders feinfühlig. *Echtheit und der Mut zu Ich-Botschaften –* fügen sich in die Reihe der Merksätze für das Gelingen eines lebensgeschichtlichen Gespräches.

5. »Mit Leib und Seele beim Gespräch sein«

Nur durch das Eintreten in einen Dialog, in eine Begegnung von Mensch zu Mensch, kann »monologische Erstarrung« aufgelöst werden. Die besondere Situation von Menschen, die durch eine Krise bzw. Krankheit gezeichnet sind oder sich durch ihr Alter isoliert, unverstanden und einsam fühlen, bedarf eines besonders behutsamen »Mitschwingens«. Es ist schwer, einen über lange Zeit hin einsam geführten Monolog zu verändern. In diesen immer wiederkehrenden Wortschleifen schwindet allmählich die Aussicht auf Veränderung, Wandlung oder Neugestaltung. Der Blick auf ein »Du«, einen Gesprächspartner, ist getrübt und kann nicht rasch auf einen gemeinsamen Weg gelenkt werden. Dafür ist viel Zeit und Geduld erforderlich. Ein lebensgeschichtliches Gespräch zu führen bedeutet auch, sich ohne »Sprungtuch« in eine Situation zu begeben, deren Ausgang ungewiss ist. Es gilt, gemeinsam den Schatz der Erinnerung zu heben, die Verletzungen der Gegenwart zu meistern und sich an die Zukunft – und sei es auch »nur« das letzte große Abschiednehmen – heranzutasten. Ein Ich und ein Du finden Schritt für Schritt gemeinsam heraus, aus welchem Stoff die Träume und die Wirklichkeiten sind, die erzählt werden möchten. Soll das Reden anders werden – soll aus einem Monolog ein Dialog werden, muss auch das Zuhören der Umwelt anders werden. *Mit Leib und Seele beim Gespräch sein –* ist jener Merksatz, der Begriffe wie »aktives Zuhören«, »responsives Zuhören«, »Zuhörend-Hören«, »ganz Ohr Sein« umfasst.

Zusammenfassung

Fünf Merksätze für das Gelingen eines lebensgeschichtlichen Gesprächs
- »Raum gestalten und Freiraum schaffen«
- »Sich Zeit nehmen und Geduld haben«
- »Offensein für den kreativen Prozess«
- »Echtheit und der Mut zu Ich-Botschaften«
- »Mit Leib und Seele beim Gespräch sein«

Das narrative Interview

Eine Gesprächsform, die sich in der Begleitung von kranken und besonders von alten Menschen gut bewährt hat, ist das *narrative Interview*. Bei dieser »Technik« handelt es sich um eine Form des »offenen« Interviews, bei dem der Gesprächspartner aufgefordert und unterstützt wird, seine Erlebnisse in Form einer Geschichte zu erzählen. Es ist eine »freie« Technik, die dem Erzähler die Möglichkeit lässt, sich im Erzählen all den Themen zu widmen, die für ihn wichtig sind. Er ist also in Bezug auf das Interview unvorbereitet – und doch ist er bestens gerüstet: Sein Leben liefert den Stoff, der zum Inhalt des narrativen Interviews wird. Zum Gelingen einer solchen Reise zurück in die Geschichte eines Menschen trägt vor allem die Grundhaltung des Interviewers bei. Er sollte dem Gesprächspartner ein hohes Maß an *Wertschätzung* entgegenbringen. Einige Worte über den Grund des Gesprächs und das spezielle *Interesse* an der Person helfen über anfängliche Unsicherheiten hinweg. »Du interessierst mich!« »Deine Geschichte ist für mich wichtig!« – Das sind die Botschaften, die sich besonders an die *Grundbedürfnisse* des Menschen nach Wertschätzung, Anteilnahme und Mitgliedschaft in einer Interessengemeinschaft wenden.

Am Beginn so eines Gesprächs steht ein so genannter *Erzählstimulus*. Dieser Impuls für das Gespräch soll den Bereich der Erzählung festlegen.

Beispiele für einen Erzählstimulus:

»Ich möchte Sie jetzt bitten, in Ihrer Erinnerung weit zurück zu gehen und über Ihre ersten Erlebnisse und Erfahrungen mit ... zu erzählen.«

»Versuchen Sie sich zurück zu erinnern, welche Menschen für Sie wichtig waren, welche Ereignisse sich besonders eingeprägt haben.«

»Wenn Sie an die Anfänge ihrer Erkrankung zurückdenken, wie war das damals?«

»Sie haben Ihre Jugend auf dem Land erlebt, können Sie sich an damals zurück erinnern? Was fällt ihnen alles dazu ein?«

»Wenn sie an Ihr Leben mit der Krankheit denken, was hat Ihnen im Laufe der Jahre geholfen, Mut gemacht ...?«

Die Formulierung des jeweiligen Erzählstimulus wird vom persönlichen Zugang sowohl zum Thema als auch zur Person abhängen. Das *Ziel* ist immer, die Ereignisse aus der Vergangenheit in die Gegenwart zu transportieren. Die festgefrorenen Schichten der Erinnerung sollen wieder aufgetaut und zum Fließen gebracht werden. Alte Erlebnisse können so wieder Gestalt annehmen und lebendig werden. Vergangenes und Vergessenes kommen wieder in den Bereich der Aufmerksamkeit und werden einer Betrachtung und Bearbeitung zugänglich. Der Interviewer nimmt Anteil an den Erzählungen, er hört zu und zeigt Interesse – das allein ist schon oft mehr, als Menschen zu erhoffen wagen. Sie können in aller Ruhe ihre Geschichtenteppiche ausbreiten und die Muster erklären, die das Leben gewoben hat. Durch das Interesse des Interviewers, dieses Menschen, der sich Zeit nimmt, der Geschichte zu lauschen, wird die Vergangenheit bunt und lebendig. Der Erzähler bekommt Hilfestellungen, wenn er in seiner Erzählung »hängt«, er bekommt Ermutigung, weiter zu schreiten, wo der Pfad der Erinnerung eng wird, und er bekommt eine hilfreiche Hand, wenn er an Schluchten kommt, die er allein nicht überqueren kann. Das narrative Interview ist eine Reise durch unwirtliches Land. Es ist aber auch eine Reise durch das Land »aus Milch und Honig«!

Die Art der Erzählung wird als *Stegreiferzählung* bezeichnet. Ohne große Vorbereitung machen sich dabei Menschen daran, eine Erzählung zu gestalten. Aus der Fülle von Vorfällen wählen sie ganz bestimmte Ereignisse aus, fügen sie aneinander, gehen hier ins Detail, verallgemeinern an anderer Stelle wiederum und formen so ihre ganz persönliche »Fabel«. Verschiedene Ereignisse und Personen werden wieder lebendig, sie nehmen den Erzähler gleichsam an die Hand und führen ihn weiter. Dieses Erzählen setzt keine speziellen Kenntnisse voraus, es ist eine im Laufe des Lebens erworbene Fähigkeit, eine spezielle Form der Kommunikation, die auch als *narrative Kompetenz* bezeichnet wird. Wenn man mit einem Menschen ein narratives Interview führen will, muss man also keine besonderen Erklärungen und Einführungen voranschicken. Umso mehr wird es aber auf die Fähigkeit ankommen, eine Atmosphäre des Vertrauens zu schaffen, in der die Scheu mancher Menschen aufgefangen werden kann, über sich und Teile ihres Lebens zu sprechen. Vielen scheint ihr Leben zu unbedeutend, zu verworren oder zu selbstverständlich …, sie können es oft nicht glauben, dass ihre Erfahrungen und Erlebnisse andere interessieren.

Die Hauptaufgabe des Interviewers – des Begleiters – ist es, anteilnehmendes Interesse zu zeigen, zu motivieren und mit ganzem Herzen »dabei« zu sein! Hin und wieder kann er Signale, *Markierer,* setzen, die zeigen sollen, dass er mit Aufmerksamkeit dabei ist. Mimische Reaktionen, kurze sprachliche Äußerungen wie Seufzer u. ä. sollen ein einfühlsames Mitgehen verdeutlichen. Je nach dem, wie gut der Interviewer mitschwingen kann, wie bekannt und vertraut die Erzählinhalte sind, wird ein befreiendes Lachen, ein komplizenhaftes Schmunzeln oder aber ein befremdliches Stutzen den Gesprächsverlauf beeinflussen. Im Verlauf des Interviews steht das Zuhören in jedem Fall an oberster Stelle.

In der *Haupterzählung* ist meist der große Wurf der Geschichte abgeschlossen. Der Erzähler hat sich für einen bestimmten Erzählstrang entschieden und kann ihn ohne große Unterbrechungen durch den Interviewer nach seinem »Geschmack« zu Ende führen. Doch nicht alles ist ausformuliert, nicht alles zu Ende gedacht. Der Gesprächspartner kann im so genannten *Nachfrageteil* noch viel ansprechen und so das Erzählpotential anregen. Es ist eine hohe Kunst, solche Fragen zu stellen, die eine Einladung für neue Geschichten sind! Wie kann das gelingen? Es ist wichtig, sich ganz von der Geschichte, die erzählt wird, mittragen zu lassen. Nur wenn man wirklich in die Geschichte eintaucht, wird man den tieferen Sinn nachempfinden können. Nur dann wird es gelingen, aus diesem inneren Verstehen weitere Fragen zu stellen.

Es geht zum Einen um vertiefende Verständnisfragen, z. B.:

»Wie war das damals genau, ich habe das noch nicht ganz verstanden?«

Zum Anderen sollen »Nebenschauplätze« angesprochen werden, z. B.:

»Sie haben da etwas anklingen lassen, das mich interessieren würde …«

Den *zentralen Stellenwert* im narrativen Interview nehmen Fragen nach dem »*wie*« ein: *wie* etwas zu Stande gekommen ist, *wie* sich Menschen verhalten haben, *wie* es zu einer bestimmten Situation kam. Mit dieser Akzentsetzung wird auf den *Verlauf von Ereignissen* geschaut und nicht so sehr auf Fakten.

Oft gibt es im Laufe einer Erzählung auch Andeutungen, Anspielungen, die nicht weiter ausgeführt werden. Sie wirken manchmal wie Stacheln oder Bergspitzen, die in die Erzählung ragen, und werden von Fachleuten auch als *Erzählzapfen* bezeichnet. Es handelt sich dabei um Nebenthemen, die erst auf Einladung des Interviewers aufgegriffen werden, z. B.:

»Als Sie von Ihren Berufswünschen sprachen, kam auch die Rede auf einen Onkel, der für Sie zum wichtigen Vorbild wurde. Können Sie mir noch etwas mehr darüber erzählen?«

Manchmal brauchen Erzähler eine orientierende Unterstützung. Es ist nicht einfach, sich auf dem Pfad der Erzählung über das eigene Leben nicht zu verirren. Eine inhaltliche, räumliche und zeitliche Unterstützung ist da hilfreich, z. B.:

»Sie haben jetzt in erster Linie von ... gesprochen ...«

»Bisher haben Sie alles eher unter dem Aspekt der frühen Heimat erzählt ...«

»Ihre Erzählung beschäftigte sich mit der Zeit rund um den Zweiten Weltkrieg ...«

»Sie haben mir von Ihrem ersten Klinikaufenthalt erzählt ...«

Der Interviewer hat auch die Möglichkeit, über den Inhalt hinaus *persönliche Eigenheiten* des Erzählers zu beachten. Oft sind es gerade die nebensprachlichen Aktivitäten eines Menschen, die viel über seine Stimmungslage aussagen, z. B.: Sprechgeschwindigkeit, Lautstärke, Veränderung der Körperhaltung, Blickrichtung, scheinbar nebensächliche Bewegungen und Aktivitäten, Selbstkorrekturen, Versprecher, Betonungen, »Verschlucken« von Worten, Abbrechen eines Satzes ... Alle diese sprachlichen und para-sprachlichen Eigenheiten machen aus einer einfachen »Schwarz-Weiß-Aufzeichnung« ein buntes Bild individuell gestalteter Lebensgeschichte. Gelingt es dem Zuhörer, mit all seinen Sinnen beim Interview zu bleiben, wird er mehr als nur inhaltlich Interessantes erfahren. Er wird viel mehr die Chance haben, einen Einblick in sehr persönliche Weltinterpretationen zu bekommen.

Die Geschichten, die in einem narrativen Interview entstehen, können verschiedene *Funktionen* für den Erzähler haben:

- Wissensbildung: Integrieren von Erfahrungen in bereits bekannte, bestehende Strukturen, Erzählen von persönlichen Orientierungen, von Urteilsbildung und kognitiven Prozessen. Hier wird das Erzählen als eine spezielle Form des Denkens, ein Faktor menschlicher Intelligenz sichtbar: *Kontingenzgeschichten*.

- Selbstrechtfertigung/Selbstschutz: Gelingt es, den Mechanismus des Ausblendens und Wegschiebens »heikler Themen« zu überwinden, können durch gezielte Geschichten schuldhafte Verstrickungen und problematische (Mit-)Verantwortungsfragen implizit oder explizit zurückgewiesen werden: *Rechtfertigungsgeschichten*.

- Entlastung: Durch Bekenntnisse, die oft den Charakter eines Geständnisses annehmen, können belastende Ereignisse verarbeitet werden: *Geständnisgeschichten*.

- Selbsterhöhung/Idealisierung: Die eigene Person oder für die eigene Identität wichtige Bezugsgruppen werden in verklärtem Licht gesehen. Aber auch kritische Selbstreflexion oder Selbstbezichtigung ist möglich: *Heldengeschichten*.

- Abfuhr von Aggression: Andere Menschen oder deren soziales Umfeld werden angeklagt und kritisiert: *Aggressionsgeschichten*.

- Angstverarbeitung/Angstreduktion: Bearbeitung aktueller Ängste und Nöte durch eine oft nostalgische Rückschau auf vergangene Zeiten. Passiv Erlittenes kann aktiv gestaltet werden. Durch das Wieder-und-wieder-Erzählen traumatischer, negativer, belastender Lebenssituationen können diese allmählich in das Lebensganze integriert und somit auch bewältigt werden: *Verarbeitungsgeschichten*.

- Heilende Kraft: Bei traumatischen Erlebnissen kann das Erzählen als so genannte reorganisierende Kraft wirken und einen neuerlichen Zugang zur Vergangenheit herstellen und sie so einer Bearbeitung zugänglich machen. So können alte, schmerzhafte Erfahrungen heilen. Ein besonders behutsamer Umgang ist hier allerdings angezeigt: *Heilende Geschichten*.

- Wunscherfüllung: Wünsche werden in einen äußeren Rahmen gestellt und können in einem frei entwickelten Szenario zur Entfaltung kommen. Ganz nach dem Prinzip der Freude, Sehnsuchtserfüllung und der Lust kann auch Vergangenes im Sinne des Erwünschten dargestellt werden: *Wunschgeschichten.*
- Erwartungen an die Zukunft: Das Thema Hoffnung spielt in jeder Lebenslage eine große Rolle. Interessen, Motivationen, Ideen – sie alle können utopische Dimensionen annehmen: *Zukunftsgeschichten.*

Menschen brauchen einen geschützten Rahmen, um ihre Geschichten erzählen zu können. Das narrative Interview stellt so einen Rahmen zur Verfügung. Die besonders zurückhaltende und doch unterstützende Haltung des Interviewers macht diese Kommunikationsform für jede Form der Begleitung so wertvoll. Manchmal gelingt es, durch ein narratives Interview vergangene Erlebnisse und deren Hintergründe wieder bewusst zu machen und zu neuem Leben zu erwecken. Durch geduldiges, einfühlsames Kontakthalten und durch die Würdigung des Erzählstoffes wird Schicht für Schicht der verkrusteten Erinnerungsberge abgetragen und in den Lebensbogen eingeordnet. Durch diese heilsame Funktion kann das narrative Interview zu einem Meilenstein in der Lebensbegleitung werden.

Zusammenfassung

Was beim narrativen Interview besonders zu beachten ist:
- Einstiegsfragen mit einer Würdigung der Person und ihres Schicksals
- Erzählstimulus, der die Geschichte und deren Rahmen festlegen soll
- Mit zurückhaltendem Interesse die Haupterzählung verfolgen
- Durch Fragen mit narrativer Generierungskraft das Erzählpotential anregen
- Orientierende Unterstützung geben (zeitlich, inhaltlich, räumlich)

- Wenn die Haupterzählung abgeschlossen ist: Anregen des Argumentationsschemas durch Hervorheben der eigen-theoretischen Kommentare
- Zulassen von Pausen

■ Hilfreiche Grundhaltungen für die Begleitung

> Man kann jede Frage stellen, jede Bemerkung
> machen, über alles reden. Wesentlich dabei ist
> die Haltung, der es entspricht.
>
> *Marlene Anderson*

Die medizinischen Möglichkeiten haben sich rasant erweitert. Kranken kann auf vielfältige Weise geholfen werden, alte Menschen können durch die Errungenschaften der Medizin noch älter werden. Differenzierte Diagnostik, präzise arbeitende Medizintechnik, weltweiter Informations- und Erfahrungsaustausch machen komplizierte Behandlungsmethoden möglich. Gleichzeitig wird der Ruf nach einer ganzheitlichen Betreuung des Patienten laut. Das ist eine Herausforderung an alle, die sich in den Dienst am Menschen gestellt haben. Im gerontologischen Bereich schaffen die Erkenntnisse der Altersforschung neues Terrain für »lebenslanges Lernen«. Animateure sind gefragt, die Körper, Seele und Geist alter Menschen fit halten. War es früher der Bauerngarten, der die Altbäuerin an die frische Luft brachte, sie in den Jahreskreislauf der Natur einband und ihrer Seele Raum gab, im Wachsen, Werden und Vergehen der Blumen und Pflanzen die eigene Endlichkeit anklingen zu hören, ist es heute eher ein Balkonkasten mit Geranien. War es früher die Wohnküche, die immer noch einen Platz für die Großmutter bereithielt, in der sie den Enkelkindern beim Aufgabenmachen zuschaute, Tränen abwischte und das alte Heferezept wieder und wieder zum Besten gab, ist es heute oft nur eine Eckbank im Aufenthaltsraum eines Heimes, durch dessen sauber geputzte Fensterscheiben sie den vorbeilaufenden Kindern nachschaut.

Die veränderten sozialen Verhältnisse und die Ausweitung medizinischer Möglichkeiten im Altenbereich stellen an das Pflegepersonal enorme Anforderungen. Schwestern, Pfleger, Ärzte,

Therapeuten – sie alle müssen alten Menschen nicht nur in ihrer Rolle als professionelle Begleiter gegenübertreten; durch den Wegfall eines gut funktionierenden sozialen Netzes kommen sie immer häufiger in die Rolle des »Mitmenschen«, der einen Partner, Nachbarn, Sohn, Freund … ersetzen soll.

Was wird in erster Linie vermisst? Worum geht es eigentlich? Das, was auch noch so teure Maschinen nicht übernehmen können, ist menschliche Zuwendung und die Fähigkeit, so zuzuhören, dass der andere sich ernst genommen fühlt. Michael Ende hat in der Gestalt der kleinen Momo der Qualität des einfühlsamen Zuhörens ein besonderes Denkmal gesetzt:

> Momo konnte so zuhören, dass dummen Leuten plötzlich sehr gescheite Gedanken kamen. Nicht etwa, weil sie etwas sagte oder fragte, was den anderen auf solche Gedanken brachte, nein, sie saß nur da und hörte einfach zu, mit aller Aufmerksamkeit und aller Anteilnahme. Dabei schaute sie den anderen mit ihren großen, dunklen Augen an, und der Betreffende fühlte, wie in ihm auf einmal Gedanken auftauchten, von denen er nie geahnt hatte, dass sie in ihm steckten.
>
> Sie konnte so zuhören, dass rastlose oder unentschlossene Leute auf einmal ganz genau wussten, was sie wollten. Oder dass Schüchterne sich plötzlich frei und mutig fühlten. Oder dass Unglückliche und Bedrückte zuversichtlich und froh wurden. Und wenn jemand meinte, sein Leben sei ganz verfehlt und bedeutungslos und er selbst nur irgendeiner unter Millionen, einer, auf den es überhaupt nicht ankommt und der ebenso schnell ersetzt werden kann wie ein kaputter Topf – und er ging hin und erzählte alles das der kleinen Momo, dann wurde ihm, noch während er redete, auf geheimnisvolle Weise klar, dass er sich gründlich irrte, dass es ihn, genauso wie er war, unter allen Menschen nur ein einziges Mal gab und dass er deshalb auf seine besondere Weise für die Welt wichtig war.
>
> So konnte Momo zuhören!

Im Zuge der medizinischen Entwicklung sind viele Methoden und Techniken entstanden, für die es schillernde Namen und eigene Ausbildungskurse gibt. Die Angebote reichen von einer gezielten medizinischen Intervention bis hin zu pädagogischen Bemühungen. Physikotherapie, Ergotherapie, Logotherapie, Ernährungsberatung, Beschäftigungstherapie, Massage, Musiktherapie, Tanztherapie, Erlebnispädagogik, Mal- und Zeichentherapie, Psychagogik, Erwachsenenbildung, Gedächtnistraining, Psychotherapie, Bibeldrama, Körperarbeit, Biografiearbeit ... Dies sind Gebiete, die kranken und alten Menschen ihre Situation erleichtern können und sollen. Neben aller notwendigen Spezialisierung ist es jedoch besonders wichtig, jene *Haltung* in den Mittelpunkt der Überlegungen zu stellen, die »Licht in das Leben« der Menschen bringt. Differenzierte, gut ausgearbeitete Methoden sind wichtig – keine Frage! Die Einstellung zum Menschen und die Grundhaltung gegenüber den zentralen Fragen des Lebens werden jedoch jede Methode durchdringen und sich einen Weg zum Menschen bahnen.

- *Wie* man mit Kranken redet und an ihrem Schicksal teilnimmt, ist genauso wichtig wie das, was man tut!
- *Wie* man mit alten Menschen spricht, sie berührt und ihnen Raum für ihr bisschen Privatsphäre lässt, ist genauso wichtig wie das, was man mit ihnen tut!

Die Rückkehr zum »Einfachen«, die Rückbesinnung auf das, was Leben immer schon lebenswert machte, findet allmählich auch Einzug in Kranken- und Pflegeeinrichtungen.

Im Folgenden werde ich auf *Grundhaltungen* und *Grundannahmen* eingehen, die für jede Begleitung hilfreich und an keine bestimmte Berufsausbildung gebunden sind. Sie verlangen kein Vorwissen und sind bis zu einem gewissen Grad in jedem von uns vorhanden. In der Arbeit mit Kranken und Alten können sie uns helfen, den Weg zum »Du« zu finden und so nicht nur dem Gegenüber mehr Lebensqualität zu schenken, sondern auch mit sich selbst behutsam umzugehen. Anhand einiger Fragen können Begleiter überprüfen, in welchem Maße es ihnen gelingt, »gute« Gesprächspartner zu sein. Die zusammengestellten Fragen sollen als Anregung verstanden werden, die eigenen inneren Haltungen und deren Umsetzung in konkretes Handeln zu hinterfragen. Lebensgeschichtliche Gespräche führen oft in »fremde Länder«, deren Sprache, Regeln und Gesetze man erst kennen lernen muss. Umso hilfreicher ist es, wenn man über seine eigenen Stärken und Schwächen in der Gesprächsführung Bescheid weiß und sich über notwendige Grundhaltungen immer wieder Gedanken macht!

Grundhaltungen
1. Bescheidenheit
Die Begleitung von Menschen, die entweder auf Grund einer Krankheit oder ihrer speziellen Lebenssituation auf andere angewiesen sind, bedarf einer besonderen menschlichen Grundhaltung. Rasch fühlen sich die ohnehin »verletzten« Menschen zurückgestoßen oder nicht ernst genommen. Zu oft wird über ihre Köpfe hinweg entschieden, müssen sie sich fremden Menschen anvertrauen. Damit aus diesem Anvertrauen kein Ausliefern wird, müssen Begleiter bereit sein, sich nicht nur von ihrer professionellen, sachorientierten Seite zu zeigen. Sie müssen den kranken oder alten Menschen auch als Experten ernst nehmen, als *Experten seiner eigenen Lebens- und Leidensgeschichte.* Nehmen Begleiter dies wahr, so fällt die oft störende Hierarchiegrenze weg und ein *Miteinander* wird möglich: miteinander kann etwa nach einer passenden Therapie gesucht werden, miteinander kann über Tempo und Art der Rehabilitation entschieden werden, miteinander werden Ideen entwickelt, wie das Leben im Heim schöner werden kann. Dies entspricht einer Grundhaltung, bei der man von der prinzipiellen Gleichwertigkeit aller Menschen ausgeht. Auch verbirgt sich hinter dieser Haltung ein Maß an *Bescheidenheit*, das dem anderen Raum zur Entfaltung eigener Möglichkeiten gibt. Mit dieser Einstellung kann es gelingen, in einem Gespräch den Erzählungen und Berichten des Gegenübers in *aufrichtiger* Weise zu lauschen, den ungewöhnlichen und unerwarteten Wendungen *aufgeschlossen* gegenüber zu stehen und sie gegebenenfalls aufzugreifen. *Jede* Version einer Geschichte hat ein Recht, ernst genommen und angehört zu werden.

Fragen zur persönlichen Überprüfung wichtiger Grundhaltungen

■ Wie leicht ist es mir gefallen, meinen Gesprächspartner als Experten seiner Lebensgeschichte zu akzeptieren?

■ War ich im Gespräch dominierend? Woran könnte ich das merken?

■ Konnte ich mich darauf einlassen, gemeinsam nach einem Weg zu suchen?

■ Habe ich mich zurücknehmen und meinem Gesprächspartner unvoreingenommen begegnen können?

■ Wie gut konnte ich meine eigenen Vorstellungen und (Vor)Urteile zurückhalten?

2. Unvoreingenommenheit

In einer Begleitung wird es immer wieder notwendig sein, den sicheren Boden eigenen Wissens und Könnens – die professionelle Spezialistenrolle – zu verlassen. Wir müssen als Begleiter in der Lage sein, uns als *Nicht-Wissende* einzubringen, die selbst auf die Informationen und Hinweise, auf Erzählungen, Berichte und Schilderungen des Gesprächspartners angewiesen sind. Sich selbst und seine Meinung in Frage zu stellen führt dazu, dass man in einem Gespräch nicht voreilige Annahmen macht, klischeehaften Vorstellungen nachhängt oder die eigenen Kenntnisse über die des Gesprächspartners stellt.

Bereits Sokrates erkannte die hilfreiche Haltung: »scio nescio« – »ich weiß, dass ich nichts weiß«. Er regte seine Schüler an, sich in der Begegnung mit anderen als Nichtwissende einzubringen und darauf zu achten, dass sich alle Beteiligten die Mühe machen, ihre Begriffswelt zu erläutern. Nur so sei es möglich, in einen fruchtbaren Dialog einsteigen zu können. Die Haltung des »Nicht-Wissens« bedeutet nicht »nichts zu wissen«, sie soll vielmehr darauf hinweisen, dass jeder Mensch in bestimmten Gebieten Experte ist und Wissen hat. In einem Gespräch, das von »Nicht-Wissen«, Unvoreingenommenheit, Neugierde und Bescheidenheit geprägt ist, kann man besser vom Sprechen zum Kennenlernen und vom Kennenlernen zum Verstehen kommen. Offenheit gegenüber Unerwartetem, gegenüber Veränderungen, Neuem und noch nie Gehörtem setzt eine gewisse Risikobereitschaft voraus. Der Mut zu Ungewöhnlichem, der Mut zur *Unvoreingenommenheit* und die Neugierde, sich auf das Entdecken anderer Sichtweisen und Lebensmöglichkeiten einzulassen, wird meist vielfach belohnt. Man erfährt auch als Begleiter, wie sich das eigene Leben weitet und ungeahnte Facetten zeigt. Es fällt so viel unter den Tisch, wenn man nur dem Vertrauten folgt!

Fragen zur persönlichen Überprüfung wichtiger Grundhaltungen

- Konnte ich meine (Vor-)Urteile zurückhalten und ist es mir gelungen, meine Sichtweise der Dinge und mein Wissen in den Hintergrund zu stellen?
- Ist es mir gelungen, den »erhobenen Zeigefinger« eines moralisierenden Standpunktes zu vermeiden?
- Macht mich Neues prinzipiell eher neugierig oder löst es Angst aus?
- Konnte ich mit unerwarteten Gesprächswendungen gut umgehen?
- Hatte ich Schwierigkeiten, »Anderssein« zu akzeptieren?
- Wie gut konnte ich mich in die Geschichte meines Gesprächspartners einfühlen?

---

3. Orientierung am Du

Wenn wir als Begleiter einem Menschen die Gelegenheit geben wollen, seine Geschichte zu erzählen, müssen wir uns von unseren Vorstellungen lösen, wie diese Geschichte aussehen soll. Wir müssen uns ausschließlich an unserem Gesprächspartner orientieren und vorhandene Vorinformationen beiseite lassen. In der Begleitung kranker und/oder alter Menschen lassen wir uns nur zu oft von der Diagnose beeinflussen, den Ergebnissen der Aufnahmegespräche, den Informationen durch die Angehörigen oder durch äußere Merkmale. Sie sind dann Ausgangspunkt *bestimmter* Vorstellungen, lösen *bestimmte* Gefühle aus, sind mit *bestimmten* medizinischen oder anderen Vorannahmen verbunden und verleiten zu *bestimmten* Rückschlüssen. Rasch entwickeln Patienten feine Antennen dafür, ob ein Begleiter Raum für echte Gesprächsmöglichkeiten zulässt oder sich stärker von seinen Voreinstellungen leiten lässt – dann werden Äußerungen sehr oft im Sinne sozial erwünschter Berichte formuliert und in Übereinstimmung mit den Vorannahmen der Begleiter gesetzt. Damit beginnt sich aber die Spirale zwischen »selektivem Wahrnehmen« einerseits und »selektiven Berichten« andererseits zu drehen. Aus einem offenen Dialog, der in Freiheit geführt zur subjektiven Wahrheit des Einzelnen führen könnte, werden zwei Monologe, die sich nur dann und wann berühren, um einander gegenseitig zu bestätigen.

Wie kann man diesem Geschehen vorbeugen?

Wichtig wäre es, sich *von* den vielen *Vorinformationen frei zu machen* und sich selbst als Mensch, nicht so sehr als Experte, in das Gespräch zu begeben. Dabei steht die Arbeit am *Beziehungsprozess* stets vor dem Bearbeiten der Inhalte. Aufmerksames, interessiertes *Zuhören* wird bald dazu führen, die typische Sprache des anderen erfassen zu können. Nach und nach wird es möglich sein, die Bilderwelt des anderen zu verstehen, seinen Wortschatz kennen zu lernen und seine Ausdrucksweise mit der eigenen in Verbindung zu bringen. Das Suchen nach einer *gemeinsamen Sprache* kann über behutsames Nachfragen und Wiederholen des Gehörten im Sinne des »Aktiven Zuhörens« erfolgen. Erst wenn Menschen Vertrauen gefasst haben, wenn sie sich in der ihnen eigenen Sprache verstanden fühlen, werden sie »ihre« Geschichte angstfrei erzählen können. Bildlich gesprochen gibt man dem Gesprächspartner die Hand und lässt sich von ihm in seine Geschichtenwelt führen.

Fragen zur persönlichen Überprüfung wichtiger Grundhaltungen

- Habe ich meinem Gesprächspartner das Gefühl vermittelt, ihn mit seinem Gesprächsthema zu akzeptieren?
- Habe ich meinem Gesprächspartner Raum für sein Anliegen gelassen?

> ■ Konnte ich so gut zuhören, dass Vertrauen entstehen
>   konnte?
> ■ Ist es mir gelungen, die Beziehungsebene so zu gestal-
>   ten, dass auch schwierige Inhalte zur Sprache kommen
>   konnten?
> ■ Konnte ich »biografische Hinweise« im Gespräch wahr-
>   nehmen?

4. Akzeptieren subjektiver Wahrheiten

Immer wenn es um das Erzählen von Ereignissen, das Entwickeln
von Lebensgeschichten oder die Wiedergabe von Erlebtem geht,
erhebt sich die Frage nach der »Wahrheit«. Dies ist bei großen
weltpolitischen und historischen Themen ebenso wie bei der
Lebensgeschichte des »kleinen Mannes auf der Straße«. Es liegt
auf der Hand, dass eine Auflistung von Daten und harten Fakten
nicht mit dem zu vergleichen ist, was Menschen rund um diese
Daten und Fakten zu berichten wissen.

Nehmen wir das *Beispiel* eines Geburtstages:

Peter R. ist am 2. Mai 1943 in einer kleinen Stadt an der Donau
geboren. Seine Eltern sind Bauern. Er ist der erste Sohn nach zwei
Mädchen. Diese »harten« Fakten verwandeln sich durch die Erzählungen der Umstände rund um die Geburt zu einem bunten
Bild voller Leben und Farbe.

Da ist z. B. die Geschichte aus der Sicht der *Eltern*: Peters Mutter
war recht unglücklich, als sie von der erneuten Schwangerschaft erfuhr. Es war Krieg und die Familie mit den zwei kleinen Mädchen,
einer leicht behinderten Tante und einem alten Großvater hatte
Mühe, sich durchzuschlagen. Doch mit dem Fortschreiten der
Schwangerschaft kam auch die Freude auf das Kind. Der kalte
Winter war auch überstanden und als die Obstbäume in Blüte
standen, machte sich Peters Vater auf, die Hebamme zu holen. Er
war aufgeregt und in stolzer Vorfreude auf sein drittes Kind, das
wohl hoffentlich ein Sohn sein würde. Als das Kind dann zur Welt
kam, war die Freude der Eltern groß.

Peters *älteste Schwester*, Burgi, hat diesen Tag ganz anders in Erinnerung. Schon der Morgen dieses für sie »schwarzen« Tages brachte nichts Gutes. Sie musste früh aufstehen und die Arbeit der Mutter übernehmen. Die Milch kochte ihr über und hinterließ einen unangenehmen Geruch im ganzen Haus – es ist ihr, als kratze er heute noch in ihrer Nase. Der Vater war unfreundlich, warf hastig die Tür hinter sich zu, sprang aufs Rad und verschwand. Mutter war unansprechbar. Und schon jetzt ahnte Burgi, dass dieser Tag eine dramatische Wendung in ihrem Leben bringen sollte. Sie freute sich so sehr auf eine kleine Schwester – und hatte eine tief sitzende Sorge, es könnte ein Bruder werden. Sie wollte ihre Sonderstellung, die sie als »Große« hatte, nicht aufgeben. Um keinen Preis! Doch da half nichts, kein Hoffen, kein Beten, keine wilden Versprechungen – um 2 Uhr mittags war Peter auf die Welt gekommen. Dieser Tag war für Burgi der Beginn einer konflikthaften, extrem rivalitätsorientierten Beziehung zu Peter, die bis ins Erwachsenenalter anhalten sollte.

Jede dieser Schilderungen der Geburt von Peter ist auf ihre Weise »wahr«. Und so wie diese einfache Geschichte viele Fassungen hat, hat auch jede andere Geschichte ganz verschiedene Akzente und Seiten. Geschichten sind nichts ewig Gültiges, das wissen wir nicht nur aus den Neubetrachtungen historischer Fakten. Die Geschichte und die Geschichten sind immer Ausdruck derer, die sie verfassen. Wird die Geschichte von den »Siegern« geschrieben, ist sie eine Siegergeschichte. Wird dieselbe Geschichte von den »Verlierern« geschrieben, ist sie eine Verlierergeschichte. Ein »richtig« und »falsch« wird es wohl in den seltensten Fällen geben. Das Erzählen von Lebensgeschichten ist immer eine sehr subjektive Sache und die Wahrheit, die da zum Tragen kommt, wird auch als *narrative Wahrheit* bezeichnet. Je nach Situation, Befindlichkeit, Sympathie, »Zusammenklingen« mit dem Zuhörer u. a. werden Geschichten umgeschrieben oder neu bearbeitet. Ein Patient lügt nicht, wenn er einem anderen Begleiter seine Geschichte anders erzählt! Statt nach der »richtigen« Version zu suchen, wäre es sinnvoller, sich einfach für den Menschen mit *allen* Varianten seiner Geschichte zu interessieren. Der *Wunsch,* den kranken oder alten Menschen *zu verstehen* und ihm *zu glauben,* kann den Begleitern helfen, dem Wahrheitskarussell mit Gelassenheit zu begegnen.

Fragen zur persönlichen Überprüfung wichtiger Grundhaltungen

■ Ist es mir gelungen, »unterschiedliche Wahrheiten« auszuhalten?

■ Ist es mir gelungen, dem Gesprächspartner Raum zum »historischen Verweilen« zu lassen?

■ Konnte ich Begriffe wie »Lügen«, »Unwahrheiten«, »Geschichtsverfälschung« u. ä. beiseite lassen und mich ganz auf die »erzählte Wirklichkeit« meines Gesprächspartners einlassen?

■ Konnte ich die sachliche Ebene von der gefühlsmäßigen trennen?

■ Habe ich echtes Interesse und den Wunsch nach »Verstehen« entfalten können?

5. Interesse

Es ist eine Kunst, die *richtigen Fragen* zu stellen! Fragen können Geschichten fördern oder behindern, sie können den Gesprächspartner verschrecken oder ihm Mut machen, weiter zu erzählen. Es gibt eine Fülle von Fragen, die ein bestimmtes Ziel verfolgen oder darauf ausgerichtet sind, Daten und Fakten zu sammeln. Bei einem lebensgeschichtlichen Gespräch müssen sich die konkreten Fragen *aus dem Gespräch* selbst ergeben. Sie müssen eingebettet sein in den Erzählzusammenhang und sich den Orten und der Zeit, in der die Geschichte gerade spielt, anpassen. *Gesprächsbezogene Fragen* machen sich frei von äußeren Vorgaben, sie entspringen dem Gefühl der Begleiter für ihr Gegenüber, dem feinfühligen Mitschwingen, dem Eintauchen in die Erzählwelt des anderen. Der Impuls für eine Frage sollte im Rahmen eines lebensgeschichtlichen Gesprächs stets aus der Erzählung selbst kommen. Die »richtige« Frage kann nur dann gestellt werden, wenn man zur erzählten Geschichte in Kontakt bleibt und seine Fragen eng an die Geschichte selbst anlehnt. Die verändernde Kraft der Erzählung, die es einem Menschen möglich macht, eine verfestigte Geschichte nochmals neu- oder umzuschreiben, kann sich besonders gut entfalten, wenn die Fragen sanfte Stützen werden und nicht unverrückbare Wegweiser. Die Art der Fragen wird dem Gegenüber auch signalisieren, wer der Gesprächspartner ist und mit welchem Interesse er beim Gespräch ist.

Fragen sind wie Werkzeuge, sie sind oft die einzige Möglichkeit, etwas über einen anderen Menschen zu erfahren. Begleiter müssen bei der Auswahl ihrer Werkzeuge sorgsam sein. In der »Werkzeugkiste« der Fragen gibt es große und kleine »Schrauben«, unterschiedliche »Zangen«, es gibt »Nägel« mit großen und kleinen Köpfen, einen »Hammer« mit Holzgriff oder aus Eisen. Die »richtigen« Fragen sind in jedem Fall Fragen, die in die Welt des Gesprächspartners hineinführen und nicht von ihr ablenken! Die »richtigen« Fragen sind getragen von einem ehrlichen Interesse am anderen!

Allerdings kann nicht jede Frage beantwortet werden – grundsätzlich nicht oder zur gegebenen Zeit nicht. Manchmal geht es auch nur darum – wie es Rainer Maria Rilke in dem nachfolgenden Gedicht ausdrückt –, in und mit den Fragen zu leben, die man gestellt bekommt und die man sich selbst stellt.

Und ich möchte Sie, so gut ich kann,
bitten, lieber Herr, Geduld zu haben
gegen alles Ungelöste in ihrem Herzen
und zu versuchen, die Fragen selbst
lieb zu haben wie verschlossene Stuben
und wie Bücher, die in einer sehr fremden
Sprache geschrieben sind.
Forschen Sie jetzt nicht nach den Antworten,
die Ihnen nicht gegeben werden können,
weil Sie sie nicht leben könnten.
Und es handelt sich darum, alles zu leben.
Leben Sie jetzt die Fragen.

Vielleicht leben Sie dann allmählich,
ohne es zu merken, eines fernen Tages
in die Antwort hinein.

Fragen zur persönlichen Überprüfung wichtiger Grundhaltungen

- Wie gut ist es mir gelungen, mich dem »Fluss der Geschichte« anzuvertrauen und die Fragen aus der Geschichte selbst zu entwickeln?
- Konnte ich die vielen Standardfragen, vorgeformten Fragen und die auch als Polizeifragen bekannten W-Fragen (wer, wann, wo …) sparsam einsetzen?
- Ist es mir gelungen, meinen Gesprächspartner dorthin zu begleiten, wohin *er* wollte?
- Konnte ich mich für meinen Gesprächspartner interessieren?
- Wie gut kann ich es aushalten, wenn meine Fragen nicht beantwortet werden?

6. Anpassungsfähigkeit

Das Tempo eines Gesprächs kann ganz unterschiedlich sein. Jeder Mensch hat seinen eigenen Erzählrhythmus und innerhalb seiner Gewohnheiten bestimmte Schwankungen, die je nach Gesprächsinhalt variieren. Oft ist es der Wechsel von einem »schnell« zu einem »langsam«, das dem Zuhörer auffällt und seine Aufmerksamkeit ganz besonders auf den Inhalt des Erzählten lenkt. Manche Menschen reden über heikle Dinge in ihrem Leben »rasch hinweg«, andere geraten an solchen Punkten eher ins Stocken, werden sprachlos, verstummen. Bei einem lebensgeschichtlichen Gespräch ist es besonders wichtig, sich *vom Erzähler führen* zu lassen. Nur er weiß um die Klippen und Stromschnellen, mit denen zu rechnen ist. Nur er kann abschätzen, welches Erzähltempo seiner Seele gut tut. Gelingt es dem Begleiter, mit seinem Gesprächspartner mitzuschwingen, sich seiner Gangart anzupassen, wird der Erzählfluss nicht ins Stocken geraten. Es ist nicht Aufgabe der Begleiter, durch drängendes Fragen dem kranken oder alten Menschen auf »seinen« Weg zu bringen. Auch wenn man manchmal von außen leichter die Zusammenhänge sieht, bleibt es doch Aufgabe des Erzählers, die Geschichte seines Lebens selbst zu ordnen und darzustellen. Sich geduldig in die Geschichtenwelt des anderen zu begeben und abwarten zu können, wohin sich die Erzählung entwickelt, vermittelt dem Gegenüber auch ein Gefühl der *Wertschätzung* und *Würdigung*.

Nicht nur beim Ausarbeiten eines Rehabilitationsprogramms, beim gemeinsamen Spaziergang durch den nahe gelegenen Park oder bei den alltäglichen Hilfestellungen kann man den Patienten oder alten Menschen in seiner Einzigartigkeit ernst nehmen. Auch die Art und Weise, wie man mit seiner Lebensgeschichte und seinem Erzähltempo umgeht, kann Wertschätzung ausdrücken. Je mehr ich vom Patienten »erzwingen« möchte, desto langsamer wird das Ziel erreicht werden. Anderson schreibt in diesem Zusammenhang: »Seite an Seite mit dem Klienten geht es schneller, als wenn man hinten schiebt und vorne zieht«. Zuerst müssen sich Begleiter an das Tempo – eben auch an das Erzähltempo – der Gesprächspartner anpassen. Erst auf der Basis des Vertrauens kann dann gemeinsam überlegt werden, wo es vielleicht sinnvoll ist, die Seiten des Lebensbuches rascher durchzublättern und etwas »Tempo zuzulegen« oder wo eine Ruhepause, ein Verweilen in der Atmosphäre des »Gestern«, gut täte. Das alte Sprichwort »Gut Ding braucht Weile« gehört in jedem Fall in den Rucksack jedes Begleiters!

Fragen zur persönlichen Überprüfung wichtiger Grundhaltungen
- Konnte ich mich dem persönlichen Erzählstil und Erzähltempo meines Gesprächspartners anpassen?
- Habe ich zu schnell geredet, zu hastig formuliert, unterbrochen, ergänzt, vorzeitig abgebrochen, bin ich meinem Gesprächspartner ins Wort gefallen …?
- War ich bereit, meinem Gesprächspartner die Zeit zu lassen, die er zur Entwicklung seiner Geschichte braucht?

- Konnte ich mich in Gedanken Seite an Seite mit meinem Gesprächspartner sehen?
- Habe ich mich so geduldig verhalten, dass sich mein Gesprächspartner angenommen und gewürdigt fühlen konnte?

7. Mut zum Unvollständigen

So wie der Fluss des Lebens erst im Tod zum Stillstand kommt, ist ein lebensgeschichtliches Gespräch nie wirklich zu Ende erzählt. Erzählend gestalten wir unser Leben bis zum Tod, wir formen, verändern, korrigieren, passen an und versuchen immer wieder aufs Neue, der Gestalt unserer Lebensgeschichte Sinn und Kontinuität zu verleihen. Die Brüche des Lebens müssen geglättet werden, Misserfolge genauso in das Lebensganze eingefügt werden wie Erfolge, leidvolle Erfahrungen ebenso wie freudvolle. Gespräche ziehen sich durch unser Leben und bieten die Möglichkeit, dem eigenen Leben jenen Glanz, jene Gestalt zu geben, mit der wir gut leben können.

Der Satz: »Wie ich mich darstelle, so bin ich« – verweist auf den *selbstdefinierenden* Charakter von erzählten Lebensgeschichten. Durch das Eintreten in einen Dialog, durch die Berührung mit anderen Lebenswelten kann sich jedoch die eigene Sicht der Dinge ändern. Durch das Erzählen ergibt sich plötzlich die Möglichkeit, Aspekte des eigenen Lebens neu, anders oder doch so wie immer zu betrachten. Ein Gespräch zieht andere nach sich, wird zum Sprungbrett für spätere. Niemals werden wir mit der Geschichte unseres Lebens »fertig«. Jeder neue Gesprächspartner öffnet die Möglichkeit, das alte »Stück« mit einem neuen Regisseur und neuen Schauspielern zu spielen. Darin liegt eine Herausforderung: Ich muss mich entscheiden, wer ich sein will. Darin liegt aber auch eine Chance: Ich kann mich mit ganz anderen Brillen ansehen. Veränderung wird möglich. Zukunft kann beginnen!

Fragen zur persönlichen Überprüfung wichtiger Grundhaltungen

- Ist es mir gelungen, dieses eine konkrete Gespräch in eine Reihe vorangegangener und nachfolgender Gespräche eingebettet zu sehen?
- Konnte ich etwas »Halbfertiges« stehen lassen oder drängte ich auf einen Abschluss?
- Wie leicht ist es mir gefallen, einen »vorläufigen« Schlusspunkt zu setzen?
- Hat sich in meiner eigenen Sichtweise, meinen Einstellungen, meinen (Vor-)Urteilen etwas verändert?
- Hat mich die Geschichte meines Gesprächspartners berührt?
- Konnte ich die Balance zwischen Nähe und Distanz wahren?

Nicht immer wird es gelingen, alle angeführten Aspekte in eine konkrete Begleitung einfließen zu lassen. Und nicht immer werden wir als Begleiter in der Lage sein, das »Beste« aus der jeweiligen Begleitsituation zu machen. Die ausführliche Darstellung hilfreicher Grundhaltungen soll nicht als fertiges »Gebrauchspaket« verstanden werden. Vielmehr möchte ich den Lesern ein Gefäß gefüllt mit ganz unterschiedlichen Samen anbieten. Welche Früchte sich daraus entwickeln, lässt sich nicht immer vorhersagen.

Nur den Samen

Ein junger Mann betrat im Traum einen Laden. Hinter der Theke stand ein älterer Mann. Hastig fragte er ihn: »Was verkaufen Sie, mein Herr?« Der Weise antwortet freundlich: »Alles, was Sie wollen.« Der junge Mann begann aufzuzählen: »Dann hätte ich gerne die Welteinheit und den Weltfrieden, die Abschaffung von Vorurteilen, Beseitigung der Armut, mehr Einheit und Liebe zwischen den Religionen, gleiche Rechte für Mann und Frau und … und …« Da fiel ihm der Weise ins Wort: »Entschuldigen Sie,

junger Mann, Sie haben mich falsch verstanden. Wir verkaufen keine Früchte, wir verkaufen nur den Samen.«
(Nossrat Peseschkian)

Zusammenfassung

Hilfreiche Grundhaltungen in der Begleitung
- Bescheidenheit
- Unvoreingenommenheit
- Orientierung am Du
- Akzeptieren subjektiver Wahrheiten
- Interesse
- Anpassungsfähigkeit
- Mut zum Unvollständigen

■ Das lebensgeschichtliche Gespräch in der Begleitung kranker Menschen

Wir waren ruhig,
hockten in den alten Autos,
drehten am Radio
und suchten die Straße
nach Süden.
Einige schrieben uns Postkarten
aus der Einsamkeit, ...
Wolf Wondratschek

Gespräche in der alltäglichen Betreuung

Im folgenden Abschnitt werden Möglichkeiten aufgezeigt, den Prozess der persönlichen Geschichtsschreibung angesichts dramatischer Ereignisse zu unterstützen und Wege zu finden, den Zugang zu hilfreichen Erinnerungen frei zu legen. Prinzipiell muss man zwischen *Gesprächen rund um das Krankenbett,* gezielten *therapeutischen Interventionen* und im weitesten Sinn *pädagogischen Ansätzen* unterscheiden. Ich möchte den Gesprächen in der *alltäglichen Betreuung* besondere Aufmerksamkeit schenken. Das Bedürfnis der Menschen nach einer stimmigen Lebensgeschichte ist sehr groß. Drastische Einbrüche – wie schwere Erkrankungen, Unfälle, Verletzungen mit bleibenden Einschränkungen – müssen in die bereits existierende Geschichte des Lebens eingebaut werden. Wie kompliziert das sein kann, ist aus der Arbeit mit schwer traumatisierten Menschen aus Kriegsgebieten ebenso bekannt wie von Missbrauchs- und Folteropfern. Hier sind wohl auch gezielte therapeutische Maßnahmen notwendig. Das Aufrechterhalten der eigenen Identität ist in Ausnahmesituationen besonders wichtig und setzt ein großes Potenzial an Energie frei. Für kranke Menschen ist es wichtig, als ganze Person angesprochen zu werden und nicht nur als Diagnoseträger. »Ich bin mehr als mein Krebs!« klagte eine Frau im Rahmen einer Begleitung:

Ich habe doch auch schon vor meiner Erkrankung gelebt! Ich möchte lernen, meine Krankengeschichte als Teil meiner Lebensgeschichte zu betrachten. Ich hasse es, mich und mein Leben nur durch die Brille einer Diagnose anzuschauen. Es ist nicht so, dass es *hier* mich gibt und *dort* meine Erkrankung. Alles zusammen bin ICH.

(Frau I., 50 Jahre)

Lebensgeschichtliche Gespräche können dem Bemühen nach Aufrechterhaltung der persönlichen Identität entgegenkommen. Durch die Möglichkeit, Geschichte in gewissem Sinn auch umzuschreiben, neu zu schreiben, zu ergänzen oder zu erweitern, kann eine Reparatur verwundeter Lebensabschnitte gelingen. Nicht immer wird es möglich sein, die Wunden, die Krankheit und Leid schlagen, ganz zu schließen, nicht immer können Bruchstellen im Lebensganzen ausgeglichen werden. Manchmal ist es zur Steigerung der Lebensqualität schon hilfreich, wenn die Geschichte der Krankheit oder Verletzung als Nebenerzählung an den Hauptstrang der Lebensgeschichte angeschlossen werden kann. Und ganz im Sinne des Sprichwortes: »Die Zeit heilt alle Wunden« ist in so einem Fall zu hoffen, dass im Laufe vieler Gespräche die verschiedenen Äste des Erzählbaumes zu einem einzigen starken Stamm zusammenfinden.

Für die persönliche Geschichtsschreibung gibt es in unserem Körper bestimmte Hirnregionen und Nervenverbindungen. Ihre Arbeit ist es, die Daten der persönlichen Entwicklungsgeschichte in Form eines chronologisch geführten *Archivs* zu verwalten. Hier wird »richtig« von »falsch« getrennt, Realität von Fantasie. Darüber hinaus ist das autobiografische Gedächtnis auch jener Ort in uns, der nicht nur die »historischen Wahrheiten«, die harten Fakten speichert und bewahrt. Es ist auch der Ort, an dem persönliche *Mythen* entstehen. Diese Form von Geschichten über die eigene Person hilft dem einzelnen, das Leben zu meistern. Wichtige Funktion des »Märchenerzählers« in uns ist es, uns selbst gleichsam als Hauptdarsteller auf der Bühne unseres Lebens ernst zu nehmen. Bei der Bewältigung von schweren Erkrankungen, die als Krise erlebt werden, hilft der Märchenerzähler in uns die »passende« Geschichte zu finden, um auch diese Wunden annehmen zu lernen. Die Aufgabe von Begleitern könnte sein, dem kranken Menschen zu helfen, aus Bruchstücken und Scherben, die oft die Folge dramatischer Ereignisse sind, eine neue ganze Gestalt zu formen.

Ein Leben lang suchen wir die Frage zu beantworten, wer wir eigentlich sind. Dabei spielen die so genannten *selbstdefinierenden Erinnerungen* eine große Rolle. Sie stehen in den lebensgeschichtlichen Gesprächen im Mittelpunkt und tragen viel dazu bei, dass wir unsere Identität auch über die Jahre hin erhalten können. Sie werden von den vielen großen und kleinen Erlebnissen unseres Lebens geformt und geben dem Leben gleichzeitig Form und Farbe.

»Wer bin ich?« Diese Frage kann mit einer Fülle von Erinnerungen beantwortet werden, die aus der Vergangenheit stammen, in die Gegenwart münden und in die Zukunft weisen. Es sind Berichte von »stolzen« Daten, Siegen und Niederlagen, von Liebe, Leidenschaft, Enttäuschung, von Macht und Ohnmacht ... Menschen wählen ihre Erinnerungen aus, die sie zur Zeichnung ihrer Person verwenden. Dabei werden jene Lebensthemen aufgegriffen, in denen der »eigentliche« Mensch aufleuchtet, jener Mensch, der man ist, sein könnte oder vielleicht auch nur manchmal sein möchte. Durch die Auswahl der Erinnerungen, die als »zu meiner Person gehörend« betrachtet werden, eröffnen sich zahlreiche *therapeutische* Möglichkeiten.

Die Tatsache, dass ein Auswählen der selbstdefinierenden Erinnerungen möglich ist, lässt ein aktives Gestalten der eigenen »Person« zu. Auswählen heißt immer auch, dass man sich für etwas Bestimmtes entscheidet und etwas Anderes »liegen lässt«. Das »Ja« für eine Erinnerung bedeutet gleichzeitig immer auch ein »Nein« für eine andere Schreibweise dieser Erinnerung. Bei der Bewältigung von schwierigen Situationen kann dies genützt werden im Sinne einer »Reparatur«. Behutsames Hinführen zur Fülle nicht ausgesprochener Erinnerungen und ein geduldiges Zuhören unterstützt die Suche nach der »heilsamen« Erinnerung. Es ist die Suche nach jener Schreibweise, die vielleicht mehr Platz für traumatische Ereignisse lässt, die andere Sichtweisen ermöglicht und andere Akzente setzt. Altes in neuem Licht zu sehen wird von vielen Therapeuten als wichtiges therapeutisches Ziel betrachtet – wichtiger als immer nur nach »Neuem« zu suchen! Ein Perspektivenwechsel ist in diesem Zusammenhang besonders hilfreich. So kann beispielsweise die Verwandlung der sinngemäßen Aussage »das Glas ist halbleer« zur Aussage »das Glas ist halbvoll« Raum für ressourcenorientierte Erinnerungen schaffen, die sich weniger an den Defiziten als vielmehr an positiven Lebensaspekten orientieren.

Die prinzipielle Veränderbarkeit von Erinnerung und die Möglichkeit, die vorhandenen Freiräume unserer Erinnerungslandschaft aufzufüllen, machen es möglich, die Lebensgeschichte bis zu einem gewissen Grad umzuschreiben. Man könnte auch sagen, Erinnerungen können der Gegenwart angepasst und je nach Lebenssituation ausgetauscht werden. Das heißt nicht, dass sie beliebig sind! Doch im Laufe des Lebens ereignet sich so viel, dass in unserem Inneren eine enorme Fülle von Erinnerungen ruht. Als hohe Erinnerungsberge, tiefe Erinnerungsseen und weite Erinnerungsfelder bleiben sie uns bis zu einem gewissen Grad ein Leben lang erhalten und sind das Ausgangsmaterial für die Gestaltung und Umgestaltung von Lebensgeschichten.

Im Fall schwerer Krankheit oder bleibender Behinderung kann es sehr hilfreich sein, den Geschichtenerzähler im Patienten anzusprechen und nach Möglichkeiten zu suchen, eine Brücke zu »Bewältigungserinnerungen« zu bauen: Erinnerungen an Situationen, in denen Schlimmes überstanden wurde, in denen man Zeuge von »Heldentaten« wurde, in denen man sich vorgestellt hatte, wie es wäre wenn … Das Hinführen zu den Erinnerungslandschaften in den Patienten stellt eine enorme positive Kraft dar, ein selbstheilendes Potential. Und immer geht es darum, die Erinnerung von Gestern für das Heute relevant zu machen, zu nutzen.

Beispiel: Alexanders Geschichte
Alexander, 26 Jahre, saß mit Freunden zusammen. Sie hatten einander schon lange nicht mehr gesehen und wollten ihr Wieder-

sehen feiern. Es war spät geworden, draußen dämmerte der Morgen. Alexander fuhr mit seinem Auto nach Hause. Doch er kam nicht weit. In einer Rechtskurve rutschte das Auto weg, stürzte über die Böschung und prallte gegen einen Baum. Als Alexander im Krankenhaus wieder aufwachte, teilten ihm die Ärzte mit, dass er querschnittsgelähmt sei. Nach Operationen und ersten Mobilisierungsversuchen kam Alexander in ein Rehabilitationszentrum. Dort sollte er lernen, mit seiner Behinderung umzugehen. Alexander wurde mein Patient.

Im Laufe der vielen Stunden, die wir gemeinsam versuchten, Möglichkeiten der Lebensgestaltung für Alexander zu finden, merkte ich, wie sich langsam Veränderungen in seinen Erzählungen vollzogen. Zuerst war Alexander stumm. Er hatte sich vollkommen in sein Schneckenhaus zurückgezogen. Fragen nach seinem Befinden beantwortete er prinzipiell nicht. Er schien überhaupt kein Interesse an seiner Umwelt zu haben. Ich ging dazu über, keine Fragen mehr zu stellen, sondern neben den physiotherapeutischen Übungen etwas von mir zu erzählen, von meinem Arbeitstag, von kleinen alltäglichen Banalitäten. Eines Tages fragte ich, ob er mir nicht etwas von sich erzählen wolle. Ein langer Blick war die einzige Antwort. Auch meine Antwort war ein »stummer« Blick. Aber irgendetwas hatte sich verändert.

Alexander begann in den nächsten Tagen das eine oder andere aus seinem Leben zu berichten. Es waren zuerst nur kleine Episoden aus seinem Patientenalltag. Doch schon bald nahm er seinen Heimatort mit in die Erzählungen, später seine Familie, seine Freunde. Dann stoppte er wieder. Verstummte. Kehrte wieder zum Anfang zurück. Schaute mich lange an. Verstummte wieder, um sich nach einer Pause abermals nach meinem Alltag zu erkundigen. Ich hatte das Gefühl, für Alexander war es zum einen wichtig, dass er etwas von mir erfuhr und zum anderen, dass er selbst Thema und Tempo seiner Erzählungen bestimmen konnte. Es ging ihm um die Balance zwischen mir als Zuhörerin und ihm als Erzähler und um seine Autonomie im Erzählvorgang selbst. Dies war angesichts seiner eingeschränkten Bewegungsmöglichkeiten doppelt bedeutsam.

Eines Tages, es waren schon einige Wochen vergangen, brach seine Unfallsgeschichte aus ihm heraus. Es war wie ein Aufschrei nach all dem Schweigen und den Versuchen, sich »im Reden zu üben« – wie er es nannte. Ab diesem Moment erzählte mir Alexander Tag für Tag immer wieder die »gleiche« Geschichte – eine Geschichte in der Geschichte. Einmal war sie wie ein Skelett, er nannte nur die wichtigsten Fakten. Ein anderes Mal holte Alexander weit aus und schilderte alles, was vorher passierte, an was er sich alles erinnerte, wie er auf die Ärzte reagierte, was er dachte, fühlte. Manchmal erstarrte er schier in seiner Panik. Dann wurde er wieder ganz weich und konnte sein Schicksal beweinen. Einmal erzählte er, »wie es wirklich war«, dann wieder »wie es hätte sein können«.

Nach und nach tauchte er in seine Vergangenheit ein und holte viele Erinnerungen heraus. Er sah sich als kleinen Jungen, der von einem Kirschbaum stürzte und sich einen Arm brach. Er sah sich als Kind eine steile Straße hinunterlaufen und fallen … Er erinnerte sich an Träume, in denen er vor einem großen Mann weglaufen wollte, doch seine Beine versagten. Er sah sich gefangen im Schwitzkasten seines großen Bruders. Alexander suchte in seinen Erinnerungen nach Erlebnissen, die eine ähnliche seelische Qualität hatten wie seine Unfallgeschichte. Und er suchte nach Erinnerungen an Ereignisse, bei denen er Schwierigkeiten gemeistert hatte. Er dachte darüber nach, wie er bisher auf »nein«, »das geht nicht«, »das ist nicht möglich« reagiert hatte.

Dann machte er sich auf die Suche nach Erinnerungen an Fähigkeiten, dem Leben einen Sinn abzuringen – trotzdem. Und Alexander fand eine *Schlüsselerinnerung*, die dieses »trotzdem« zum Thema hatte. Es war nicht die Erinnerung an ein bestimmtes Erlebnis aus seinem eigenen Leben. Es war die Erinnerung an seinen Großvater. Er sah seinen Großvater im Rollstuhl in der Sonne sitzen. Er sah ihn schmunzeln und das Leben genießen. Er sah ihn vor sich: lachend, stöhnend, fluchend, tatkräftig, voll Leben. Und er liebte diesen Großvater. Er stellte Ähnlichkeiten zwischen sich und dem Großvater fest und erzählte viele Geschichten von diesem behinderten alten Mann. Diese Erinnerungsketten halfen

Alexander, ganz langsam auch sein eigenes Schicksal anzunehmen.

Schritte in der lebensgeschichtlichen Begleitung von Alexander, die auch auf andere Situationen übertragbar sind:

- Akzeptieren des Verstummens angesichts der dramatischen Lebensveränderung bei gleichzeitigen Angeboten, etwas aus dem Alltag und dem Leben der Begleitperson zu erfahren (Vertrauensvorschuss).
- Blickkontakt herstellen und nonverbale »Gespräche« führen.
- Sprechansätze verstärken, die angesprochenen Themen aufgreifen und durch interessierte Fragen zu erweitern versuchen (z. B.: »Sie haben mir gestern von Ihrem Bruder erzählt. Haben Sie noch andere Geschwister?« »Die kleinen und großen Unfälle der Kindheit bleiben doch gut in Erinnerung! Was hat Sie denn trösten können?«).
- Dem Patienten die Zeit und die Freiheit lassen, seinem eigenen Erzählrhythmus und Erzähltempo zu folgen.
- Erneutes Verstummen weniger als »Rückschritt«, sondern eher als Atempause verstehen; neutrale Gesprächsangebote machen.
- Geduldig den Nebenerzählungen (Geschichten aus der Vergangenheit) lauschen, die belastenden Haupterzählungen (Geschichte des Unfalls) und damit verbundene Gefühlsschwankungen aushalten.
- »An der Seite« des Patienten bleiben (nicht vorauseilen oder drängen), wenn er sich auf die Suche nach einer heilsamen Schlüsselerinnerung begibt.

In der Begleitung von Alexander ist es relativ rasch gelungen, Brücken in die Vergangenheit zu bauen und die Erinnerungen für die Bewältigung der Gegenwart zugänglich zu machen. Das ist nicht immer der Fall. Bei manchen Patienten geht das leichter, dann wieder dauert es länger, bis jene Orte in der eigenen Geschichte gefunden werden, die als heilsame Erinnerungsplätze ausgewählt werden können. Ich habe bisher die Erfahrung gemacht, dass jeder Mensch an einen solchen Ort zu begleiten ist. Manchmal geht es fast spielerisch, dann wieder stellen sich große Hindernisse in den Weg. Die Fülle an Erinnerungen hält jedoch für jeden Menschen immer auch hilfreiche bereit, an denen er sein Leben neu orientieren und mit deren Hilfe er neue Kapitel seiner Lebensgeschichte gestalten und ausformulieren kann. Dieser Weg ist für den Patienten oft lang und mühsam. Doch nicht nur für ihn. Dieser Weg ist auch für die Begleiter lang und beschwerlich.

In der Begleitung von Menschen mit schweren Schicksalsschlägen, wie sie etwa die Erkrankung an Krebs, schwere chronische Leiden oder bleibende Behinderungen darstellen, muss man den Satz von Karl Rogers für sich selbst bedenken: »Man kann niemandem helfen, wenn man sich nicht selbst aufs Spiel setzt.« Dieses »aufs Spiel setzen« bedeutet, sich selbst als »Mensch« und nicht nur als Fachmann oder Fachfrau einzubringen, ein »miteinander« zu wagen, die Grenzen fließend zu gestalten und zu riskieren, dass man selbst ganz tief berührt wird. Sich selbst »aufs Spiel setzen« bedeutet auch, mit allen Sinnen zuzuhören, den anderen ernst und in seinem Leid anzunehmen.

Ernst Strohal drückt das so aus:

> *Ernst nehmen*
> Ernst nehmen heißt zuerst: hören.
> Sich Zeit und Kraft nehmen
> für eine möglicherweise
> lange Geschichte.
> Sie beginnt vielleicht
> in glanzvoller Zeit
> und führt in ungeahnte Tiefe.
> Ernst nehmen heißt:
> verzichten auf schnelle Urteile,
> auf einfache Schablonen.

> Ernst nehmen heißt:
> dem anderen Denk-
> und Gefühlsverläufe zugestehen,
> die mir vielleicht fremd
> oder unheimlich sind.
> Ich lasse mich auf ein Wagnis ein,
> wenn ich einen Schlafenden wecke,
> der nicht mehr geweckt werden wollte.

Anders als in der Begleitung von Menschen, die »nur« alt sind, steht bei *akuter Erkrankung*, nach *schweren Unfällen* oder *bleibenden* gesundheitlichen *Einschränkungen* das traumatische Ereignis selbst lange Zeit im Mittelpunkt der Gespräche. Aus der Arbeit mit Krebspatienten weiß ich, wie sehr diese einschneidende Diagnose selbst über lange Zeit hinweg Thema unzähliger Erzählungen und Berichte ist. Meist können Patienten nach anfänglicher Sprachlosigkeit erst langsam Worte finden, die ihre Gefühle und Gedanken ausdrücken. Sie müssen sich Schritt für Schritt an die neue Situation herantasten – im realen Leben ebenso wie in der Welt innerer Bilder.

In der sprachlichen Auseinandersetzung mit ihrer Erkrankung kann man bei vielen Menschen ein Ringen um passende Worte und ein Suchen nach der »richtigen« Geschichte bemerken. Sehr oft wird auch versucht, eine »Chronologie des Schreckens« zu erstellen. Dabei können Patienten pedantisch genau nach Fakten und Daten suchen und sie in Beziehung zueinander setzen. Dies scheint ein Versuch zu sein, dem inneren Chaos zu entrinnen und wieder Ordnung in das eigene Leben zu bringen. Er sollte in jedem Fall ernst genommen und zurückhaltend unterstützt werden. Die aktive Suche nach »wann«, »wo«, »wer«, »was« muss der Patient selbst leisten. Oft muss diese Chronologie umgeschrieben, ergänzt oder erweitert werden. Unsere Rolle als Begleiter besteht in dem Angebot, den Patienten bei seiner Faktensuche zu einem »lauten Nachdenken« anzuregen und dadurch erste Schritte des Aussprechens möglich zu machen. In der Begleitung akut Erkrankter, Verletzter oder chronisch Kranker besteht der erste

Schritt hinein in den Bereich lebensgeschichtlicher Gespräche in der Unterstützung der Betroffenen, überhaupt *Worte* für ihre Situation zu *finden*. Erst wenn Menschen in der Lage sind, ihr Entsetzen, ihren Schrecken, ihre Wut und Verzweiflung auszudrücken, können sie damit beginnen, die Geschehnisse in ihr Lebensgefüge einzubauen. Ziel eines Dialogs ist es, die traumatischen Erfahrungen nicht als Fremdkörper »draußen vor der Tür« zu lassen, sondern als Teil der eigenen Lebensgeschichte zu begreifen. Irgendwann können die harten Fakten dann durch persönliche Impressionen, Stimmungsbilder, wichtige »Leitsätze« oder erzählerische Elemente ergänzt, ausgebaut und erweitert werden. Dies alles kann auch als »Trauerarbeit« verstanden werden.

Trauer ist nicht nur mit dem Erleben von Tod verbunden. Trauer zieht sich wie ein roter Faden durch unser Leben. Sie ist ein Lebensgefühl und die natürliche Reaktion auf jede Form von Abschied und Verlust. Die Stationen der Trauer sind mit einer Berg- und Talfahrt zu vergleichen, mit einer Wanderung durch karge Wüsten und steinige Gebirge. Dieser Weg führt an ausbrechenden Vulkanen vorbei, konfrontiert Menschen mit »inneren Ungeheuern« und verlangt letztlich ein aktives Ringen um den Sinn des Lebens nach dem erlittenen Verlust. Viele schwere Erkrankungen stellen in gewissem Sinn Trauersituationen dar, so z. B. der Verlust von Gesundheit, Beweglichkeit oder Handlungsfähigkeit. Die Geschichte, die im Laufe einer Begleitung erzählt wird, ist in gewissem Sinn immer auch eine Trauergeschichte. So dramatisch diese ist – z. B. bei Krebserkrankungen, unheilbaren Immunerkrankungen, bleibender Invalidität –, sie wird sich immer auch in eine Reihe anderer Trauergeschichten und deren Bewältigung einreihen lassen. Dazu brauchen Patienten jedoch Zeit und eine liebevolle Begleitung. Zunächst sollten Begleiter sich bereithalten, im Sinne einer Krisenintervention jene *Beziehungsarbeit* zu leisten, die die Voraussetzung jeder weiteren Begleitung schafft. Was ist zu tun?

Bevor an ein Eintauchen in ein lebensgeschichtliches Gespräch zu denken ist, geht es bei der Begleitung kranker Menschen zunächst um das *Erfassen der Situation.* Dabei müssen Begleiter mit allen Sinnen wahrnehmen und sich nicht nur auf das gesprochene Wort verlassen. Im zwischenmenschlichen Miteinander spielt das gesprochene Wort nur scheinbar die wichtigste Rolle. Zwei Drittel aller Signale kommen aus dem nichtsprachlichen Bereich. Es sind die Mimik des Kranken, seine Gesten, seine Körperhaltung und vieles andere mehr, die uns Begleitern wichtige Hinweise geben können. Oft ist es ein intensiver Blickkontakt, der das Bedürfnis nach einem Gespräch ausdrückt. Die Antwort auf ein solches Signal kann in einer Frage bestehen (z. B.: »Darf ich mich zu Ihnen setzen?« »Haben Sie die Untersuchungen für heute schon hinter sich?«) oder in einer Geste (z. B.: verständnisvolles Lächeln, behutsame Berührung).

Die Bewältigung belastender, traumatischer und oftmals lebensverändernder Ereignisse wird erst dann gelingen, wenn sich einzelne Fäden zurück in die Vergangenheit knüpfen lassen. Auf diesen dünnen »historischen Sträßchen« können Botschaften aus alten Erfahrungen in die Gegenwart gelangen. Alles, was bei der Bewältigung von Krankheit, Leid, Verletzung und anderen Negativ-Erfahrungen zu einem früheren Zeitpunkt schon einmal geholfen hat, kann als »Strategie«, als Kraftquelle wieder aktualisiert werden. Allmählich wird dann aus dem Sträßchen eine Straße. Auch die Erfahrungen anderer Menschen, Vorbilder, Modelle und die Erinnerung, wie andere Menschen in ähnlichen Situationen ihr Leben bewältigten, fließen in die Erinnerungsstraßen ein und können zum Ausgangspunkt eines neuen Lebensentwurfs im Angesicht einer schweren Erkrankung werden.

Beispiel: Marias Geschichte
Maria war 45 Jahre alt, als sie von ihrer Erkrankung erfuhr. Brustkrebs.
Sie stand lange Zeit unter einem schweren Schock und konnte keine Worte finden. Ihre Familie konnte nicht verstehen, dass die sonst so redegewandte Frau, die der lebendige Mittelpunkt einer 5-köpfigen Familie war, unter dem Eindruck ihrer Diagnose verstummte. In diesem Zustand der ohnmächtigen Verzweiflung und

Sprachlosigkeit traf ich Maria. Es war der Beginn einer intensiven Begleitung. Der Aspekt der lebensgeschichtlichen Gespräche stand immer im Vordergrund – auch wenn er sich zunächst nur auf stumme Dialoge bezog: Gemeinsamer Gang zu den Untersuchungen, gemeinsames Warten in diversen Wartezimmern … Durch dieses wortlose »Da-Sein« konnte ich mich gut auf Maria einstellen, ich erlebte die Atmosphäre in der Klinik und spürte die Anspannung auf dem Weg zum Behandlungsraum.

Maria setzte dann den ersten Schritt zu einer Gesprächssequenz, die im Wesentlichen aus dem Faktensammeln über ihre Krankheit und möglichen Behandlungsmethoden bestand. Sie trat in das Karussell von Fragen ein, das sich letztlich für alle Patienten irgendwann im Krankheitsverlauf zu drehen beginnt. Bereits bei den ersten Ordnungsversuchen brachte Maria viele autobiografische Elemente ein und begann an jenen Fäden zu weben, die schließlich ihren »Hoffnungsteppich« bildeten.

Nach und nach trat ihre Sprachlosigkeit zurück und das Bedürfnis der Umgestaltung wichtiger Aspekte ihres Lebens trat in den Vordergrund. Sie versuchte ihre eigene Vergangenheit in Bezug zu setzen zu ihrer Gegenwart. Schon rasch tauchten die Fragen auf: »War ich immer schon auch die kranke Maria?« bzw. »Bin ich auch heute noch die gesunde Maria?« Schließlich drehten sich viele Gespräche darum, ob man nicht immer in gewissem Sinn ein bisschen krank *und* gesund zugleich sei. Maria vertrat einmal diesen Standpunkt, dann wieder den anderen. Sie schwankte hin und her, sie rang mit beiden Vorstellungen und brachte viele Beispiele aus ihrer eigenen Geschichte und aus der ihrer Freunde und Bekannten. Immer deutlicher setzte sich schließlich die Überzeugung durch, dass es »gesund« nicht wirklich gibt. Jeder sei in gewissem Sinn immer auch ein bisschen krank. Und dass jeder Kranke auch immer noch einen Rest an Gesundheit hat, dieser Glaube gab ihr die Kraft, an die Zukunft zu denken. Sie versuchte, diesen Gedanken auch aufs Papier zu bringen. Etwas verlegen lächelnd zeigte Maria mir ihre Bilder. Es waren bunte Farbkompositionen, in denen hell und dunkel, rot und grün, gelb und schwarz mit einander zu kämpfen schienen. Maria hatte an eine liebe Gewohnheit aus Kindertagen anknüpfen können, in denen sie nach eigenen Aussagen »eine leidenschaftliche Farbenklexerin« war.

Bei einem unserer letzten Gespräche im Rahmen der Begleitung konnte Maria auf die in den vielen Gesprächen geleistete Arbeit stolz zurückschauen. Sie sagte: »Ich habe das Gefühl, ich habe mein ganzes Haus umbauen müssen! Jetzt kann ich wieder in ihm leben!«

Schritte in der lebensgeschichtlichen Begleitung von Maria, die auch auf andere Situationen übertragbar sind:

- Akzeptieren der Sprachlosigkeit und Einstimmen auf die Erlebniswelt der Patientin
- Unterstützung des großen Bedürfnisses, Fakten zu sammeln, z. B.:
  - Hilfestellung bei der Erstellung von Zeitrastern (Geschichte der Erkrankung, Therapiekalender mit persönlichen Anmerkungen),
  - Anregung, ein Tagebuch anzulegen,
  - Anregung, die eingeholten Informationen mit Datum zu versehen und in einem Ordner zu sammeln.
- Genaues Zuhören; mit eigenen Worten wiederholen und zusammenfassen, was die Patientin mitteilt (Aktives Zuhören).
- Wahrnehmen von Veränderungen im Erzählverhalten und Unterstützung bei der Suche nach Ressourcen aus positiv bewältigten Lebenserfahrungen der Patientin
- Impuls, den eigenen Lebensweg zu malen, unterstützen
- Die in den Erzählungen gewählten Worte aufgreifen und gedankliche Assoziationen anregen (»…Gesund-Krank: Kannst du das genauer beschreiben?« »Du hast von einem *Umbau* gesprochen. Wie meinst du das?«).

> ■ Aufmerksames Beachten, welche Spuren aus der Vergangenheit zurückverfolgt werden, und sanftes Unterstützen positiver Aspekte.

Die Begleitung von Kranken nimmt – anders, als dies bei alten Menschen der Fall ist – in aller Regel bei der Krankheit, dem Unfall oder der Invalidität selbst ihren *Ausgangspunkt*. Erstes zentrales Thema eines lebensgeschichtlichen Gesprächs mit kranken Personen ist der »Einbruch« des normalen, gesunden Lebensweges.

Häufig vorkommende Ausgangssituationen für eine lebensgeschichtliche Begleitung sind:

■ Verletzungen oder Erkrankungen, die nach einem ersten akuten Stadium echte Chancen auf *Ausheilung* und totale Wiederherstellung des Gesundheitszustandes haben (z. B.: schwere Infektionserkrankungen, Krebserkrankungen im Frühstadium, lokale operative Eingriffe).

■ Verletzungen oder Erkrankungen, die zu *irreparablen*, also bleibenden Schäden oder Beeinträchtigungen führen (z. B.: Erblinden, Querschnittslähmungen, Amputationen).

■ Verletzungen oder Erkrankungen, bei denen der Verlauf *ungewiss* und der Ausgang weitgehend offen bleibt (z. B.: Autoimmunerkrankungen, Krebserkrankungen, Organdefekte).

■ Verletzungen oder Erkrankungen, die einen *chronischen* Verlauf nach sich ziehen und wenig bis keine Hoffnung auf Heilung haben (z. B.: Krebserkrankungen in späten Stadien, schwere Organstörungen, Multiple Sklerose, Parkinson).

Situative Gesprächsgestaltung

Je nach der vorliegenden Situation werden sich die lebensgeschichtlichen Gespräche sehr unterschiedlich gestalten:

1. »Gesundwerden« ist möglich

Ist ein Gesundwerden im Prinzip möglich, wird es vor allem um das Bearbeiten des Schocks und das Einbauen der erschütternden Erfahrung in das Lebensganze gehen. Ein schwerer Unfall muss ebenso verkraftet werden wie eine Operation mit anschließender

Rekonvaleszenz. Sehr oft reden sich Patienten ihre Angst und die Unsicherheit im Umgang mit einem Krankenhausaufenthalt wieder und wieder von der Seele. Unwillkürlich ist man an die Funktion des Erzählens in der Entwicklung kleiner Kinder erinnert, die Unbekanntes durch ständig neues Erzählen zu begreifen suchen. Dieses Muster bleibt uns allen ein Leben lang erhalten und in Ausnahmesituationen können wir darauf zurückgreifen. Viel wird allerdings von den Begleitern abhängen, ob Kranke und Verletzte eine Chance bekommen, *ihre* »Geschichte« zu erzählen.

Sowohl in der *Akutversorgung* als auch in der *präoperativen Begleitung* sollte darauf geachtet werden, mit Geduld und anteilnehmenden Interesse den Patienten zuzuhören. Es wird viel von dieser Haltung abhängen, ob traumatische Eingriffe und schwere Gesundheitseinbrüche gut bewältigt werden können! Wichtig ist:

- Kontaktbereitschaft signalisieren
- Zuhören
- Sich selbst zurücknehmen und keine Interpretationen vornehmen
- Herstellen einer synchronen Kommunikationssituation (Zuhören und Erzählen sollen einander die Balance halten)
- Wiederkehrende Erzählschleifen als notwendige Redundanzen begreifen
- Keine Wertungen der Geschichte vornehmen
- Den Patienten in dem Bemühen unterstützen, alte Ressourcen zu nutzen

2. »Gesundwerden« ist nicht möglich

Sind die Verletzungen *irreversibel*, ist der Ausgang einer Erkrankung *ungewiss* oder verlaufen die Erkrankungen *chronisch*, kommt zur Schockbewältigung noch zusätzlich die notwendige Umstrukturierung des Lebens. Patienten müssen die veränderte Lebenssituation annehmen lernen. Das braucht Zeit und geduldige Begleiter, die auf die unterschiedlichen Bedürfnisse und Situationen eingehen können. Niemals wieder laufen zu können schafft andere Fakten als beispielsweise der ungewisse Ausgang einer Krebserkrankung oder das Wissen um eine jahrelange Abhängigkeit von einem Dialysegerät. Einmal wird es eher um eine *Neuordnung* und *Neuanpassung* gehen, dann wieder um eine Suche nach verschütteten Ressourcen oder eine Art Lebensrückschau auf die Jahre der Gesundheit, auf die Stationen des gelebten Lebens. Auch die aktuelle Sinnsuche ist oft wiederkehrendes Thema. Was gestern dem Leben noch Sinn gegeben hat, kann heute bereits völlig unsinnig erscheinen.

Die Ziele des Lebens können sich durch Krankheit oder Invalidität oft schlagartig verändern. Erinnerungen an gestern können trotz aller seelischer Schmerzen, die damit verbunden sind, dennoch das Heute gestalten helfen – in Anlehnung, Erweiterung oder Abgrenzung gemachter Erfahrungen vergangener Lebensphasen.

> Zum Sehen geboren,
> Zum Schauen bestellt,
> Dem Turme geschworen
> Gefällt mir die Welt.
> Ich blick in die Ferne,
> Ich seh in der Näh,
> Den Mond und die Sterne,
> Den Wald und das Reh.
> So seh ich in allen
> Die ewige Zier.
> Und wie mir's gefallen
> Gefall ich auch mir.
> Ihr glücklichen Augen,
> Was je ihr gesehen,
> Es sei wie es wolle,
> Es war doch so schön!
> *(Johann Wolfgang Goethe)*

Zusammenfassung

Die Bedeutung der Erinnerungsarbeit in der Begleitung von kranken Menschen liegt

- in der Bewältigung traumatischer Ereignisse durch erzählerisches Verarbeiten
- in der Chance, Krankheit, Verletzung oder Behinderung als Teil der Lebensgeschichte zu integrieren
- in der Möglichkeit, verletzende Erfahrungsbereiche zu reparieren
- im Vorstoßen zu versiegten Ressourcen
- im Finden helfender persönlicher Mythen und heilsamer »Geschichten über sich selbst«

Methodische Anregungen

Die Methodenvielfalt in der Rehabilitation und in den verschiedenen therapeutischen Bereichen ist groß. Das lebensgeschichtliche Gespräch – sei es in mündlicher oder schriftlicher Form – ist oft der Kern intensiver Beratung, Begleitung oder Therapie. Ganz banal ausgedrückt bedeutet es »Reden über sich«. Es geht dabei um die »Geschichte eines Lebens«, die zu einem bestimmten Zeitpunkt neu geschrieben werden muss. Das Material der neuen Geschichte setzt sich aus vielen Facetten aus der *Vergangenheit*, aus den Gegebenheiten der *Gegenwart* und den Hoffnungen und Erwartungen für die *Zukunft* zusammen. Bleibende Veränderungen – wie es etwa der Rollenwechsel vom Kind zum Erwachsenen, von der Frau zur Mutter, vom Lernenden zum Arbeitenden u. ä. darstellen – sind eine besondere Herausforderung. So können Patienten selten auf Erfahrungswerte, auf Modelle oder Vorbilder zurückgreifen. Das erschwert den Prozess der Neuorientierung und Neugestaltung. Es gibt z. B. keine sozial verbindlichen Anhaltspunkte, wie man sich als Querschnittsgelähmter mit seinem Schicksal aussöhnen kann. Es gibt keine Normen dafür, was Krebskranke tun und lassen sollen …

Die nachfolgenden *Anregungen* können in ein lebensgeschichtliches Gespräch einfließen oder als eigener Impuls an Patienten oder Patientengruppen herangeführt werden. Neben dem gesprochenen Wort sind auch Schreiben, Lesen und kreative Ausdrucksformen wie Zeichnen, Malen oder Musizieren wichtige Stützen der Begleitung.

Prinzipiell ist zwischen den »freien« Impulsen und den *geordneten* Vorgaben und Anregungen zu unterscheiden. Bei der täglichen Pflege, bei zwanglosen Besuchsnachmittagen und anderen Anlässen werden stark strukturierte und vorgeformte Arbeitsanregungen weniger passen. Hier ist es für Begleiter wichtig, über die entscheidenden Dimensionen der Krankheitsbewältigung Bescheid zu wissen. Es ist wichtig, jene Themen im Kopf und im Herz zu behalten, um die die Gedanken der meisten kranken Menschen kreisen. Lebensgeschichtliche Gespräche können sich mehr oder weniger eng an »Vorgaben« halten. Es bleibt dem jeweiligen Begleiter und seinen Möglichkeiten (persönliche Interessen und Fähigkeiten, Zeitbudget) überlassen, ob zu dem »freien Erzählen« noch konkrete Arbeitsimpulse hinzukommen (z. B. Anregung, eine Geschichte zu schreiben und diese dann gemeinsam zu lesen).

Die nachfolgende *Ideensammlung* bietet ein grobes Gerüst, lebensgeschichtliche Themen anzusprechen. Die konkreten Anleitungen müssen jedoch immer der jeweiligen Person und Situation angepasst werden. Manche Impulse können spielerisch in einer größeren Gruppe umgesetzt werden, andere brauchen den geschützten Rahmen eines Gesprächs »unter vier Augen«. Die Leser sind eingeladen, die eine oder andere Anregung selbst auszuführen!

Kalender-Gespräch

»Wie hat alles begonnen? …« Mit dieser *Einstiegsfrage* lässt man dem Patienten die Möglichkeit mit seinem Bericht dort zu beginnen, wo er möchte. Es kann der Anfang einer Reise zurück in die Anfänge seiner aktuellen Erkrankung sein, es kann aber auch ein Gespräch über den aktuellen Therapiestand sein oder über das

Lebensthema »Krankheit« im Allgemeinen. Mit der Zeit wird dann die akute Situation immer deutlicher zum Gesprächsmittelpunkt. Dann kann eine konkrete Rückschau beginnen. Die Stationen der Krankheit oder die Situation eines Unfalls und der Umgang mit den Folgen werden Schritt für Schritt ins Gedächtnis gerufen, geordnet, zusammengestellt und in jene Form gebracht, die für den Erzähler stimmig ist.

Unter dem Eindruck tief greifender Veränderungen wird die eigene Geschichte oft mit anderen Augen gesehen. Sehr oft bauen Kranke so etwas wie eine eigene »Kranken-Identität« auf. Das eigene Leben wird dann entweder in zwei Teile zerlegt – hier das Leben als gesunder Mensch, da das Leben als kranker. Oder es wird im eigenen Leben nach Hinweisen gesucht, dass es »immer schon« in der einen oder anderen Form »die Krankheit« gab, die zum aktuellen Zeitpunkt zum Ausbruch kam. Beide Formen – der sogenannte *Kontinuitäts-* und der sogenannte *Kontrasteffekt* – helfen, die eigene Person in stürmischen Zeiten nicht ganz von den früheren Wurzeln abzuschneiden.

Die *Rolle des Begleiters* ist eine zurückhaltende. Meist genügt es schon, kleine Interessensfragen zu stellen, die den Erzählstrom des Erzählens zum Fließen bringen. Um den ordnenden Aspekt zu unterstreichen, sollte man immer wieder sanft auf die Chronologie der Ereignisse hinweisen. Die »Zeitschiene« darf dabei nicht aus den Augen verloren werden. Oft ist es für Patienten ungemein wichtig, sich ganz genau erinnern zu können. Aus ihrer subjektiven Sicht ist es bedeutsam, ob eine Operation beispielsweise am Montag oder am Dienstag erfolgte, ob das anschließende Arztgespräch am Vormittag oder am Nachmittag stattfand und anderes. Dem Begleiter scheinen diese Details eher nebensächlich. Dieses Ringen um eine »wahre« Zeitabfolge sollte aber nicht bagatellisiert werden. Es gehört zu dem Bemühen, sichere Anhaltspunkte in einer Lebensspanne zu haben, die sonst durch Chaos, Unruhe und Unsicherheit geprägt ist.

Mein Krankheitskalender		
Jahr: 20.. Monat:		
Tag	Uhrzeit	Erlebnisse, Einzelheiten

Abbildung 1: Mein Krankheitskalender

Zeitleisten, Lebenskurven

Manche Menschen greifen lieber zu Papier und Stift, um sich ein Bild über ihre momentane Situation zu machen und sich mit ihrem Schicksal auseinander zu setzen. Neben freien Ausdrucksmöglichkeiten mit Farbe aber auch Ton oder Holz, hat sich die Darstellung der eigenen Lebenskurve oder Lebenslinie bewährt. Diese *Zeitleisten* helfen, der Lebenszeit Struktur zu verleihen. Dazu kann man Patienten wie folgt *anleiten*:

Auf einem einfachen Blatt Papier soll zuerst ein »Zeitstrahl« oder ein Bogen gezeichnet werden (vgl. Abb. 2a und 2b). Der Anfang des Zeitstrahles wird mit dem Geburtsdatum versehen. Auf der gesamten Länge werden in 5 Jahresschritten Markierungen angebracht.

Danach können markante Punkte des Lebens – allgemein oder themenbezogen – eingetragen werden. Bewährt hat es sich, zuerst die wichtigen Ereignisse oder Personen zu notieren und erst in einem zweiten Schritt die zeitliche Zuordnung vorzunehmen. Die aktuelle Situation fügt sich so in den gesamten Lebensbogen ein, wird Teil der Lebensstraße.

Um die emotionale Seite zu unterstreichen, kann auch mit unterschiedlichen Farben gearbeitet werden – etwa die positiven Ereignisse mit gelb und die negativen mit schwarz. Allerdings sollte die Farbzuordnung nicht vorgegeben werden, da jeder Mensch andere Farbassoziationen mit guten und positiven, aber auch mit negativen Vorkommnissen hat.

Lebenskurven bzw. -linien können im ganzen Umfang gezeichnet werden oder nur zu speziellen Themen, etwa:

Die Krankheiten im Laufe meines Lebens
Verlust- und Abschiedserlebnisse
Höhen und Tiefen meines Lebens
Wichtige Jahrestage
Damals: Wichtige politische, gesellschaftliche und persönliche Ereignisse meines Lebens

Neben dem »Farbimpuls« könnte eine zusätzliche Anregung etwa so lauten:

»Versuchen Sie die positiven Ereignisse über der Linie zu markieren, die negativen Ereignisse unter der Linie.« (vgl. Abb. 2d)

Zeitleisten erfordern keinen großen Aufwand, sie können rasch angefertigt werden und das Gespräch gleichsam grafisch-chronologisch unterstützen. Sie können aber auch zu einer intensiven Auseinandersetzung mit ganz unterschiedlichen Lebensaspekten dienen.

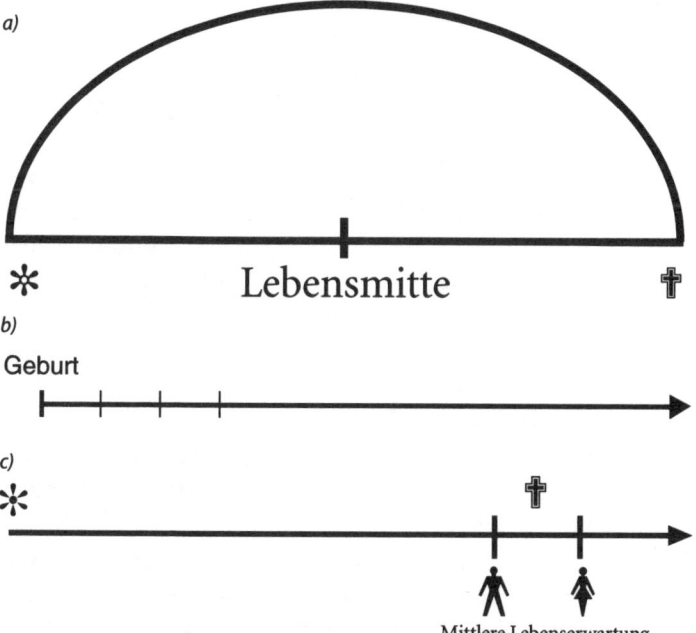

a)

Lebensmitte

b)

Geburt

c)

Mittlere Lebenserwartung

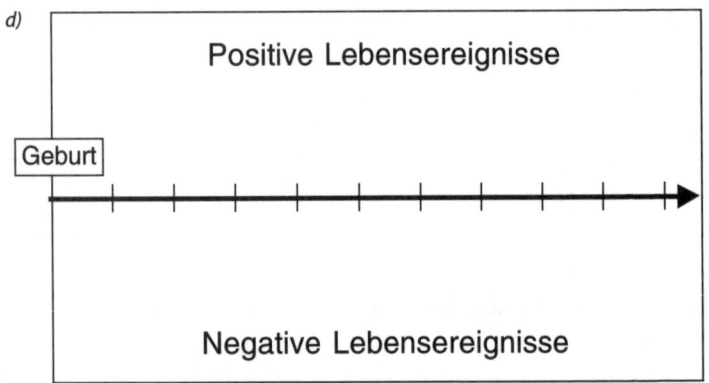

Abbildung 2 a – d: Zeitleisten und Lebenskurven

Lebenspanorama, Lebenswege

In Situationen großer Gefahr, bei Panik oder lebensbedrohenden Ereignissen können so genannte Panoramaerinnerungen auftreten. In einem einzigen, kurzen Augenblick sieht man das ganze Leben an sich vorbeiziehen. Auf einen Punkt verdichtet, kann man die Erfahrungen und Empfindungen aus frühen Kinderzeiten ebenso erleben wie Zukunftsvisionen. Bei manchen Menschen läuft diese Erfahrung wie ein Film im Inneren ab, andere erleben sich eher als Zuschauer auf der Bühne ihres eigenen Lebens.

Der Blick auf die Landschaft des Lebens kann aber auch bewusst angestrebt werden, wobei Entspannungs- oder Meditationsübungen helfen können. Neben der einfachen Lebenskurve oder den so genannten Zeitleisten stellt das *Lebenspanorama* eine breitere Möglichkeit dar, das eigene Leben oder Teile aus ihm darzustellen. Wie der Blick von einem hohen Berg hinunter in die Weiten der Täler kann der Zeichner auf die Landschaft seines Lebens schauen und sie darstellen. Berge, Flüsse, Hindernisse, Gebäude, Wegbiegungen … jedes Gebilde steht für einen Teil des Lebens. Die verschiedenen Lebensabschnitte können farblich gestaltet werden und man kann ihnen »Überschriften« oder ein Motto geben. Eine hilfreiche Anregung könnte in der Frage liegen, in welches Licht dieses Lebenspanorama getaucht ist oder welche Bereiche im Sonnenlicht und welche im Schatten liegen. Das Wesen eines Lebenspanoramas liegt im Gegensatz zu Zeitleisten *nicht* in einer chronologischen Darstellung des eigenen Lebens, sondern vielmehr in einer ganzheitlichen Sichtweise, bei der die Emotionen im Vordergrund stehen.

Ob es sich nun um eine Lebenslinie oder ein Lebenspanorama handelt, für den Kranken ist es besonders wertvoll, wenn er über seine Darstellung ins Gespräch kommen kann – sei es mit Mitpatienten oder Begleitern:

An welcher Stelle Ihrer Lebenslinie gab es Krankheiten?
Welche Krankheiten waren das? Wie sind Sie mit ihnen umgegangen? Was hat geholfen?
Was ist zu diesem Zeitpunkt noch alles in Ihrem Leben passiert?
Welche persönlichen Antworten haben Sie auf die Schicksalsschläge gefunden?

Diese und ähnliche Fragen helfen, einen Bezug zur Vergangenheit herzustellen, der gleichzeitig Ressourcen für die Zukunft aufzeigt.

Stammbaum und Familiengeschichte

In »entwurzelten« Zeiten ist es hilfreich, sich seiner Herkunft und der Menschen bewusst zu werden, die sie prägten. Das Sprechen über die Familie, die Mitteilungen über die großen und kleinen Ereignisse innerhalb eines Familienverbandes führen oft zum Bedürfnis, genauer den Spuren der Ahnen zu folgen. »Wer bin ich?« »Woher komme ich?« Diese Fragen tauchen ein Leben lang auf und suchen immer wieder aufs Neue nach einer Antwort. Die Erschütterung durch eine schwere Erkrankung oder die Folgen eines Unfalls machen Viele offener für die Fragen der eigenen Geschichte. In jedem lebensgeschichtlichen Gespräch spielt die Verbindung zu den Menschen vergangener Generationen und die Beziehung zu den Lebenden eine Rolle. Sich als Glied in einer langen Reihe zu verstehen, eingebettet in ganz unterschiedliche Schicksalsgeschichten, schafft ein stärkendes Solidaritätsgefühl. Neben dem reinen Gespräch über die Wurzeln der eigenen Herkunft, ist auch die Anregung hilfreich, einen Stammbaum zu zeichnen. Für manche Menschen passt eine schematische Darstellungsweise *(Genogramm)*, wie sie im Folgenden beschrieben wird:

Zu Beginn der Erstellung eines Stammbaums ist es sinnvoll, sich eine Liste der Verwandten (I. Elternebene – Eltern/Tanten/Onkel/Cousinen/Cousins; Partnerebene; Kinderebene; II. Großelternebene/Enkelebene usw.) zu machen.

Jede Person erhält ein Kästchen, in dem die Geburts-, Todes- und Eheschließungsdaten mittels Symbolen eingetragen werden (Geburt = Stern/Tod = Kreuz/Eheschließung = zwei Ringe).

Von der eigenen Person ausgehend kann man dann den Familienbaum entwickeln und – je nach Nachforschungsmöglichkeiten (Ahnenpass, Verwandte, Taufregister, Stadtarchive, Kirchengemeinden) – bis in seine feinen Verästelungen nachvollziehen.

Manchmal ist es auch möglich, den schlichten Namen Fotos beizufügen, wodurch der Baum zu ganz besonderem Leben erwacht.

Das Bild eines solchen Stammbaums kann das Bewusstsein stärken, Glied einer langen Kette von Vor- und Nachfahren zu sein. Es trägt auch zu einer Auseinandersetzung mit der Endlichkeit bei und macht den Blick frei dafür, dass die eigene Lebenslinie schon lange vor der Geburt begonnen hat und sich nach dem Tod fortsetzen wird.

Nicht immer ist ein nüchternes Genogramm das Mittel der Wahl. Für manche Menschen ist es besser, sie können dem Bild eines Baumes nachspüren und »ihren« Baum malen. Dabei sollte man bedenken, alle Teile des Baumes in Betracht zu ziehen: seine Wurzeln, den Stamm mit einer ganz bestimmten Rinde, die besondere Kronenform, Zweige, Blätter, Blüten …

Die Besprechung des Stammbaums ist unter unterschiedlichsten Aspekten möglich, z. B.:

> *Zu welchen Menschen Ihrer Familie haben Sie einen besonders guten Draht?*
>
> *Wen haben Sie persönlich gekannt, über welche Person wissen Sie Geschichten, Aussagen …?*
>
> *Wer war Ihr Vorbild?*
>
> *Von wem haben Sie Ihren Namen?*
>
> *Mit wem haben Sie Ähnlichkeiten?*
>
> *Welche Schicksale haben Sie besonders beeindruckt?*
>
> *Welche Eigenschaften passen zu welchen Personen?*

Welche Eigenschaften sind für Ihre Familie typisch? Welche können Sie für Ihre jetzige Situation nutzen?
Wer hat Ihnen bestimmte Sätze, Empfehlungen – »Leitsprüche« – mitgegeben? Wie lauten diese?

Abbildung 3: Alte Familientafel

Neben den grafischen Methoden gibt es auch die Möglichkeit, den verschiedenen Geschichten der eigenen Familie nachzugehen – gleichsam zu einer Expedition in das Land seiner Vorfahren aufzubrechen. Viele Familien haben ihre über mehrere Generationen erhalten gebliebene *Familiensaga*. Es sind dies Berichte über das Leben der Eltern und Großeltern, über Freud und Leid der Familie, über Familientraditionen. Erstrebenswerte Ziele und verdammenswerte Eigenschaften werden, in Geschichten verpackt, von Generation zu Generation weitergegeben. Die Bedeutung bestimmter sozialer, religiöser oder politischer Orientierungen, die akzeptierten und verpönten Werte und Normen der jeweiligen Familien tauchen in Form von Erzählungen über konkrete Personen und deren Erlebnisse auf. Ruhmreiche Helden oder »schwarze Schafe« erlangen auf diese Weise oft weit über ihren Tod hinaus Bedeutung. Eingebettet sind diese Familienberichte stets in ein ganz bestimmtes soziales Umfeld, in eine bestimmte Kultur-Geschichte. So fließen in der jeweils individuellen Familiensaga persönlich Erlebtes und kulturell Geformtes zusammen und bilden ein ungeschriebenes Familiengesetz, das die einzelnen Familienmitglieder ein Leben lang begleitet. Im Zusammenhang mit einem Schicksalsschlag, einer schweren Erkrankung o. ä. greifen viele Menschen auf die Werte, Verhaltensweisen und Orientierungshilfen zurück, die ihnen im Laufe ihres Lebens in einer ganz bestimmten Familie vorgelebt wurden, so z. B. der Umgang mit Schmerz (Schmerzgeschichte), die Auseinandersetzung mit Verlusten (Abschiedsgeschichten) oder die Auswahl bestimmter unterstützender Maßnahmen (Was schon immer geholfen hat …).

Leitsätze und Familiengeschichten können sich wie ein roter Faden durch das Leben eines Menschen ziehen und zu verschiedenen Zeiten eine ganz unterschiedliche Bedeutung erlangen. Am Beispiel meines Patienten Anton K., eines 87jährigen Mannes, der nach einem Schlaganfall an den Rollstuhl gebunden ist, zeigt sich eindrucksvoll, wie eine Lebens-»Geschichte« des Großvaters zu seinem eigenen Lebensmotto wurde.

Er erinnert sich gern und oft an diesen Mann und seine »Drei Siebe«:

Geschichte von den drei Sieben
Am Ende des Tales, in einer einfachen Hütte lebte ein alter Mann. Die Menschen hielten ihn für etwas sonderbar, doch sein Rat wurde weithin geschätzt. Einmal kam ein Fremder vorbei und wollte dem alten Mann berichten, was ihm zu Ohren gekommen war. Noch bevor er mit seiner Geschichte beginnen konnte, fragte ihn der Alte: »Hast du deine Geschichte auch durch die drei Siebe geschickt?« Der Fremde verstand die Worte nicht. Da sagte der Alte: »Die drei Siebe heißen Wahrheit, Güte und Nützlichkeit. Prüfe deine Worte!«

In eine knappe kleine Geschichte verpackt, hat diese Lebensweisheit Anton K. durch sein eigenes Leben begleitet. In jungen Jahren diente sie als Orientierungshilfe, später bekräftigte sie die Bemühungen »anständig und ehrenwert« durchs Leben zu gehen und im Alter löste sie ein mildes Lächeln aus und Erleichterung darüber, es auch geschafft zu haben, »ein ordentlicher Mensch« geworden zu sein.

Soziales Netz

Die Auseinandersetzung mit der eigenen Herkunft – sei dies nun durch das Erstellen eines Stammbaumes oder das Bewusstwerden von Familien-Geschichten und Traditionen – stärkt das Gefühl, Teil eines größeren Gefüges zu sein. Aber nicht nur die eigene Familie wird in Ausnahmesituationen besonders wichtig. Es stellt sich in Zeiten von Krankheit und Leid sehr oft die Frage nach einem *tragfähigen Netz*, nach Menschen, die den Patienten in all seiner Not und seiner Brüchigkeit aushalten. »Wo sind die Menschen, die mich ertragen, die mir beistehen, die mir Mut machen, die mit mir lachen und weinen?« ist für viele Kranke *die* entscheidende Frage. Es ist wichtig, über Freunde zu sprechen, die zu einem halten. Teil der Auseinandersetzung mit Krankheit, Behinderung, Leid und Sterben ist es auch, zu lernen, Hilfe anzunehmen, sich abzugrenzen, »Nein« zu sagen, aber auch zu lernen, mit *den* Menschen Beziehungen einzugehen bzw. diese zu pflegen, die für einen wesentlich (»signifikante Andere«) sind. Das Benennen wichtiger Menschen, die persönliche »Tankstellen« sind, kann dazu beitragen, sich Klarheit über konkrete Unterstützungsmöglichkeiten zu verschaffen. Diese Klarheit trägt dazu bei, ein Stück Sicherheit zu gewinnen.

Fragen nach dem sozialen Netz könnten etwa so lauten:

Wer oder was ist für Sie eine wichtige Stütze?

Zu welchen Menschen haben Sie in Ihrer jetzigen Situation Vertrauen?

Gibt es jemanden, mit dem Sie alles besprechen können, was Ihnen auf der Seele liegt? Wer ist das oder wie müsste so ein Mensch sein?

Durch gezielte Fragen zum sozialen Netz des Patienten werden sich Begleiter ein Bild von der sozialen Isolation oder Integration machen können. Sie werden auch erfahren, mit welchen Men-

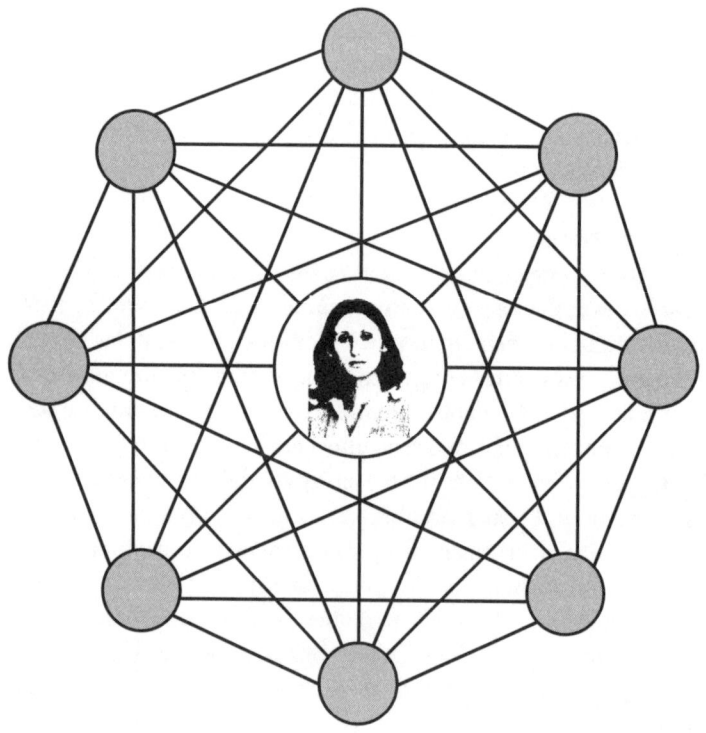

Abbildung 4: Das soziale Netz

schen oder Institutionen sie in Fragen der Begleitung und Beratung *zusammenarbeiten* können. Das Aufzeichnen dieses sozialen Netzes und Benennen wesentlicher Stützpunkte ist eine gute Ergänzung zum Gespräch.

Krankengeschichten

Es gibt viele Formen von Kranken-Geschichten. Für die persönliche Bewältigung einer Krankheit oder Behinderung ist besonders die Form der Krankengeschichte wichtig, die vom Betroffenen selbst erzählt wird. Der Stoff, aus dem die Geschichte zusammengestellt wird, ist nicht so sehr von diagnostischen Fragen geleitet wie vom persönlichen Zugang des Einzelnen zu seiner Situation. Beim Entwurf dieser Krankengeschichte kommt es gleichsam zu einer Begegnung zwischen Erkranktem und Krankheit. Eine solche Begegnung schafft Raum, das »Andere«, »Unbegreifliche«, »Bedrohliche« kennen zu lernen. Anders als bei der »Chronologie der Ereignisse« kommt hier das schöpferische Element zum Tragen. Der Patient kann sich von den Vorgaben der Realität lösen. Er kann eine Krankengeschichte schaffen, in der Ängste, Hoffnungen, Panik, Anschuldigungen, Vermutungen, Ahnung, Wissen, diagnostische Elemente und therapeutische Erfahrungen sowie persönliche Lösungsmöglichkeiten zu einer Gestalt geformt werden.

Die Auswahl der Geschichtenelemente wird nicht von außen vorgegeben, sondern entstammen dem inneren Dialog zwischen Patient und Krankheit/Behinderung. Das aktive Gestalten der Krankengeschichte ist mit dem Ringen um eine persönliche Wahrheit verbunden. Nach und nach wird jener Bericht entworfen werden, der Leid lindert und ein Leben im Einklang mit der veränderten Lebenssituation erleichtert. Das Kennenlernen der »Sprache einer Krankheit« ist oftmals auch der Ausgangspunkt für den Versuch, aus den versteckten oder offenen Botschaften Lösungsansätze im Umgang mit der aktuellen Lebenssituation zu entwickeln.

Diese Krankengeschichten können zum Inhalt vieler lebensbegleitender Gespräche werden. Sie können als großes Epos entworfen werden oder eine Reihe von skizzenhaften Entwürfen sein. Sie können täglich umgestaltet und neu inszeniert werden oder sich als rituelle immer gleich bleibende Erzählformen zeigen. Der Begleiter ist nur der Initiator.

Fragen könnten wie folgt lauten:

Können Sie mir erzählen, wie alles angefangen hat ...?

Wie war das damals, als Sie zum ersten Mal ins Krankenhaus kamen ...?

Gibt es so etwas, wie eine Geschichte Ihrer Krankheit? Welchen Titel würden Sie ihr geben?

Meist genügt es, den Entstehungsprozess der Krankengeschichte mit Anteilnahme und Interesse zu verfolgen. Hilfreich können auch Impulse sein, diese Geschichte aufzuschreiben:

Versuchen Sie einmal, Ihre ganz persönliche Krankengeschichte aufzuschreiben ...

Abbildung 5: »Das Schattenge-spenst« – Beispiel aus einer grafischen Auseinandersetzung mit einer Krise

Das schriftliche Festhalten hat den Vorteil, dass der Patient sich seine Geschichte wieder und wieder durchlesen kann. Er kann Details verändern, kann sie umschreiben und neu gestalten. Er kann so lange an ihr feilen, bis er eine Form gefunden hat, mit der er gut leben kann. Auch Impulse zum Zeichnen, zur Darstellung des Dialogs zwischen Krankheit und Patient in Farbe oder mit plastischem Material lassen sich in ein lebensgeschichtliches Gespräch gut einbetten.

Briefeschreiben

Eine andere Form des Gesprächs stellt das *Briefeschreiben* dar. Über viele Jahrhunderte hinweg waren Briefe ein wesentlicher Bestandteil des Lebens. An einem Tisch zu sitzen, sich einen bestimmten Menschen vorzustellen und diesem seine Gedanken darzulegen hat auch heute noch etwas Faszinierendes. Dieses »schreibende Gespräch« ist für die Vorstellungsgabe des Schreibers eine Herausforderung. Wer ist dieses Gegenüber, dem man seinen Brief schreibt? Wie muss ich schreiben, damit er mich versteht? Und was möchte ich ihm mitteilen? Anders als beim mündlichen Dialog kann sich der Schreiber zwar sicher sein, dass er nicht unterbrochen wird. Allerdings fehlt ihm auch die Möglichkeit, sofort eine Rückmeldung oder weiterführende Fragen zu erhalten. So muss er seine Fantasie und sein Einfühlungsvermögen anstrengen, um sowohl seine Anliegen entsprechend aufs Papier zu bringen als auch den Anderen zu erreichen. Einladungen an Patienten, sich mit ihrer Situation auf eine besondere Weise auseinanderzusetzen, könnten wie folgt lauten:

Versuchen Sie doch einmal, Ihrer Krankheit einen Brief zu schreiben …!

Stellen Sie sich vor, die Krankheit wäre Ihr Freund. Was würden Sie diesem Freund gern schreiben?

Andere Formen eines »Frei-Schreibens«, wie es das Briefeschreiben darstellt, wären:

- Tagebuch (Schreibtagebuch: Konsequentes tägliches Schreiben oder Kurzzeittagebuch, z. B.: *Tagebuch eines Sommers*; themenbezogene Tagebücher, z. B.: *Tagebuch meiner Ehe*; Fototagebuch; Skizzentagebuch; Sentenzentagebuch: Weisheiten für jeden Tag …)
- Beschreiben der Krankheit in bildhafter Form (Welche Gestalt könnte die Krankheit haben, wie schaut sie aus?)
- Vergleiche finden (Welche Worte passen gut zur Krankheit?)
- Meditatives Schreiben (eine Art Selbst-Gespräch über das eigene Erleben)
- Verfassen von persönlichen Gebeten, Gedichten oder Geschichten mit Bezug zur speziellen Lebenssituation
- Festhalten von (Tag-)Träumen

Assoziationen

Unsere Gefühlszustände lassen sich mehr oder weniger leicht in Worte übersetzen. Manchmal gelingt es leichter, dann wieder schwerer, das »richtige« Wort zu finden. Doch meistens gibt es für eine Situation oder ein Gefühl nicht nur ein ganz bestimmtes Wort, sondern eine Reihe verwandter Begriffe, die *assoziativ* miteinander in Verbindung stehen. Hängt man ganz frei seinen Gedanken nach, so können ganz unterschiedliche und oft ungewöhnliche Verbindungen entstehen. Sie sind Ausdruck unbewusster, tief in uns liegender Prozesse und sind ein Schlüssel zum besseren Verständnis unseres »Innenlebens«.

Bei der Bewältigung krisenhafter Lebenssituationen, geht es auch darum, sich in neuen Situationen verstehen zu lernen und einen Weg zu den eigenen Kraftquellen zu finden. Freie Gedankenverbindungen oder angeleitete Assoziationsübungen können dabei helfen. Wahrnehmungen, Gedanken, Vorstellungen, Bilder und Erinnerungen treten miteinander in Beziehung und lassen oftmals neue, ungewöhnliche Sichtweisen zu. Der Umgang mit freien oder gelenkten Assoziationen ist eine Form der Selbstentfaltung. Die persönlichen Denk- und Gefühlsmuster werden deutlich und können in der Nachbesprechung mit der aktuellen Realität verglichen werden.

In der Arbeit selbst kommt es nicht darauf an, gezielt einen bestimmten Gedankengang konzentriert zu verfolgen. Vielmehr ist es wichtig, sich fallen zu lassen und auf den Wogen seiner Fantasie dahin zu gleiten. Eine Anleitung hierfür könnte wie folgt lauten:

> *Welche Worte fallen Ihnen ein, wenn Sie Ihre jetzige Situation beschreiben sollen? Lassen Sie sich von Ihren Gedanken einfach treiben.*

Hier ist der Impuls *unspezifisch* und lässt dem Patienten die freie Wahl, an welchem Punkt seiner Geschichte er in die Gedankenreise eintaucht. In der Begleitung kann man aber auch einen *spezifischen* Impuls geben. Dabei stellt man bestimmte Worte gleichsam als »Kernwort« in den Raum und fordert den Patienten auf, sich seinem Gedankenstrom anzuvertrauen. Als Kernworte können dienen: Leben, Krankheit, Therapie, Krebs, Unfall, Hoffnung, Sinn, Leiden, Angst … Einen *systematischen* Zugang bietet das Aufschreiben dieser Ideen- und Assoziationsketten zu einem *Clusterbild*. Für manche Patienten kann diese Form der Auseinandersetzung einen Wachstumsprozess einleiten, der bisher verborgene Quellen freilegt und Teile der Persönlichkeit zur Entfaltung bringt. Folgende Vorgehensweise hat sich in der Praxis bewährt:

Man legt dem Patienten ein Blatt Papier vor und lädt ihn ein, in die Mitte des Blattes ein Wort, einen Begriff zu schreiben, der ihn im Moment sehr beschäftigt (oder man gibt ein Kernwort vor).

Dieses Wort im Zentrum (Zentrumswort, Kernwort) wird mit einem Kreis markiert.

Der Patient wird dann aufgefordert, seine Gedanken und Einfälle zu diesem Wort aufzuschreiben. Dabei soll er zunächst einem Gedankenstrang folgen und die einzelnen Wort durch Striche miteinander verbinden.

Jeder *neue* Gedanke nimmt seinen Ausgangspunkt wiederum beim Zentrums- oder Kernwort.

Die verschiedenen Wortassoziationen ergeben Gedankenketten und ermöglichen einen interessanten Einblick in die Vielfältigkeit der ausgelösten Gedanken und Gefühle.

Zusammengehörende Ideen und Einfälle können hervorgehoben, durch Striche miteinander verbunden oder durch bestimmte Farbgebungen betont werden.

Viele psychotherapeutische Methoden nützen die Chance, die im Umgang mit den Assoziationen liegt. Ob man es dabei belässt, über die gedanklichen Verknüpfungen zu sprechen, diese aufzeichnen lässt oder den Impuls gibt, aus diesem Clusterbild vielleicht die eine oder andere Geschichte zu schreiben, das eine oder andere Bild zu malen, das bleibt der Fantasie der Begleiter und dem Wunsch des Patienten freigestellt.

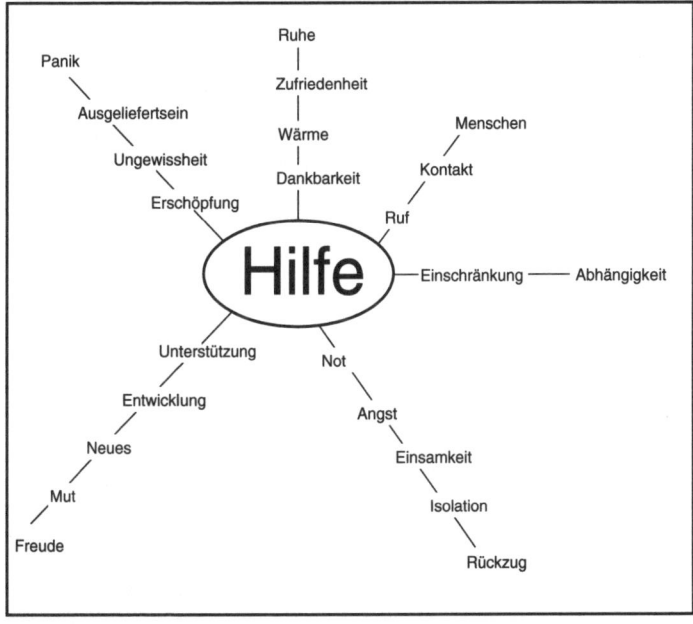

Abbildung 6: Clusterbild zum Kernwort »Hilfe«

Arbeitet man mit Gruppen, so bietet sich eine *Schreibkommunikation (»Schreibgespräch«)* an. Ein Schlüsselwort – z. B. Hoffnung – wird in die Mitte einer Tafel (Plakat/Pinnwand) geschrieben.

Die Gruppenmitglieder werden aufgefordert, nicht miteinander zu sprechen, sondern in aller Stille ihren Gedanken freien Lauf zu lassen. Die auftauchenden Assoziationen sollen rund um das Schlüsselwort aufgeschrieben werden. Es entsteht dabei meist eine eigene Dynamik von Lesen – Nachspüren – Aufschreiben … Bewährt hat sich bei dieser Arbeit auch eine meditative Einstimmung und eine ruhige Hintergrundmusik. Nach 10–15 Minuten kann der Gruppenleiter die Übung beenden und zu einer gemeinsamen Reflexion über die Assoziationsketten anregen. Für viele Menschen ist es nicht nur eine sehr positive Erfahrung, sich »frei zu denken«, sondern auch die Gedankenverbindungen anderer Menschen »Schwarz auf Weiß« zu sehen – das ermöglicht oft ganz neue Sichtweisen!

Abbildung 7: Beispiel einer Schreibkommunikation zum Thema »Angst«

Eine weitere Möglichkeit, über gedankliche Verknüpfungen einen Zugang zu den eigenen Gefühlen zu bekommen, sind *Sprachbilder*. Begleiter hören oft Sätze wie: »Ich fühle mich wie zerschlagen«, »Es ist, als würde die Welt zerbrechen« oder »Das ist nur mit einem großen Knall zu vergleichen«. Dieses Bedürfnis, Unsagbares in Worte zu kleiden, kann behutsam unterstützt werden, z. B.:

Können Sie beschreiben, wie Sie sich jetzt fühlen?
Welche Vergleiche fallen Ihnen zur jetzigen Situation ein?

Manchmal hilft auch die Vorgabe einer *Liste* mit angefangenen Sätzen, die der Patient ergänzen kann, z. B.:

Es ist, wie wenn …
Es geht mir dabei wie …
Das kann man nur vergleichen mit …
Ich fühle mich …
Am liebste würde ich …

Schattenseiten

In der Seele jedes Menschen gibt es dunkle Ecken. Nicht alle Eigenschaften und Verhaltensweisen lassen uns in strahlendem Licht erscheinen. Die personifizierten *Schattenseiten* des Menschen werden auch als »Hüter der Schwelle« bezeichnet. Hier vereinigt sich alles, was schattenhaft in uns vorhanden ist, das Versäumte, Unerledigte, unsere Illusionen, Feigheit, Konflikt und Selbstbetrug. Besonders in Zeiten des Übergangs – und Krankheiten stellen sehr oft solche Schwellen dar – macht sich der »Hüter« bemerkbar. Er zeigt sich in Form diffuser Lebensangst, starker Gereiztheit und Unzufriedenheit, in ständigem Nörgeln oder Besserwissen – in einer »Unrundheit« an Körper und Geist. Licht in diese dunklen Ecken der Persönlichkeit zu bringen, kann auch Ziel eines lebensgeschichtlichen Gesprächs sein. Nur in der Aufgabe einer blinden Selbstliebe und Selbstbezogenheit und in der Annahme aller Seiten der eigenen Person liegt der Schlüssel zu einer inneren Gelassenheit und Ruhe.

In den aufgewühlten Zeiten von schwerer Krankheit oder in der Auseinandersetzung mit veränderten Lebensumständen meldet sich der »Hüter der Schwelle« oft, möchte angehört und angenommen werden. In der Begegnung mit den eigenen Schattenseiten liegt die Chance zur Versöhnung mit der Welt – und dadurch auch mit sich selbst. Dies schafft Raum für Neues. Die Fragen zum Thema »Hüter« könnten etwa so lauten:

Welche Eigenschaft von Ihnen macht Ihnen zu schaffen?
Was gefällt Ihnen denn nicht so gut an Ihnen?

Über die *Schattenseiten* ins Gespräch zu kommen setzt ein *beson-*

deres Vertrauen zwischen Patient und Begleiter voraus, erfordert ein großes Fingerspitzengefühl und die Fähigkeit des »aktiven Zuhörens«. Selten wird dieser Bereich gesondert zum Thema eines lebensgeschichtlichen Gesprächs. Umso häufiger kommt es vor, dass die Schattenseiten da und dort eingeflochten werden – manchmal klingen sie als Frage an, dann tauchen sie als Seufzer auf oder werden als Anklage formuliert.

Eine Form, sich behutsam den Schattenseiten zu nähern und gleichzeitig immer auch die Sonnenseiten im Auge zu behalten, bieten *Flussmeditationen*.

Beispiel einer geführten Fantasiereise zum Thema Lebensstrom
Nach einleitenden Entspannungsübungen lädt die begleitende Person ein, sich auf eine Reise zu den Quellen des Lebensstromes zu begeben ...

... stellen Sie sich vor, Sie sitzen an einem wunderbar stillen Ort, inmitten einer Waldlichtung, die von der Sonne beschienen ist ... Sie hören die Vögel zwitschern ... Sie riechen das Harz der Baumrinden ... Sie spüren die wärmenden Sonnenstrahlen auf Ihrer Haut ... ganz leise dringt ein Ton an Ihr Ohr – es ist das Plätschern einer Quelle ... langsam stehen Sie auf und nähern sich dem Ort, an dem sich das Wasser seinen Weg aus der Erde bahnt ... der Boden ist mit Moos bedeckt ... ein kühler Hauch streift Ihr Gesicht ... Sie vergleichen die Quelle mit Ihrer Kindheit und beginnen eine Reise durch Ihr Leben ... Sie sehen sich als Kind im erfrischenden Wasser herumtollen ... und entdecken das Ufer ... Sie schauen auf das Elternhaus ... sehen die Menschen, die wichtig waren ... in Ihrer Kindheit ... Ihrer Jugend ... in Ihrem Leben ... Sie sehen, wie sich die Landschaft verändert ... Sie merken, wie aus der kleinen Quelle ein Bächlein wird ... Sie folgen seinem Lauf ... manchmal ist das Ufer in goldenes Licht getaucht ... Glück durchströmt Sie und Sie überlassen sich den inneren Bildern ... dann wieder fließt der Bach durch dunkle Waldstellen, zu denen kein Sonnenlicht dringt ... Ihre Erinnerungen schmerzen Sie ... es ist kalt und Sie frieren ... doch nach der nächsten Bachwindung sehen Sie wieder goldene Sonnenflecken auf der Wasseroberfläche ... Sie schauen um sich und erken-

nen, wie viel Sie gemeistert haben ... die Quelle ist zu einem Bach geworden ... der Bach zu einem Fluss ... Sie gehen am Ufer entlang ... setzten sich an einen schönen Ort ... Sie atmen kräftig die frische Luft ein und aus ... Sie spüren sich getragen von ihrer Atmung ... und vor Ihren Augen liegt der Fluss Ihres Lebens ... Sie sehen die Stromschnellen und die Stellen, an denen das Wasser ruhig fließt ... Sie sehen Uferstellen, die im Schatten liegen, unzugänglich, unwirtlich – auch Sie gehören zu Ihrem Lebensstrom ... Sie sehen Uferstellen, die in helles Sonnenlicht getaucht sind, und sind dankbar für die Sonnenseiten Ihres Lebens ... noch einmal nehmen Sie das Bild ihres kräftigen Lebensstromes in sich auf ... Sie atmen ein und aus ... Sie stellen sich darauf ein, gedanklich wieder in diesen Raum zurück zu kommen ... Sie räkeln und strecken sich ... und machen die Augen auf.

Eine solche Flussmeditation kann natürlich variiert werden und jene Elemente ansprechen, die für einen speziellen Patienten besonders wichtig sind. Zur Unterstützung der Assoziationen kann man auch »Wasser-Musik« verwenden – etwa die »Moldau« von Smetana, bei der der Weg von der Quelle bis zur Strommündung nachempfunden wird.

Kraftquellen
Die Kraft, schwierige Situationen zu meistern, hat von Mensch zu Mensch ganz unterschiedliche Quellen. Mit der Frage »Was hat Ihnen bisher geholfen, die Klippen des Lebens zu meistern?« kann man sich gemeinsam mit dem Patienten auf die Suche nach ihnen begeben. Oft entwickelt sich daraus ein Gespräch, das auch einen Einblick in die Weltanschauung, den religiösen Hintergrund, die sozialen Verhältnisse und die individuellen Eigenarten gewährt. Für den Patienten ist das Sprechen über hilfreiche Stützen nicht nur ein Bericht aus der Vergangenheit. Es ist zugleich eine Möglichkeit, Einblick in persönliches Handeln zu bekommen. Auch die wertschätzende Anteilnahme des Zuhörers kann zu einer Quelle der Ermutigung für neue schwierige Lebensphasen sein. Neben dem Gespräch über hilfreiche Aspekte gibt es

auch die Möglichkeit, den Patienten den Impuls zu geben, seine *Kraftquellen* aufzuschreiben, zu zeichnen, Symbole dafür zu suchen u. ä.

Eng mit diesem Thema verbunden ist die Frage nach der *Lebensenergie*:

> *Wie haben Sie Ihre Energie und Lebenskraft bisher verteilt (im letzten Jahr/in der Zeit vor der Erkrankung/seit dem Unfall ...)?*
> *Wie viel Kraft hat Sie das Leben bisher gekostet?*
> *Was war schwer, was ist Ihnen leicht gefallen?*
> *Wie viel Energie haben Sie noch?*
> *Wie möchten Sie Ihre Lebenskraft heute verteilen?*

Manchmal ist es leichter, wenn man die Energieverteilung auf die unterschiedlichen Bereiche und Themen des Lebens in Form eines *Energiekreises* oder *Energie-»Kuchens«* aufzeichnet. Das Besprechen dieser Zeichnung kann der Ausgangspunkt intensiver lebensgeschichtlicher Gespräche werden.

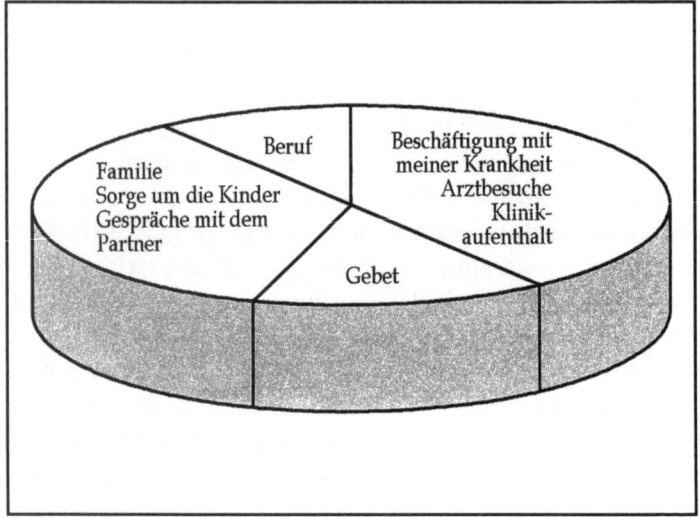

Abbildung 8: »Mein Energiekuchen« – erarbeitet von einer 38-jährigen Krebspatientin

Auch die Frage nach dem Sinn einer Krankheit aus der Sicht des Patienten kann das Tor zu ungeahnten Kraftreserven öffnen. Ein behutsames Formulieren der Frage: »Können Sie einen Sinn in all dem Leiden entdecken ...?« leitet manchmal eine Klärung der Sinnfrage ein. Dabei liegt der Schwerpunkt der Beschäftigung meist nicht bei den Ursachen des Leides. Das drängende Forschen nach den Ursachen ist mit der quälenden Warum-Frage verbunden und verharrt in der Vergangenheit. Die Frage nach dem Sinn (vgl.: Lebens-Sinn, S. 145 f.) löst die Erstarrung und weist in die Zukunft. Der Erkrankung, dem Unfall, dem Schicksalsschlag einen ganz persönlichen Sinn abzuringen kann jene seelisch-geistigen Kräfte mobilisieren, die den Patienten nicht mehr als Opfer seiner Situation zurücklassen, sondern zum aktiven Gestalter seiner Zukunft machen.

Text-Welten

Ein lebensgeschichtliches Gespräch kann auch in die Welt der Märchen und Mythen führen. Es kann von Helden vergangener Zeiten handeln, von Sinnsprüchen, die Kraft spenden, von mystischen Texten und kleinen Gebeten, von »Liedern, die aus der Seele sprechen« oder »Gedichten, die ein Lächeln schenken«. Die heilsame Kraft von Geschichten, Lebensweisheiten ist seit langem bekannt und hat auch in die Psychotherapie Eingang gefunden. In der konkreten Begleitung ist immer daran zu denken, welche Texte eine Spur in die Kindheit legen und damit alte Erinnerungsschichten anregen. Nach Momenten der emotionalen Rührung, Betroffenheit oder Distanzierung können assoziative Erinnerungen (... dazu fällt mir ein ...) ebenso angesprochen werden wie konkrete (... ich kann mich noch genau erinnern ...). Auch eine intellektuelle Auseinandersetzung (z. B. Textinterpretation) ist möglich. Die *Märchen* nehmen dabei einen besonderen Platz ein und werden aus diesem Grund ausführlicher behandelt. Neben den Märchen als klassischen Quellen bieten sich noch eine Reihe *anderer Textformen* für eine lebensgeschichtliche Auseinandersetzung an, die nur beispielhaft angeführt werden.

Märchen

Was macht gerade ein Märchen zu einem so besonderen Lebensbegleiter? Märchen schenken verdichtete Lebensweisheit und
sprechen universelle Menschheitsthemen in bildhafter Sprache
an. Sie stellen existentielle Themen kurz und pointiert dar, be-
schönigen nichts und nennen die Dinge beim Namen. Sie nehmen Daseinsängste ernst. Und sie sprechen jene widerstrebenden
Kräfte im Menschen an, die aus dem großen Bedürfnis, geliebt zu
werden und der Furcht, nutzlos zu sein, entstehen. Auch die
Spannungen, die aus dem unbändigen Gefühl der Liebe zum Leben einerseits und der großen Furcht vor dem Tod andererseits
entstehen, greift das Märchen auf. Das Pendeln zwischen »Ich bin
die Welt« und »Ich bin nichts«, zwischen »Alle lieben mich« und
»Niemand findet mich lieb, schön und gut«, die Sorgen »auf ewig
ein Aschenputtel« zu bleiben und die »Furcht vor den Riesen« –
all das hat im Märchen Platz. Es darf gedacht, gefühlt und ausgesprochen werden!
Ein »richtiges« Märchen zur »richtigen« Zeit kann das Vertrauen
in die eigenen Kräfte und in die eigene Zukunft stärken – bei Kindern, Jugendlichen, Erwachsenen und alten Menschen in Zeiten
der Gesundheit und Krankheit! Jedes Märchen kann im Laufe
eines Lebens immer wieder neu und anders gehört, gelesen und
erlebt werden. Und: Jedes Märchen hält für jeden Menschen
einen anderen Sinn verborgen. Märchen-»Wahrheiten« sind immer »persönliche Wahrheiten«!
Im Gegensatz zu den mythischen Erzählungen handelt es sich im
Märchen um Bilder und Ereignisse, die nicht auf einer realen
Ebene zu verstehen sind. Dies drückt sich auch in dem wohl klassischen Einleitungssatz so vieler Märchen aus, der da heißt: »In
den alten Zeiten, als das Wünschen noch geholfen hat ...« Der
Hinweis auf diese »alten« Zeiten führt in die Tiefenschichten der
Seele und macht deutlich, dass es sich bei den Ereignissen der
Märchenwelt nicht um die Spiegelung psychischer Wahrheiten
einer bestimmten Epoche handelt, sondern um Urbilder mensch-

licher Entwicklung. Durch den hohen Symbolgehalt der Märchengestalten können Türen zu tiefen Emotionen im Menschen geöffnet werden. Feen, Hexen, schöne Prinzessinnen, mächtige Zauberer, wilde Tiere – sie alle sind Aspekte des realen Menschseins. In der Beschäftigung mit diesen Bildern liegt auch eine heilende Kraft, die jene inneren Quellen zum Fließen bringen kann, die im Laufe des Lebenskampfes leicht zu versiegen drohen. Im Märchen hat alles Platz, muss nichts beschönigt oder verschwiegen werden. Die Helden dürfen schwach sein – ja werden oft gerade durch ihre Schwächen zu den wahren, den »starken« Helden. Diese Dimension kann im Kranken und Verzweifelten Vorstellungen stärken, das eigene Schicksal zu meistern.

Das *Arbeiten mit Texten* in der Begleitung lässt unterschiedliche Formen zu. Vom einfachen Vorlesen über Meditationen bis hin zu Anregungen, sich künstlerisch mit den Textinhalten zu beschäftigen, sind der Fantasie von Patient und Begleiter keine Grenzen gesetzt. Wie könnte man nun in ein solches Gespräch »einsteigen«? Nach vorbereitenden Sätzen, in denen man vielleicht seinen persönlichen Zugang zu Texten und Symbolbildern anspricht, kann man etwa fragen:

Können Sie sich noch an die Märchen Ihrer Kindheit erinnern?
Hatten Sie ein Lieblingsmärchen? Welches Märchen war das?

Diese Frage nach den Geschichten der Kindheit lädt ein, die symbolische Kraft der inneren Bilderwelt als Kraftquelle zu nutzen. Zum einen kann man versuchen, die Patienten an ihre innere Bilderwelt heranzuführen. Zum anderen ist es auch möglich, selbst bestimmte Geschichten oder Sprüche den Patienten mitzubringen und so in einen Dialog einzutreten.

Man kann zum Beispiel besprechen:

Wieso gerade dieses Märchen zum jetzigen Zeitpunkt so wichtig ist
Welche Figur besonders anspricht
Welche Aussagen als Leitmotiv dienen könnten
Wie man die Geschichte weiterführen würde
Wie die Personen mit ihrem Schicksal umgehen
Wie Schwierigkeiten gemeistert wurden und was hilfreich war.

Auch *typische Sätze* aus Märchen können zu wichtigen Gesprächshilfen werden, z. B.:

> *Die guten ins Töpfchen, die schlechten ins Kröpfchen (Aschenputtel)*
>
> *Knusper, knusper, Kneischen, wer knuspert an meinem Häuschen? (Hänsel und Gretel)*
>
> *Manntje, Manntje, Timpe Te, Buttje, Buttje in der See, meine Frau die Ilsebill, will nicht so als ich es will. (Vom Fischer und seiner Frau)*
>
> *Bäumchen, rüttel dich und schüttel dich, wirf Gold und Silber über mich. (Aschenputtel)*
>
> *Ei, Großmutter, was hast du für große Ohren! – Dass ich dich besser hören kann! – Ei, Großmutter, was hast du für große Augen! – Dass ich dich besser sehen kann … (Rotkäppchen)*
>
> *Heut back ich, morgen brau ich, übermorgen hol' ich der Königin ihr Kind … (Rumpelstilzchen)*
>
> *Spieglein, Spieglein an der Wand, wer ist die Schönste im ganzen Land? (Schneewittchen)*

Viele Märchensammlungen – z. B. die Kinder- und Hausmärchen der Brüder Grimm – bieten eine Fülle von Texten, in denen ganz unterschiedliche Lebenssituationen, Lebensläufe und Lebensabschnitte vorkommen von der Geburt über Kindheit, Erwachsensein und Alter bis zum Tod. Wie die unterschiedlichsten Schicksalsschläge gemeistert werden, worauf es im Leben ankommt, welche unerwarteten Hilfen auftauchen können – auch davon wissen die Märchen zu berichten und sind damit oft wichtige Wegweiser in schwierigen Lebenssituationen.

Beispiel: Sterntaler

Es war einmal ein kleines Mädchen, dem waren Vater und Mutter gestorben, und es war so arm, dass es kein Kämmerchen mehr hatte, darin zu wohnen, und kein Bettchen mehr, darin zu schlafen, und endlich gar nichts mehr als die Kleider auf dem Leib und ein Stückchen Brot in der Hand, das ihm ein mitleidiges Herz geschenkt hatte. Es war aber gut und fromm. Und weil es so von aller Welt verlassen war, ging es, im Vertrauen auf den lieben Gott, hinaus ins Feld. Da begegnete ihm ein armer Mann, der sprach: »Ach, gib mir etwas zu essen, ich bin so hungrig.« Es reichte ihm das ganze Stückchen Brot und sagte: »Gott segne dir's!« und ging weiter. Da kam ein Kind, das jammerte und sprach: »Es friert mich so an meinem Kopf, schenk mir etwas, womit ich ihn bedecken kann.« Da tat es seine Mütze ab und gab sie ihm. Und als es noch eine Weile gegangen war, kam wieder ein Kind und hatte kein Leibchen an und fror: da gab es ihm seins; und noch weiter, da bat eins um ein Röcklein, das gab es auch von sich. Endlich gelangte es in einen Wald, und es war schon dunkel geworden, da kam noch eins und bat um ein Hemdlein, und das fromme Mädchen dachte: Es ist dunkle Nacht, da sieht dich niemand, du kannst wohl dein Hemd weggeben, und zog das Hemd aus und gab es auch noch hin. Und wie es so stand und gar nichts mehr hatte, fielen auf einmal die Sterne vom Himmel und waren lauter harte blanke Taler. Und obwohl es sein Hemdlein weggegeben, so hatte es ein neues an, und das war vom allerfeinsten Linnen. Da sammelte es sich die Taler hinein und war reich für sein Lebtag.

(Brüder Grimm)

Alte Texte (Mythen, Sagen, Fabeln, Balladen)

Beispiel: Über das ewige Leben
König Anoschirwan, den das Volk auch den Gerechten nannte, wandelte einst zur Zeit, als der Prophet Mohammed geboren wurde, durch sein Reich. Auf einem sonnenbeschienenen Hang sah er einen ehrwürdigen Mann mit gekrümmtem Rücken arbeiten. Gefolgt von seinem Hofstaat trat der König näher und sah, dass der Alte kleine, gerade ein Jahr alte Stecklinge pflanzte. »Was machst du da?« fragte der König. »Ich pflanze Nussbäume«, antwortete der Greis. Der König wunderte sich: »Du bist schon so alt. Wozu pflanzt du dann Stecklinge, deren Laub du nicht sehen, in deren Schatten du nicht ruhen und deren Früchte du nicht essen wirst?« Der Alte schaute auf und sagte: »Die vor uns kamen, haben gepflanzt, und wir konnten ernten. Wir pflanzen nun, damit die, die nach uns kommen, ernten können.«

(Anoschirwan)

Parabeln

Beispiel: Ich führte neulich

Ich führte neulich einen in meinen kleinen Garten und zeigte ihm meine Nelkenflor. Er betrachtete sie eine Weile aufmerksam, dann wandte er sich zu mir, indem er sagte: Gibt's wohl auf der Welt schönere Blumen als die Rosen? Ich hatte erwartet: Nelken; doch langte ich ihm eine saftige Birn vom Baum. Sie essend schlürfte er: Und was ihr Nachbar für Pfirsiche hat! Götterobst! Er nahm darauf Abschied und, noch vor dem Tor, betrachtete er mein Haus. Ja, sprach er, wenn es dort oben auf dem Hügel stünde! Ja, dachte ich, wenn du beim Teufel wärst!

(Franz Grillparzer)

Religiöse Texte (Bibeltexte, Gebete, Psalmen)

Beispiel: »Ich-bin-Worte« von Jesus nach dem Johannesevangelium

Ich bin das Brot des Lebens. Wer zu mir kommt, wird nicht mehr hungern, und wer an mich glaubt, wird nie mehr Durst haben. (Joh 6,35)

Ich bin das Licht der Welt. Wer mit mir geht, tappt nicht mehr im Dunkel herum, sondern hat das Licht des Lebens. (8,12)

Ich bin der Eingang. Wer durch mich hineingeht, wird gerettet. Er kann kommen und gehen und findet Nahrung. (10,9)

Ich bin der gute Hirte. Der gute Hirte setzt sein Leben für die Herde ein. (10,11)

Ich bin die Auferstehung und das Leben. Wer mir vertraut, lebt, auch wenn er sterben sollte. Und keiner, der lebt und mir vertraut, wird je sterben. (11,25)

Ich bin der Weg, die Wahrheit und das Leben. (14,6)

Ich bin der richtige Weinstock, und mein Vater ist der Weingärtner dazu. (15,1)

Gedichte

Beispiel: Wanderers Nachtlied
Der du von dem Himmel bist,
Alles Leid und Schmerzen stillst,
Den, der doppelt elend ist,
Doppelt mit Erquickung füllest,
Auch ich bin des Treibens müde!
Was soll all der Schmerz und Lust?
Süßer Friede,
Komm, ach komm in meine Brust!
(Johann Wolfgang Goethe)

Liedtexte

Beispiel: Ade!
Ade zur guten Nacht!
Jetzt wird der Schluss gemacht,
Dass ich muss scheiden.
Im Sommer, da wächst der Klee,
Im Winter, da schneit's den Schnee,
Da komm ich wieder. (…)
(Volkslied)

Prosatexte

Beispiel: Ausschnitt aus Malte Laurids Brigge
Und jetzt auch noch diese Krankheit, die mich immer schon so
eigentümlich berührt hat. Ich bin sicher, dass man sie unter-
schätzt. Genau wie man die Bedeutung anderer Krankheiten
übertreibt. Diese Krankheit hat keine bestimmten Eigenheiten,
sie nimmt die Eigenheiten dessen an, den sie ergreift. Mit einer
somnambulen Sicherheit holt sie aus einem jeden seine tiefste Gefahr heraus, die vergangen schien, und stellt sie wieder vor ihn

hin, ganz nah, in die nächste Stunde. (…) Ich liege in meinem Bett, fünf Treppen hoch und mein Tag, den nichts unterbricht, ist wie ein Zifferblatt ohne Zeiger. Wie ein Ding, das lange verloren war, eines Morgens auf seiner Stelle liegt, geschont und gut, neuer fast als zur Zeit des Verlustes, ganz als ob es bei irgend jemandem in Pflege gewesen wäre –: so liegt da und da auf meiner Bettdecke Verlorenes aus der Kindheit und ist wie neu. Alle verlorenen Ängste sind wieder da.

(Rainer Maria Rilke)

Lebensweisheiten (Sentenzen)

Beispiele
Alles wirkliche Leben ist Begegnung. *(Martin Buber)*
Um ein tadelloses Mitglied einer Schafherde sein zu können, muss man vor allem ein Schaf sein. *(Albert Einstein)*
Man lernt nur kennen, was man liebt. *(Johann Wolfgang Goethe)*
Es kommt einzig darauf an, bei sich zu beginnen. *(Martin Buber)*

Anekdoten

Beispiel: Der Taube
Ich habe von meinem Großvater gehört: Ein Fiedler spielte einst auf mit solcher Süßigkeit, dass alle die es hörten, zu tanzen begannen, und wer nur in den Hörbereich der Fiedel gelangte, geriet mit in den Reigen. Da kam ein Tauber des Wegs, der nichts von Musik wusste, dem erschien, was er sah, als das Treiben Verrückter, ohne Sinn und Geschmack.
(Martin Buber)

Biografien

Bei der Beschäftigung mit Biografien »anderer« Menschen kann vieles stellvertretend erlebt und erfahren werden. Nicht nur die Beschäftigung mit den vielfältigen Ereignissen, Erfahrungen, Begegnungen und Berichten über Erfolg oder Misserfolg hält hilfreiche Hinweise bereit. Es geht vielmehr auch um das Aufspüren einer inneren Dynamik, um das Entdecken der inneren Lebenszusammenhänge, des »roten Fadens«. Beim Lesen von biografischen Berichten kann man den Gesetzmäßigkeiten der menschlichen Entwicklung nachspüren und Einsichten über Problemlösungsmöglichkeiten bekommen, die anders sind als die eigenen. Dafür eignen sich vor allem Berichte von Menschen:

- die sich selbst als Suchende begreifen (z. B.: Anders denkende, politisch Verfolgte)
- die schwierige Lebenssituationen bewältigt haben (z. B.: Krieg, Verlust, Krebs, Trauer)
- die durch ihre Arbeit, ihr Werk, »in die Welt hineinwirken« (z. B.: sozial Engagierte)
- die Glück und Freude, Not und Pein in einer Art ausdrücken, dass man sich in seinem eigenen Glück und seiner eigenen Not verstanden fühlt (z. B.: Dichter, Philosophen)

Diese Art der Biografien eignen sich meist besser, die Beschäftigung mit der eigenen Geschichte anzuregen, als die Berichte herausragender Persönlichkeiten, denen das Schicksal große Aufgaben zugetragen hat.

Bilanz

Lebensbilanz muss nicht immer erst am Ende des Lebens erfolgen! Ein Innehalten und Bedenken der eigenen Lebensgeschichte führt in den unterschiedlichsten Situationen zu einem bewussteren Umgang mit den persönlichen Stärken und Schwächen. »Lebensbilanz mitten im Leben« schafft Ordnung und macht den Blick für Neues frei. Gemeinsam mit dem

Patienten kann man sich in einem lebensgeschichtlichen Gespräch verschiedene Aspekte des bisherigen Lebens anschauen:

Was war Ihnen in Ihrem Leben bisher besonders wichtig?
Welche Lebensziele haben Sie sich gesteckt?
Wie würden die Überschriften zu Ihren Lebensabschnitten lauten?
Welche Erinnerungen sind besonders lebhaft im Gedächtnis?

Neben dem Eintauchen in einen allgemein gehaltenen Dialog über »das Leben«, in dem man zu den unterschiedlichen Lebensthemen Fragen stellen kann, gibt es auch eine Reihe *konkreter »Arbeitsunterlagen«*. Da es sich sehr oft um heikle Themen handelt, ist ein besonders sensibles und behutsames Vorgehen notwendig. Bevor inhaltlich gearbeitet wird, ist *Beziehungsarbeit* zu leisten, d.h. es muss jenes Klima geschaffen werden, in dem der Patient Vertrauen fassen und sich getragen fühlen kann. Es wird viel von der Beziehung zum Patienten und seinen Wünschen abhängen, welcher der *nachfolgenden Impulse* aufgegriffen wird. In jedem Fall muss eine Arbeitsvorgabe sorgfältig geprüft und auf die Bedürfnisse und Möglichkeiten des Patienten abgestimmt werden. Eine achtsame Begleitung bei der Bearbeitung des Materials ist ganz besonders zu berücksichtigen. Nur so kann Bilanzieren seine positive Wirkung voll entfalten.

Prioritätenliste

Das Erstellen einer *Prioritätenliste* soll die wesentlichen Lebensbereiche ansprechen. Auf die Frage: »Wie wichtig sind folgende Bereiche in Ihrem Leben?«, soll eine quantitative Einschätzung gegeben werden. Die Zahl 1 steht für »unwichtig« und die Zahl 5 für »sehr wichtig«. Die Ergebnisse können der Ausgangspunkt für intensive Gespräche zu den jeweiligen Themen sein.

Bereiche	unwichtig ⊲ ⊳ sehr wichtig				
Beruf					
Beruflicher Erfolg / Karriere	①	②	③	④	⑤
Arbeitsplatzsicherheit	①	②	③	④	⑤
Verdienst / materielle Sicherheit	①	②	③	④	⑤
Partnerschaft / Familie					
Partnerschaft	①	②	③	④	⑤
Sexualität	①	②	③	④	⑤
Familienbeziehungen	①	②	③	④	⑤
Kindererziehung	①	②	③	④	⑤
Freizeit					
Hobbies / Interessen	①	②	③	④	⑤
Soziale Kontakte	①	②	③	④	⑤
Sport	①	②	③	④	⑤
Reisen	①	②	③	④	⑤
Kultur					
Lesen / Literatur	①	②	③	④	⑤
Musik	①	②	③	④	⑤
Malerei / Gestalten	①	②	③	④	⑤
Werte					
Religion	①	②	③	④	⑤
Selbstverwirklichung	①	②	③	④	⑤
Ethik / Moral	①	②	③	④	⑤
Politik					
politisches Interesse	①	②	③	④	⑤
politische Aktivität	①	②	③	④	⑤
Gesundheit					
Wohlbefinden	①	②	③	④	⑤
körperliche Attraktivität	①	②	③	④	⑤
Ernährung	①	②	③	④	⑤
Sonstiges …					
	①	②	③	④	⑤
	①	②	③	④	⑤

Abbildung 9: Prioritätenliste

Balance-Viereck

Die Bereiche *Körper-Gesundheit – Leistung-Beruf – Sozialkon-
takte-Beziehungen – Spiritualität-Glaube* werden mit dem Grad
der subjektiven Zufriedenheit in Verbindung gebracht:

*Wie zufrieden sind Sie mit den angeführten Bereichen? Versuchen
Sie den Grad Ihrer Zufriedenheit zwischen 0 % und 100 % einzutragen.*

Die jeweils eingetragenen Prozentangaben kann man miteinander verbinden und erhält so ein Viereck, das mehr oder weniger
ausgewogen – also in Balance – ist. Dieses Balance-Viereck soll
dann mit dem Patienten besprochen werden. Im Anschluss an
die quantitativen Einschätzungen lassen sich vertiefende Fragen
stellen:

*Welche körperlichen Beschwerden belasten Sie im Moment beson-
ders?*

Betrachten Sie Ihren Körper eher als Freund oder als Feind?

Wie wichtig ist Ihnen beruflicher Erfolg?

Wie kam es zu Ihrer Berufswahl?

Sind Sie gern in Gesellschaft?

Fühlen Sie sich in Ihrer Familie wohl?

Sind Sie optimistisch oder pessimistisch?

Welche Lebensziele möchten Sie erreichen?

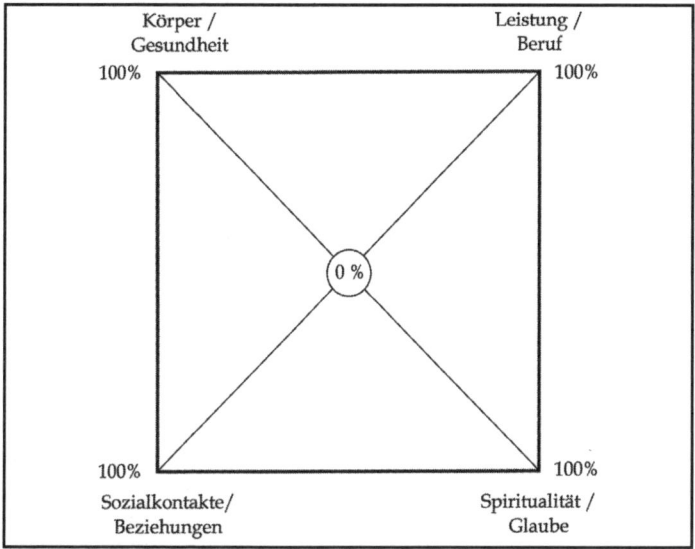

Abbildung 10a: Balance-Viereck

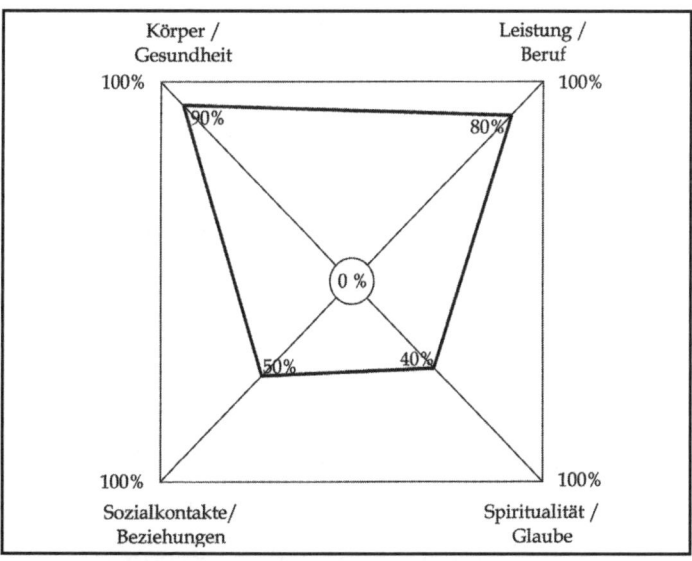

Abbildung 10b: Beispiel »Mein Balance-Viereck« – erarbeitet von einem 44-jährigen Mann

Pole des Lebens

Als Vorgabe dienen Gegensatzpaare (»Polaritätenpaare«), die in einem Arbeitsblatt angeordnet sind. Die Strecke zwischen den »Polen des Lebens« ist als Kontinuum – als Weg von einem Pol zum anderen – zu verstehen und wird durch eine Linie verbunden. Es geht darum, jeweils einen Punkt auf jeder Linie zu markieren, der die Frage beantwortet:

Welche Rolle hat dieser Aspekt des Lebens bisher für Sie gespielt?

Die Punkte können miteinander verbunden werden und ergeben ein Profil, das zum Ankerpunkt für weiterführende Gespräche wird. Dabei ist zunächst die jeweilige *Dimension* anzusprechen (z. B.: Gesundheit-Krankheit), dann die *individuelle Einschätzung* (z. B.: »Ich sehe, Sie haben auf der Dimension Gesundheit-Krankheit Ihren Punkt in die Nähe des Begriffs Krankheit gesetzt. Worunter leiden Sie zur Zeit besonders?«), und schließlich gilt es auch, den *Gegenpol* in den Gesprächsmittelpunkt zu rücken (z. B.: »Sehen Sie Möglichkeiten, etwas für Ihre Gesundheit zu tun?«). Dadurch wird zumindest gedankliche eine Balance hergestellt

Abbildung 11a: Gegensatzpaare: Pole des Lebens

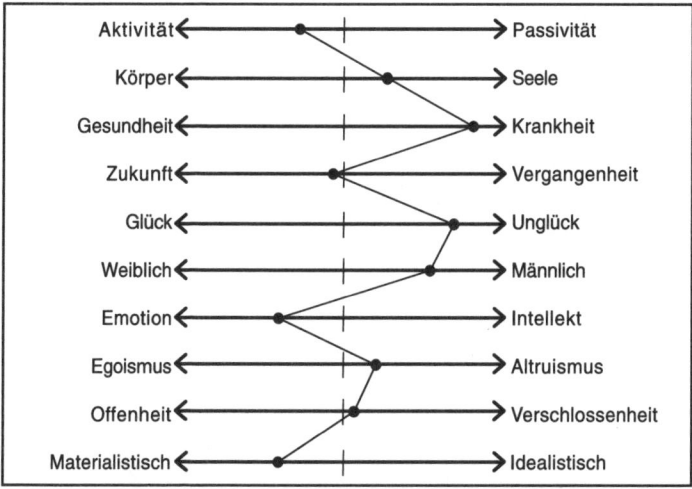

Abbildung 11b: Beispiel:»Die Pole meines Lebens« – erarbeitet von einem 56-jährigen Parkinson-Patienten

und der Blick auf den jeweils anderen »Pol des Lebens« geschärft.

Plus-Minus Liste:

Als grobe Vorgabe können die Bereiche Körper-Beruf-Soziales-Spirituelles dienen. Man kann entweder eine Globaleinschätzung vornehmen lassen (+ = gelungen, – = misslungen) oder für die einzelnen Bereiche differenzierte Fragen ausarbeiten, die der jeweiligen Situation des Patienten angepasst sind und unter dem Motto stehen: *»Was in Ihrem Leben gelungen und misslungen ist«.*

Lebensbogen

Bereits bei den Zeitleisten und Lebenskurven (vgl. Abb. 2) wurde der Lebensbogen vorgestellt. Man kann ihn auch gut als Hilfsmittel für die Erstellung einer Lebensbilanz heranziehen. Die Einstiegsfrage könnte lauten:

Der Mensch ist eingespannt zwischen den Polen Geburt und Tod. An welcher Stelle Ihres Lebensbogens befinden Sie sich zur Zeit?

Im Anschluss daran lassen sich verschiedene Lebensphasen besprechen. Der Blick auf das Ganze des Lebensbogens erleichtert die Integration ganz unterschiedlicher Lebenserfahrungen und hilft dort »abzurunden«, wo Ecken und Kanten nur allzu schmerzhaft hervortreten.

Lebensuhr:

Als Vorgabe dient die Skizze einer Uhr. Die Einstiegsfrage lautet:

Stellen Sie sich vor, Ihr Leben umfasst 12 Stunden. Wie würden Sie die Zeiger stellen? Wie spät ist es in Ihrem Leben?

An diese Frage lassen sich weitere anschließen, so etwa, für welche Dinge es zu spät oder zu früh ist, wofür man noch Zeit braucht

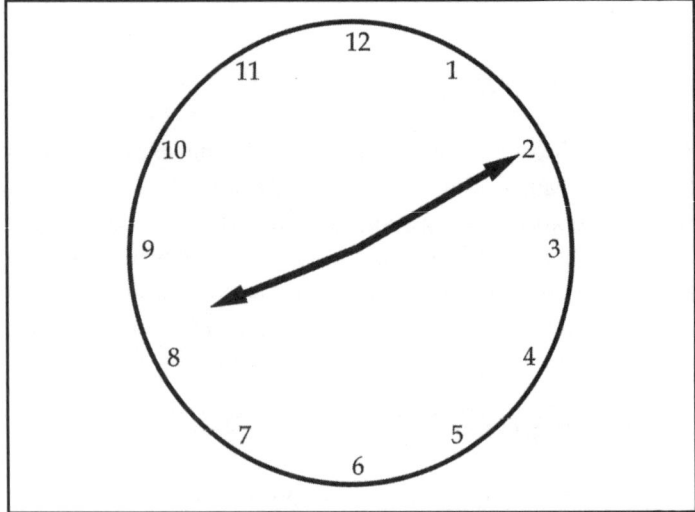

Abbildung 12: Lebensuhr

oder wofür es gerade an der Zeit ist, tätig zu werden ... Auch die Themen *Zukunftsvisionen* und *Lebens-Sehnsucht* können hier angesprochen werden:

> *Wenn Sie an die Zukunft denken, wie möchten Sie Ihr Leben gestalten? Was ist offen, was ist wichtig?*
>
> *Gibt es Dinge, nach denen Sie sich besonders sehnen, die noch »offen« sind?*

Man kann auch verschiedene Satzanfänge anbieten, die der Patient zu Ende führen kann:

> *Es ist der richtige Zeitpunkt ...*
>
> *Ich brauche Zeit ...*
>
> *Es ist zu früh (zu spät) ...*

Lebens-Sinn

In Krisenzeiten geht oft der Sinn des Lebens verloren oder er kann nicht gesehen werden. Um Depressionen, Resignation und Verzweiflung entgegenzuwirken, sollte man die Menschen bei der »Suche nach dem Sinn« unterstützen. Zunächst kann von der allgemeinen Frage ausgegangen werden: »Was macht ein Leben sinnvoll?«, um dann zur persönlichen Fragen überzuleiten: »Was macht Ihr Leben sinnvoll?«

Bei der Sinn-Suche können folgende Fragen hilfreich sein:

> *Welche Personen und Ereignisse haben Ihrem Leben bisher Sinn gegeben?*
>
> *Gab es in Ihrem Leben bestimmte Taten – große oder kleine –, die einen sinnstiftenden Charakter hatten?*
>
> *Können Sie sich an Ereignisse erinnern, die Sie verändert und Ihrem Leben einen neuen Sinn gegeben haben?*
>
> *Was könnte in schwierigen Lebenssituationen dem Leben trotzdem Sinn verleihen?*

Wenn es gelingt, zur eigenen Leidensgeschichte einen Zugang zu bekommen, der es möglich macht, auch schwere Krisen als »Botschaft des Lebens« zu betrachten, steht einer Sinnfindung im Leid nichts im Weg. Schon allein die Art und Weise, wie Menschen ihr

Schicksal, ihr Leid und die verschiedenen Prüfungen des Lebens meistern, birgt die Chance in sich, einzigartige sinnstiftende Leistungen hervorzubringen!

Geistiges Testament

Eng verbunden mit der individuellen Sinnfindung ist die Frage »Was bleibt einmal von mir, wenn ich nicht mehr bin?« Damit rückt das Thema der »Generativität«, wie es Erik Erikson nannte, in den Mittelpunkt. Es ist das tief sitzende Bedürfnis aller Menschen, im weitesten Sinne »fruchtbar« zu sein und den nachfolgenden Generationen etwas zu hinterlassen. Folgende Fragen können hilfreich sein:

Was möchten Sie gern Ihrer Nachwelt hinterlassen?

Wie möchten Sie gern in Erinnerung bleiben? An welche Eigenschaften, Handlungen … von Ihnen soll man sich erinnern?

Welche Ihrer Gedanken, Gefühle … sollen in anderen Menschen weiterleben?

So ein »geistiges Testament«, ein Vermächtnis, könnte auch in Form eines Briefes – etwa an ein Kind – erstellt werden, vielleicht unter dem Motto: »Was ich Dir noch sagen möchte.«

Abschiednehmen

Ein bewusster Umgang mit den vielen kleinen und großen Abschieden des Lebens ist ein Einüben in das Loslassen und eine Vorbereitung auf den »großen Abschied«. Anhand nachfolgender Anleitung kann man sich mit diesem Thema beschäftigen:

Leben bedeutet immer auch Abschiednehmen:

Von welchen Menschen müssen oder möchten Sie sich verabschieden?

Von welchen Dingen müssen oder möchten Sie sich verabschieden?

Von welchen Vorstellungen müssen oder möchten Sie sich verabschieden?

Von welchen Wünschen oder Sehnsüchten müssen oder möchten Sie sich verabschieden?

Befreiende Geschichten: Beispiele aus der Praxis

Im Rahmen einer Begleitung können viele sehr unterschiedliche Schwerpunkte gesetzt werden. Die Themenpalette ist bunt und vielfältig. Im folgenden Abschnitt werden die Bereiche »Meine Erkrankung – eine Chronik«, »Mein Leben – meine Wurzeln«, »Meine Sprache – meine Welt« und »Mein Leben – meine Ernte« zusammenfassend dargestellt und mit dem methodischen Teil in Verbindung gesetzt. Berichte aus Begegnungen in Begleitsituationen sollen dem Leser einen Einblick in konkrete Lebenswelten ermöglichen.

> Meine Erkrankung – eine Chronik: zeitliche Abfolge, Geschichte der Erkrankung, Sprache meiner Krankheit, Ressourcensuche, markante Jahrestage

Wenn man einen gewissen Anker in Zeiten großer innerer Unruhe finden will, hat sich die Beschäftigung mit ordnenden Elementen bewährt. Vielen Patienten ist es eine Stütze, können sie etwa die Chronologie ihrer Erkrankung festhalten.

Wie hat alles begonnen?
An welchem Tag war der Unfall? Was hat sich da noch alles ereignet?
Was ist seit dem Beginn der Therapie alles geschehen?
Welche Veränderungen habe ich an mir bemerkt?
Welche Gefühle und Gedanken haben mich seit Beginn der Krankheit bis heute begleitet?

Diese und ähnliche Fragen helfen das innere Gefühlschaos zu entwirren. Neben Angst, Panik, Schrecken und Verzweiflung lassen sich manche andere Gefühle – mögen sie auch noch so schwach vertreten sein – orten. Je nach den Möglichkeiten und Vorlieben der Patienten kann die Beschäftigung mit der Geschichte der eigenen Erkrankung erzählt, geschrieben, gemalt …

werden. Einige führen eine Art Tagebuch oder zeichnen Zeit- und Ereignislinien. Andere wollen lieber ihr Notizbuch oder den Kalender zur Hand nehmen und zu den einzelnen Tagen ihre persönlichen Eintragungen machen.

Aus einer einfachen Auflistung von Ereignissen kann manchmal sogar eine Geschichte der Krankheit entstehen. Ein Blick auf die Chronik der eigenen Erkrankung schafft die Möglichkeit, rückblickend Veränderung und Wandel wahrzunehmen, die unterschiedlichen Bewältigungsstrategien zu erkennen und die »Sprache« der Krankheit verstehen zu lernen. Das allein ist oft schon eine Hilfe, scheint doch das eigene Leben für viele Menschen seit dem Tag der Katerstrophe, seit der Stunde der Diagnosestellung, still zu stehen.

> *Beispiel: Ich weiß nicht, was es heißt, keine Nierenfunktion zu haben.*
>
> Am Anfang der Krankheit ist es unfassbar. Unendliche Weite der Ungewissheit, was auf mich zukommt. Müde, schwach, das Gefühl, erledigt zu sein. Was noch immer nicht klar ist: Warum bin ich müde, so müde von der Arbeit? Es fühlt sich so an, als wenn im Körper etwas nicht stimme. Oft meinte ich, im Sitzen einzuschlafen, im Bad oder am Klo einfach wegzudriften. Keine Kraft, keine Energie. Kopfschmerzen begleiteten mich oft in den Tag hinein und aus ihm hinaus (…).
>
> Worauf ich neugierig war? Wie andere Menschen ihr Leben verstehen und meine Interessen teilen. Ich achtete kaum auf meine innere Stimme. Wenn ich Müdigkeit spürte, hatte ich die Anmaßung, sie zu ignorieren (…).
>
> Mein zweites Kind kam auf die Welt. In der Schwangerschaft hatte ich 25 Kilo zugenommen. Später stellte sich heraus, dass mein Körper mit Wasser angefüllt war. Einige Zeit später bekam ich Ödeme an den Beinen – das Signal einer schweren Krankheit. Das Ausmaß der Krankheit erkannte man aber erst nach einer Punktion der Nieren. *Alarmstufe:* Viel Gewebe ist bereits abgestorben! Das Gewebe würde sich nicht mehr nachbilden können, sagte man mir. Ruhe und Wärme als Therapie wurden mir von der Ärz-

tin empfohlen. Niemand wusste, wie schnell die Krankheit fortschreiten würde. Ich gab die Hoffnung nicht auf. Die Möglichkeit, an die Dialyse zu kommen, war weit weg und gar nicht im Gespräch. Ruhe und Wärme! Ich glaubte, sie könnten mich heilen. Dass es aber immer schlimmer werden würde, ahnte ich nicht.

Die Hölle – so nannte ich die Zeit, die nun anbrach. Es ging bergab. Es wurde immer schlimmer. Über die kaputten Nieren verlor ich das für den Körper wichtige Eiweiß. Ich hatte keine Abwehrkräfte mehr, viele Lungenentzündungen waren die Folge. Liegen, Erbrechen, Kopfschmerzen, kaum essen können, nicht arbeiten können, keine Gerüche ertragen. »Ich ertrage es nicht, so wie es ist!« Dieser Satz war immer in meinem Kopf. Liegen und warten.

Operation – als Vorsorge für den Tag X. Einige Wochen der Unerträglichkeit standen bevor. Ich traute mich nicht mehr, einkaufen zu gehen. Ich zog mich in mein Schneckenhaus zurück. Ich wollte es nicht glauben: Der Tod stand mir ins Gesicht geschrieben. Ich bekam kaum noch Luft, ich hatte das Gefühl zu ersticken. Und überall das Wasser! Das Wasser im Gesicht war das Schlimmste – in der Nacht, im Liegen, sammelte sich das Wasser im Gesicht an und ich schaute aus, als hätten mich 100 Bienen gestochen.

Der Tag X ist da, die *Dialyse!* Erstes Angehängtwerden. Fünf Minuten Erklärung von Schwester M.: »Oh, Sie brauchen keine Angst zu haben – schau' wie sie Angst hat! – es ist nicht so schlimm. Das können Ihnen Ihre Bettnachbarn erzählen.« Endlich ist es so weit, ich werde an die Dialysemaschine angehängt. Erleichterung: Es kann jetzt nur mehr bergauf gehen!

Mir wird schlecht, in Sekundenschnelle heiß und schwindlig. Der Arzt stürzt herein. Eine gefährliche Situation, die aber überspielt wird. Ein kurzer Moment der totalen Verunsicherung. Ich kann nichts essen. Ich weiß nicht, wie ich diese 4 Stunden überstehen soll. Eine mongoloide Frau ist im selben Raum, ein alter Mann, eine ältere Dame. Es ist laut. Alle schauen fern, es ist nicht zum Aushalten – und ich muss, ob ich will oder nicht.

Die Angst vor dem Stechen! Zwei Leitungen sind notwendig, um die Dialyse durchzuführen. Zwei Nadeln braucht man dazu. Also zweimal stechen. Zweimal stechen mit großen, dicken Nadeln. Die

Nerven in der Haut verursachen am Anfang ziemliche Schmerzen. Ich werde mich nicht daran gewöhnen! Ich muss mich überwinden, nicht zu schreien. Es tut sehr weh. Ich bin verletzt. Die Verbindung von Mensch und Maschine: Ich habe eine große Wunde im Körper. Ein Stich – ein Grund zum Schreien – nein: Überwinden lernen! Ich jammere ein bisschen. Mein Blutdruck ist hoch. Mein Kopf ist heiß. Ich bekomme Hilfe von außen. Es wird gut, ich weiß, es wird gut!

Ich beginne mit einer Fotoreportage: *Die Sicht des Patienten*. Alles, was ich von meinem Bett aus sehen kann, fotografiere ich – die Türklinke zum Beispiel, die mir immer vertrauter wird, je öfter ich hereinkomme (...).

Meine Tochter ist anfangs neugierig. Mein Mann hält mich manchmal im Arm. Wir schweigen. Wir wissen nicht, wie wir damit leben sollen. Es ist unerträglich.

Die Dialyse fordert *Regelmäßigkeit*. Ob man will oder nicht, wartet die unermüdliche Maschine. Ein sehr lieber Pfleger hat mir geraten, die Maschine nicht zum Feind zu machen. »Sie ist eher dein Freund«, sagte er. »Du musst dich mit der Maschine arrangieren. Außerdem sind wir hier wie eine Familie – wir sehen uns sehr regelmäßig und oft viele Jahre lang jeden zweiten oder dritten Tag.«(...)

Nichts ist selbstverständlich.

Ich hänge an der Leitung und bin mit der *Maschine* verbunden. Meine linke Hand liegt auf der Lehne ruhig auf. Die Liege kann man elektronisch verstellen: Füße hoch, Kopfteil kippen ... Trotzdem ist bereits nach einer Stunde das Sitzen unbequem – viereinhalb Stunden brauche ich, um eine Behandlung abzuschließen. Und das dreimal pro Woche! Zweieinhalb Jahre bekomme ich schon Dialyse. Der Punkt, der mir am schwersten fällt: körperlich erledigt zu sein und zu akzeptieren, abrasten zu müssen, um wieder zu Kräften zu kommen. Nichts verschieben zu können. Ein wenig – nein alles – so zu akzeptieren, wie es ist. Vieles nicht tun zu können und dabei nicht den Mut zu verlieren.

Ich bin immer durstig. Ich habe oft nicht die nötige *Disziplin*. Ich habe dann viel zu viel Flüssigkeit in mir, die der Körper nicht ausscheiden kann. Das ist wiederum für das Herz eine große Belastung und hat Spätfolgen. Also übe ich mich in Disziplin und bin dankbar für jeden Tag, den ich mit Wenig-Trinken überstehe. Ich hoffe auf eine gute Nierentransplantation, damit ich wieder mehr Kraft zur Verfügung habe.

Meine *neue Wirklichkeit* ist eingetreten: Ich bin *nicht* mehr *krank*, so empfinde ich es jetzt, sondern ich muss zur *Dialyse*. Meine Nieren arbeiten nicht mehr, sie sind tot. Die Dialysemaschine hat die Funktion meiner Nieren übernommen.

Vor ca. einem halben Jahr hat sich die Dialysebehandlung normalisiert. Keine Kopfschmerzen nach der Behandlung mehr. Ein Arzt war besonders bemüht, um die richtige Einstellung der Maschine zu finden. Ich bin ihm sehr dankbar. Ich habe wieder die Möglichkeit, mit Dialyse ein fast normales Leben zu führen. Es hat eine beständige Regelmäßigkeit bekommen, die sowohl der Körper als auch der Kopf akzeptiert. Wenn ich meine Diät – ich darf von allem essen, aber insgesamt sehr wenig, kein Salz – einhalte und wenig trinke, geht es mir gut. Ich kann und will mich nicht beklagen. Ich akzeptiere meine Behinderung, das heißt, alles langsamer anzugehen, als ich es eigentlich tun möchte. Ich kann wieder den Haushalt führen, meine Kinder versorgen. Mein Selbstwertgefühl steigt dadurch. Ich bin sicherer und stabiler. *Ich gestalte mein Leben wieder selbst.*
(B. Weißensteiner, 40 Jahre)

Mein Leben – meine Wurzeln: Lebenslauf und Lebenslinie, Lebenspanorama, Stammbaum, soziales Netz

Bei schweren Erkrankungen und bleibenden Folgen traumatischer Ereignisse wird nicht nur das Aufarbeiten und Eingliedern in die Lebensgeschichte zum Thema. Manchmal muss das Leben völlig umgestaltet oder eine ständige Ungewissheit ausgehalten werden. Verlust- und Trauergeschichten sind auch immer Bestandteil lebensgeschichtlicher Gespräche rund um die Begleitung chronisch Kranker oder durch Krankheit bleibend Gezeichneter (vgl. S. 91 ff.). Um mit dieser Lebenssituation umgehen zu lernen, machen sich die Betroffenen oft auf, eine Reise in die Vergangenheit ihres Lebens zu unternehmen. Für viele ist es eine Art Abschiednehmen. Für andere eine intensive Suche nach Kraftquellen.

Wie ist mein Leben bis zur Erkrankung verlaufen?

Wie schaut meine Lebenslandschaft aus?

Woher komme ich, wer sind die Menschen, die meine Kindheit und Jugend geprägt haben?

Welche Rolle hat Kranksein in meinem Leben gespielt?

Gibt es in meiner Familie Menschen mit schweren Schicksalsschlägen? Wie sind sie damit fertig geworden?

Die Reise zurück in die eigene Geschichte führt nicht nur in die eigene Kindheit, sondern noch weiter zurück in die Zeit der Ahnen. Die Suche nach den eigenen Wurzeln kann zum Entdecken des eigenen Stammbaums führen und eine Verbundenheit mit den vielen Schicksalsfügungen der eigenen Familie schaffen. Das Gefühl der krankheitsbedingten Isoliertheit löst sich manchmal durch intensives »Ahnenforschen« ebenso auf wie durch das Bewusstwerden, Teil eines größeren sozialen Gefüges zu sein, in dem auch Krankheit, Schmerz und Leid ihren Platz haben.

Beispiel: Auf der Suche

Lange Zeit war ich nicht in der Lage, das Wort »Krebs« auch nur in den Mund zu nehmen. Ich bin jeden Abend ins Bett gegangen in vollem kindlichen Vertrauen, über Nacht könnte ein Wunder geschehen. Alle Schutzengel meiner Kindertage habe ich angerufen, alle Eide der Welt habe ich geschworen … – und doch wachte ich jeden Morgen aufs Neue mit klopfendem Herzen und Panik auf. Nichts und Niemand konnte mir helfen. Ich musste den Gang zur Operation antreten. Günther ging mit. Natürlich. Und meine Schwester. Und Regina versorgte die Kinder. Alle taten ihr Möglichstes – aber kein Wunder. Wunder gab es keine.

Nach der Operation kam die übliche Prozedur: Bestrahlung, Chemo. Ich habe mich ergeben und glaubte an das Wunder Medizin – wenn es schon kein anderes geben konnte.

Wochen nach diesem Alptraum plagten mich andere Alpträume.

Jede Nacht träumte ich von meiner Mutter, die ich kaum kannte. Ich wusste nur, dass sie früh gestorben war. Über ihren Tod wurde in unserer Familie nicht gesprochen. Vater hatte schon bald wieder geheiratet. Die neuen Geschwister wussten nichts von Alma, meiner Mutter. Nur meine große Schwester und ich saßen viele Stunden zusammen und blätterten im Fotoalbum, aus dem uns eine schöne, junge Frau entgegenlachte. Mit den Jahren verblasste das Bild dieser Frau, die aus unserem Leben gegangen war. Doch jetzt meldeten sich diese Bilder wieder. Ich konnte sie nicht loswerden. Ich erzählte alles meiner Schwester und gemeinsam machten wir uns auf, das Schicksal unserer Mutter zu erforschen. Es war nicht einfach. Unser Vater ist vor zwei Jahren verstorben, seine zweite Frau hat den Kontakt zu uns abgebrochen. Aus dem Dorf, in dem wir aufgewachsen sind, kannten wir kaum noch jemanden. Aber mit viel Ausdauer und durch »Zufälle« haben wir schließlich herausgefunden, woran unsere Mutter in so jungen Jahren verstorben war: immer wieder litt sie an Schwächeanfällen, bis schließlich herausgefunden wurde, dass sie an Leukämie litt.

Es traf mich wie ein Blitz, wie ein Donnerschlag – und doch fand ich auch Trost. Zum ersten Mal fühlte ich mich seit Beginn meiner Erkrankung nicht allein! Ich fühlte mich plötzlich mit dem geliebten Menschen verbunden, den ich so viele Jahre vermisst hatte! Gleichzeitig wusste ich, dass ich alle Kräfte in mir mobilisieren wollte, um nicht den Weg meiner Mutter zu gehen.

Ich will leben! *Ich* will meine Kinder ins Leben begleiten – so lange nur irgendwie möglich! Vielleicht kann mich meine Mutter ja dabei unterstützen, wenn so etwas möglich ist – vielleicht gibt es wenigstens dieses Wunder …

(Frau P., 32 Jahre)

Meine Sprache – meine Welt: Freischreiben und Freisprechen, Wortspiele, Geschichten, Symbolisches, Märchen und Mythen

Die eigene Sprache ist Ausdruck der Persönlichkeit. So wie wir sprechen und uns ausdrücken, spiegeln wir die Summe unserer

Erfahrungen und unsere persönlichen Eigenschaften wider – aber auch unsere Sicht der Dinge. Über eine Erkrankung zu sprechen ist viel mehr als nur eine Mitteilung über »nackte« Tatsachen. Die Wahl der Worte kann ein Schlüssel für den Umgang mit dieser Lebenssituation sein:

Alles sträubt sich in mir.
Es nimmt mir die Luft.
Ich zerbreche mir den Kopf.
Mein Herz steht still.
Mir zieht es den Boden unter den Füßen weg.
Mein Herz bricht.

In solchen Äußerungen wird die enge Verbindung zwischen schicksalhaften Ereignissen und körperlichen Reaktionen deutlich. Über gedankliche Verbindungen – Assoziationen – können aber auch Bilder entstehen, die zur Bewältigung beitragen:

Allmählich glätten sich die Wogen.
Der Boden unter den Füßen wird fester.
Mir schnürt es nicht mehr bei jedem Gedanken an die Krankheit die Kehle zu.

Nicht nur jeder Patient spricht seine eigene Sprache, auch jede Krankheit hat eine »Sprache«, mit der sie zum Patienten »spricht«. Diesen Dialog zu unterstützen ist wichtig. Krankheit oder Behinderung nicht als »Feind« auszugrenzen und zu bekämpfen hat vielen Patienten geholfen, die notwendige Anpassungsleistung zu erbringen. Märchen, Mythen, Gedichte, Gebete und Texte ganz unterschiedlicher Art können dabei eine große Stütze sein. Aber auch selbst Geschichten zu erzählen oder Texte zu schreiben kann helfen. Im Schöpferischen liegt die Chance, innere Knoten zu lösen. Angst, Trauer, Verzweiflung sind weniger bedrohlich, wenn sie angesprochen, benannt und einem Gegenüber mitgeteilt werden können.

Beispiel: Walter, 39 Jahre
Ich dachte immer, ein sehr gläubiger Mensch zu sein. Doch dann, als mich die Krankheit einfach überfallen hat – so aus heiterem Himmel –, da war es für lange Zeit aus mit dem Glauben. In mei-

nem Kopf war nur die eine Frage: »Wie konnte Gott das zulassen?« Niemand konnte mir helfen – natürlich waren alle bemüht um mich – ich möchte auch nicht undankbar sein ... Aber ich habe mich einfach so grundsätzlich verlassen gefühlt, verlassen von Gott und der Welt – nein: von Gott. Das war der springende Punkt. Alle Menschen sorgten sich um mich, versuchten, mir mein Los zu erleichtern, dachten an und für mich, organisierten, sprachen Mut zu, waren aufmerksam, liebevoll. Aber Gott schien mich aus seiner Liste gestrichen zu haben.

Ich ging nicht mehr zur Kirche. Ich konnte kein Gebet mehr sprechen, nicht laut, nicht leise. Gar nicht. Warum hat Gott das zu gelassen? Warum hilft er mir nicht?

Das waren schreckliche Wochen – oder Monate, ich weiß es nicht mehr genau. Du fragst, wie es mir jetzt geht. Ja, das ist so eine Geschichte ... die klingt fast kindisch ...Du willst sie hören?

Also: Ich habe eines Tages einen Brief von meinem alten Deutschlehrer bekommen. Ich weiß gar nicht, wer ihm von meiner Krankheit erzählt hat. Unsere Kontakte waren eher spärlich, aber sehr herzlich. Er hatte mir als Jugendlicher die Tür zum Lesen geöffnet. Wir haben uns hin und wieder geschrieben, Büchertipps ausgetauscht ... Ja, und in diesem »Wendebrief«, wie ich ihn dann genannt habe, lag eine kleine Geschichte. Du kennst sie vielleicht. Es geht darin um einen Mann, der sich von Gott im Stich gelassen fühlt und ihm das auch sagt. Die Antwort, die Gott in dieser Geschichte gab, hat mich versöhnt. Jetzt ist der Glaube wieder eine wichtige Kraftquelle für mich und meinen Weg mit und durch die Krankheit.

Das ist die Geschichte:

Es war einmal ein Mann, der träumte, dass er mit Gott am Meer entlang wanderte. Über sich am Himmel sah er sein Leben wie in einem Film vorüberziehen. Da sah er auch Fußspuren von zwei Wanderern, die eine, so schien es ihm, war die Gottes, die andere war seine eigene.

Als der letzte Abschnitt seines Lebens aufleuchtete, blickte er noch einmal zurück auf die Spuren im Sand. Oft war die Spur eines ein-

zelnen Wanderers zu sehen, und zwar immer in den Zeiten seines Lebens, die ihm als besonders düster und trostlos in Erinnerung waren.

Darüber geriet er ins Grübeln, und schließlich sagte er zu Gott: »Als ich mich seinerzeit entschied, mich mit dir auf den Weg zu machen, hast du mir versichert, mir jederzeit beizustehen. In den dunklen Zeiten meines Lebens findet sich nur ein Fußabdruck; ich muss also annehmen, dass du mich immer dann im Stich gelassen hast, wenn ich dich am notwendigsten brauchte.«

Da antwortete Gott: »Mein Freund, ich liebe dich. Ich würde dich nie allein lassen. Durch die Zeiten, in denen du dich allein gelassen fühltest, in denen du nur eine Spur siehst, hab ich dich hindurch getragen.«

Mein Leben – meine Ernte: Sinnsuche, Lebensbilanz, Zukunftsvisionen, Sehnsuchts- und Abschiedsgeschichten

Jeder Einbruch, jede Erschütterung bringt den Wunsch und das Bedürfnis mit sich, eine Art Bilanz zu ziehen. Eine Lebensbilanz mitten im Leben ist oft die Folge einer einschneidenden Erkrankung. Schlagartig wird den Menschen klar, dass die Uhr ihres Lebens nicht auf unendlich gestellt ist. Lebenszeit zerrinnt, Energie ist nicht endlos vorhanden und für manche Dinge ist es vielleicht endgültig zu spät.

Warum ich?! Warum jetzt? Warum so?

Dieser Aufschrei, dieses »warum« steht bei vielen Gesprächen mit Kranken immer wieder im Zentrum eines Gesprächs. Damit eng verknüpft ist die Suche nach Sinn:

Welchen Sinn könnte das alles für mich haben?

Hat das Leben überhaupt noch einen Sinn?

Was hat meinem Leben denn bisher Sinn gegeben?

Nie wird die Sinnsuche so existenziell bedeutsam wie in Ausnahmesituationen. Viele Patienten können erst dann ihre Krankheit oder Behinderung annehmen, wenn sie sich mit ihrer Vergangenheit ausgesöhnt haben und einen jeweils sehr persönlichen Sinn gefunden haben. Das genaue Hinschauen auf all das, was dem

Leben »davor« Glanz und Schönheit verliehen hat, aber auch Sorge und Gram, ist die unverzichtbare Voraussetzung für Hoffnung. Zukunftsvisionen – auch wenn sie nur für kurze Zeit gelten können – spiegeln immer Vergangenheit wider, durchlebte, bewältigte, angenommene Vergangenheit. Nicht nur kranke Menschen müssen sich von vielen Dingen verabschieden, auch Menschen, die an einem Wendepunkt ihres Lebens stehen und sich neu orientieren müssen. Was bleibt, ist die Sehnsucht. *Abschieds- und Sehnsuchtsgeschichten* sind die Gefäße, in denen Trauer und Tränen aufgehoben sind.

Beispiel: 16. Juni 1990
Ein Jahr, 365 Tage und Nächte.
Ich fahre mit schmerzenden Knien zu Dir auf den Friedhof. Der Weg am Rinnsal des Leonhardbaches macht es nicht leicht, zu Dir zu kommen. Wir saßen so oft Hand in Hand auf der Bank, vor uns die Steine des Totengartens. Ein paar Enten auf dem Bach – welche Idylle im Angesicht des Todes.
Also heute weiter mit dem Rad. Ich will Blumen kaufen, es ist nichts da, was mir gefällt. Welche Blume passt zu Dir, welche zu meinem Schmerz? Eine rote Rose schlingt sich schon um den Grabstein, der Deinen Namen trägt. Ich wollte, ich säße an einem See und würde nur die Seerosen bewundern können, keine Dornen, sanft. So aber wandere ich mühsam zu Dir durch das »Steinerne Meer«. Überall rot-blau-gelb-weiß-grün, mit viel Liebe in die Erde gepflanzt. Klein ist der Wirkungskreis der Toten geworden. Meine Füße tragen mich kaum, es ist, als zögen mich magische Kräfte in die Erde zu den toten Seelen. Wer wird der Nächste sein? Du aber liegst, ein Häufchen Asche, unter sattem Grün. Ich suche Dich und finde Dich im Hauch des Augenblicks. Du nagelst mich fest, ich kann mich nicht rühren, ich möchte davoneilen, noch liebe ich das Leben. Soll ich ein Vaterunser beten – Dein Wille geschehe? Vergib uns unsere Schuld – war es meine Schuld, dass ich Dich gehen ließ, Deine kalten Hände nicht mehr streicheln konnte? Vielleicht hätte ich Dich mit meiner ganzen Kraft zurückhalten sollen, aber Du bist mir entglitten in den dunklen See der Unendlichkeit.

Ich höre Deine Stimme »Muckerle, kränk' Dich nicht, ich bin bei meiner Mama.«

Es gibt kaum eine Blume, die zu Dir passt. Vielleicht ein duftender Jasmin. Weißt Du noch, wie glücklich wir in Griechenland waren, wenn Morpheus uns in seine Arme nahm?

»Geh nach Hause, ich bin so müde, ich möchte schlafen«, waren Deine letzten Worte.

Ruhe in Frieden und vergiss mich nicht.

(Gertrud R., 61 Jahre)

■ Erinnern wird möglich:
Alte Menschen begleiten

> Wenn die Verluste zum Lebensende hin zu-
> nehmen, müssen wir die verbleibenden
> Erinnerungen hegen und pflegen, um unser
> altersloses Selbst zu bewahren, um bis zu
> unserem allerletzten Atemzug sagen zu
> können: Ich bin noch immer ich – noch immer
> das selbe Selbst, das einst am Anfang stand.
> *John Kotre*

In der Begleitung von *alten* Menschen geht es nicht so sehr – wie bei schwerer Krankheit – darum, einzelne Erkrankungen oder tragische Ereignisse in die Lebensgeschichte einzubauen, als vielmehr um ein umfassendes *Bilanzieren*. Das Leben passiert noch einmal Revue. Vieles erstrahlt in wunderbarem Glanz, anderes ist nur mehr schemenhaft zu erkennen. Wie eine große Landschaft breiten sich die Erinnerungen eines alten Menschen vor den Augen und Ohren eines anteilnehmenden Zuhörers aus. Da gibt es Täler und Berge, Schluchten, reißende Fluten, einsturzgefährdete Brücken, sanfte Hügel und tiefe stille Seen. Ein Großteil der Erzählungen führt in »Landschaften«, die dem Zuhörer unbekannt sind. Weit Zurückliegendes, die berühmten »ersten Male«, Erfahrungen mit großen und weit reichenden Folgen und die Erlebnisse des Hier und Heute werden besser erinnert als die Fülle von Eindrücken der mittleren Lebensspanne. Dicht gedrängt türmen sich in der Mitte der Erinnerungslandschaft Berge auf, deren Konturen in allen Einzelheiten nur verschwommen auftauchen. Zu viel »Gleiches« legt sich Schicht auf Schicht über diese Lebensphase und lässt Einzelheiten verschwinden. Hie und da leuchtet ein besonderer »Edelstein« der Erinnerung auch hier auf und bringt noch einmal Leben und Farbe in die Erzählung aus vergangenen Tagen.

Am Ende des Lebens bietet sich noch einmal die Gelegenheit,

etwas in Ordnung zu bringen, zu reparieren und sich auszusöhnen. In der Zusammenschau von vergangenen und gegenwärtigen Ereignissen wird noch einmal eine Wandlung in Hinblick auf die Zukunft möglich – sei sie auch noch so klein und scheinbar unbedeutend. Dabei spielen Erinnerungs- und Vergessensrituale eine wichtige Rolle. Manches kann erst »endgültig« beiseite gelegt werden, wenn es noch einmal ins Bewusstsein geholt wird.

Was kann alles passieren in dieser letzten Zusammenschau? Es können zum Beispiel:

- verborgene Wahrheiten zu Tage treten, kleine nie eingestandene Zu- und Abneigungen
- Bedürfnisse entstehen, sich zu entschuldigen, und Wünsche, seine Vergehen mögen vergeben werden
- gut gehütete Lebensgeheimnisse offenbart werden
- Sichtweisen verändert und zu lebbaren, vertretbaren Haltungen verwandelt werden
- Ereignisse nachträglich geglättet werden

Gelingt diese Lebensrevision, kann eine heitere Gelassenheit einkehren, Zufriedenheit mit dem Leben, so wie es geworden ist. Dieses »Gelingen« ist natürlich nichts Objektives! Für den einen bedeutet es, die Teile des Lebens so zusammengestellt zu haben, dass er das Gefühl hat, das Beste daraus gemacht zu haben. Ein anderer wird zum Schluss kommen, dass er doch von Glück reden kann, überhaupt überlebt zu haben. Im Jugendalter kann die Erfahrung einer schweren Erkrankung oder andere Erlebnisse in Todesnähe den entscheidenden Anstoß liefern, das eigene Leben zu be- und verarbeiten. Im Angesicht des Todes sind jüngere Menschen eher bereit, auf die Früchte ihres Lebens zu schauen. Bei älteren Menschen ist das anders. Je älter Menschen werden, desto klarer rückt zwar das Ende näher. Doch bedeutet dieses Näherkommen des Todes nicht gleichzeitig auch eine höhere Bereitschaft, sich nochmals der eigenen Lebensgeschichte zu stellen. Angst vor den Gespenstern der Vergangenheit mag dabei eine ebenso große Rolle spielen, wie das Fehlen eines »Erinnerungsbegleiters«.

Alte Menschen auf ihrer letzten Lebensstrecke zu begleiten bedeutet immer auch, sich mit dem Thema Erinnern auseinanderzusetzen. Und so möchte ich hier auf *Erinnern und Vergessen*, dieses ungleiche Geschwisterpaar, eingehen und hinsichtlich seiner Bedeutung für die Begleitung beleuchten.

Erinnern und Vergessen: Ein ungleiches Geschwisterpaar

Erinnern hat viel mit dem Bewusstsein eines Menschen von sich selbst, also mit seiner *Identität* zu tun. Provokant formuliert könnte man auch sagen, dass nur derjenige weiß, wer er ist, der sich erinnern kann. Dieser Prozess des Erinnerns, der ein Gefühl von der eigenen Person und ihrer ganz speziellen Umwelt vermittelt, ein Wissen der eigenen Identität, begleitet jeden vom Beginn seines Lebens bis ins Alter. Mögen sich die Bedingungen, unter denen Erinnern geschieht, auch ändern, so werden wir dennoch immer mit Hilfe der Erinnerungen unser Leben gestalten, verarbeiten, interpretieren und zu jenem Ganzen formen, das wir als »die Summe meines Lebens« bezeichnen. Doch auch das Vergessen spielt dabei eine entscheidende Rolle. Ohne *Vergessen* kann niemand mit der Fülle an Erfahrungen, Eindrücken und Erlebnissen zurechtkommen. Vergessen ist die Kehrseite des Erinnerns und macht ein Modellieren an den individuellen Lebensgeschichten erst möglich. Vergessen schafft Raum für Neues.

Dem Erinnern wird im Zusammenhang mit Kulturleistungen ein hoher Stellenwert eingeräumt. Es steht im Dienste der Wiederholung, Verstärkung und Erhaltung sozialer Regeln und dient der Aufrechterhaltung eines »sozialisierten Ichs«. Wer Anstand und Pflicht vergisst, der wird rasch zur Gefahr für eine Gesellschaft oder zu einem Außenseiter. Erinnerungs- und Vergessensrituale gehören zum festen Bestandteil einer Kultur. Welche Inhalte jeweils erinnert werden sollen und vergessen werden müssen, unterliegt auch sozialen Regeln. Besonders deutlich wird das dort, wo Vergessen mit einem Ausblenden von Schuld gleichgesetzt wird – wie das besonders die Diskussion um die Ereignisse des Zweiten Weltkriegs zeigt.

Vergessen ist auch eine Möglichkeit, sich von belastenden Erlebnissen zu befreien und Bedrückendes hinter sich zu lassen. Und es ist die Chance, neue Wege zu gehen. Alte Regeln zu vergessen hat in Forschung und Wissenschaft entscheidende Impulse zu ganz neuen Entwicklungen gegeben. Überspitzt ausgedrückt, trägt Vergessen den Keim des Revolutionären in sich. Sich selbst vergessend wagen Menschen neue Schritte und tauchen in das Hier und Jetzt ein. Friedrich Nietzsche setzt das Vergessen auch in Bezug zu intensiven Glücksempfindungen: »Bei dem kleinsten aber und bei dem größten Glücke ist es immer Eines, wodurch Glück zum Glücke wird: das Vergessen-Können oder, gelehrter ausgedrückt, das Vermögen, während einer Dauer unhistorisch zu empfinden.«

Im Bemühen, den Geheimnissen von Erinnern und Vergessen auf die Spur zu kommen, kamen Wissenschaftler unterschiedlichster Disziplinen zur Einsicht, dass eigentlich nichts verloren geht. Damit teilen sie die Ansicht von Sigmund Freud, der meint, »dass alles irgendwie erhalten bleibt und unter geeigneten Umständen wieder zum Vorschein gebracht werden kann«. Und doch gibt es immer wieder eine Reihe von Informationen, die man nicht mehr in seinem Gedächtnis finden kann, obwohl man schon einmal einen Zugang hatte. Vielleicht ist dieser Umstand leichter zu verstehen, wenn man sich anschaut, wie diese Informationen den Weg in das Gedächtnis gefunden haben. Vielleicht kann man bei diesem Weg zurück auch Möglichkeiten entdecken, Erinnerungen dem Strom des Vergessens zu entziehen, dort, wo sie helfen können, ein Leben abzurunden.

Stellen wir uns vor, wir erleben etwas Neues. Alles, was wir aufgenommen haben, alle Informationen aus der Umwelt müssen verinnerlicht und ins Gedächtnis übertragen werden. Es ist, als würden wir das, was wir wahrgenommen haben, in ein geistiges Protokoll übertragen. Dieser Vorgang geschieht z. B. beim Lernen eines Textes, beim Betrachten eines Bildes, beim Hören eines Musikstücks. Das Enkodieren, dieses »Einschreiben« ins Gedächtnis kann man auch mit einem »Spurenlegen« vergleichen. Manche Spur wird leicht, wie »in den Wind geschrieben« angelegt, andere Spuren werden mit der Umgebung fest verbunden – tief eingegraben. Damit etwas dauerhaft in Erinnerung bleibt, müssen die verschiedenen Eindrücke so bearbeitet werden, dass sie sich gut im Langzeitgedächtnis »einnisten« können. Dafür stehen uns zwei Einübungsprozesse zur Verfügung: die *wiederholende Einübung* und das *modifizierende Einüben*.

Wie der Name »wiederholende Einübung« bereits andeutet, geht es in diesem Fall darum, den zu merkenden Inhalt häufig genug zu wiederholen, um zu verhindern, dass er aus dem Kurzzeitgedächtnis verschwindet. Bei diesem Wiederholen wird er nicht verändert, sondern lediglich so lange wie nötig am Leben gehalten. Um einen Inhalt aber wirklich gut im Langzeitgedächtnis zu behalten, ist es notwendig, den neuen Inhalt mit dem bereits gespeicherten Wissen zu verbinden. Und da stoßen wir wiederum auf verschiedene Verknüpfungsmöglichkeiten. Neues kann etwa verknüpft werden mit:

- dem vorhandenen Wissen
- Kategorien ähnlicher bereits abgespeicherter Inhalte
- bildhaften Vorstellungen, die zum neuen Inhalt passen.

Natürlich gibt es in der Art und Weise, wie Informationen verarbeitet werden, große Unterschiede. Es gibt Menschen, die »gründliche Verarbeiter« sind, andere verarbeiten nicht so gründlich. Auch wird es Situationen geben, in denen ein Verarbeiten leichter oder schwerer möglich ist. »Gründliches Verarbeiten« bedeutet beispielsweise, dass sich jemand nicht nur dem Klang eines Wortes zuwendet oder versucht, allein die Größe eines Gemäldes oder den Rhythmus einer Melodie zu behalten (*sensorische Aspekte* eines Inhaltes). Er wird vielmehr versuchen, einen Schritt tiefer in die Materie einzudringen. Er wird sich mit der Bedeutung der Information auseinandersetzen (*semantische Aspekte* eines Inhalts). Bei so einer tief reichenden Verarbeitung geht es nicht darum, nur *eine* Verbindung, *eine* assoziative Verknüpfung zwischen dem Neuen und dem bereits gespeicherten Wissen herzustellen.

Es geht darum, eine ganz Palette an Assoziationen herzustellen und viele Merkmale aus dem Umfeld mit einzubeziehen! Wenn das erreicht wird, können Inhalte um vieles leichter aus dem Langzeitgedächtnis abgerufen werden. Erinnern wird möglich.

Zum besseren Verständnis möchte ich zum Bild der Spur zurückkehren. Vielleicht kann dieses Bild helfen, Vergessen besser zu begreifen. Es liegt auf der Hand, dass es von der Art der Spur abhängen wird, wie gut sie wieder abgerufen werden kann. Es ist wie bei einem frisch angelegten Weg, einem neu angelegten Wanderpfad. Dieser Weg wird nur dann auch noch nach Jahren zu finden sein, wenn er gut und »solide« angelegt und wiederholt befahren oder begangen wurde. Wege müssen gepflegt und benützt werden, Pfade müssen markiert und begangen werden. Wo das nicht geschieht, brechen Wegdecken ein, werden Begrenzungen unsichtbar, legen sich Unkraut, Moos und Gras über Weg und Pfad; der Weg verfällt, der Pfad wird unauffindbar. Auch die Wege in unserem Gedächtnis brauchen eine »ungestörte Bauphase« und müssen dann »begangen« und gepflegt werden, sonst verfallen sie.

Doch Wege können ebenso wie Spuren unseres Gedächtnisses nicht nur schwächer werden, bis sie schließlich verfallen. Sie können sich im Laufe der Zeit auch vielfältig verändern, erfahren Neu- und Umgestaltungen, werden ausgebaut, erweitert, ergänzt oder zusammengeführt. Im Zusammenhang mit dem Vergessen, hat man herausgefunden, dass:

- kleine Einzelheiten, Details der Spur, verschwinden können (Glättung oder leveling)
- bestimmte Merkmale betont werden, so dass sie im Laufe der Jahre eine besondere Bedeutung erlangen (Akzentuierung oder sharpening)
- die Spur anderen bekannten Spuren so lange angeglichen wird, bis es zu einer Verwischung einzelner Merkmale kommt (Angleichung oder Assimilation)

Zusammenfassend lässt sich festhalten, dass sich die Spuren in unserem Gedächtnis im Laufe der Jahre verändern. Manche Spuren werden verstärkt und prägen sich tiefer ein, über andere weht der Wind der Zeit, lässt sie schwächer werden und verwischt sie schließlich. Es kann passieren, dass die ursprüngliche *Spur einfach nicht mehr vorhanden* ist (= spurabhängiges Vergessen). Vergessen hat aber auch damit zu tun, wie die Situation war, in der die Spuren angelegt wurden. Wenn wir wieder an das Bild eines Weges oder Pfades denken, so können wir uns vorstellen, wie schwer es ist, einen Bergpfad wieder zu finden, wenn aus dem einst bewaldeten Hang plötzlich ein Kahlschlag geworden ist. Da gibt es plötzlich keinen Baum mehr, an dem man sich orientieren kann, keine markante Wegbiegung. Durch diese Veränderungen in der Umwelt ist der alte Pfad oft nicht mehr zu finden – auch wenn es ihn im Prinzip noch gibt. Ganz Ähnliches geschieht in unserem Gedächtnis. Manche Spuren werden in einer ganz bestimmten, sehr ausgeprägten und typischen Situation angelegt und bleiben bis zu einem gewissen Grad mit diesen äußeren Umständen verbunden. In diesem Fall wird es bei dem Versuch, sich zu erinnern, sehr darauf ankommen, ob es Hinweise aus dieser »alten« Umwelt gibt. Fehlen solche Hinweise, scheint es, als sei die Spur vergessen (= hinweisabhängiges Vergessen). Die Spur ist vorhanden, aber nicht zugänglich.

Bei dem Versuch, *Vergessen* besser begreifen zu können, haben wir zunächst einmal den Weg einer Information in unser Gedächtnis verfolgt und verschiedene Formen des »Spurenlegens« dargestellt. Es war der Versuch, den Vorgang der Einspeicherung von Informationen zu verstehen. *Erinnern* bezieht sich nun auf den Prozess des Abrufens dieser eingespeicherten Informationen. Erinnern ist prinzipiell nur dann möglich, wenn Informationen vorhanden sind und wenn sie auch zugänglich sind. Genauso wenig wie wir eine nicht mehr vorhandene Straße finden können, werden wir eine verfallene Gedächtnisspur finden. In diesem Fall ist ein Erinnern tatsächlich nicht mehr möglich, weil es keine Spur mehr gibt. Doch wie wir oben gesehen haben, funktioniert unser Gedächtnis nicht nach dem Prinzip »vorhanden« – »nicht-vorhanden«. Gespeichertes kann vielfältig verändert sein – in diesem Fall können beim Erinnern »Fehler«, Ungenauigkeiten passieren. Beim Abrufen von Erinnerungen – dem Dekodieren – ist es sehr hilfreich, sich die verschiedenen Möglichkeiten unserer Gedächtnisspuren vor Augen zu halten. Das Wissen um den Weg einer Information von außen nach innen hilft beim Verständnis und bei der Unterstützung, den Weg von innen nach außen zu finden!

Voraussetzungen für gutes Erinnern

Unter folgenden Voraussetzungen können Menschen sich leichter erinnern:

- Je mehr Verbindungen zwischen einem neuen Inhalt und dem gespeicherten Wissen bestehen, desto leichter lässt er sich abrufen, weil er über mehrere Wege wieder in das Gedächtnis zurück gerufen werden kann.
- Je ungewöhnlicher die Assoziationen sind, die man zu einem Begriff entwickelt, desto besser wird ein Begriff erinnert, er sticht gleichsam aus der grauen Menge hervor.
- Je einprägsamer die Erlebnisse eines bestimmten Kontexts sind, desto leichter können Erinnerungen abgerufen werden, d. h. das »Drumherum« einer Information wird zu einer wichtigen Erinnerungsstütze.
- Je größer die geistige Anstrengung und die Konzentration beim Verarbeiten von Informationen sind, desto stärker wird die Behaltensleistung gefördert.
- Je größer die Fähigkeit eines Menschen ist, sich Dinge bildhaft vorzustellen und einzuprägen (Imagination), desto größer ist die Wahrscheinlichkeit, dass er diese im Gedächtnis behalten kann und sich bei Bedarf daran erinnert.
- Je besser strukturiert, geordnet und logisch angeordnet Informationen gespeichert werden, desto eher können sie im »Aktenschrank Gedächtnis« gefunden – also erinnert werden.

Der Ausflug in die Welt des Gedächtnisses hat nicht nur gezeigt, wie kompliziert die Vorgänge sind, die dazu führen, dass wir uns überhaupt erinnern können. Er hat auch gezeigt, dass das Erinnern und seine Kehrseite – das Vergessen – einer großen Bandbreite von Einflüssen unterliegen. Jeder Mensch findet seine eigenen Zugänge, sich die Informationen seiner Umwelt anzueignen und dabei eine bestimmte Auswahl zu treffen. Und so findet jeder Mensch auch seine ganz besondere Form der Informationsverarbeitung und deren Wiedergabe. Trotz prinzipiell gleicher Prozesse wird Lernen, Denken, Erinnern und Vergessen immer etwas sehr Persönliches, sehr Individuelles sein. Gedächtnisinhalte werden nicht nur einfach abgerufen – entschlüsselt – und nach außen transportiert. Sie werden immer auch verändert und in das Bild eines Menschen von sich selbst und der Welt eingepasst. Aus einer »objektiven« Wahrheit wird so eine Wahrheit, die sich jeder Mensch nach seinen Möglichkeiten im Vergleich mit den Bildern seiner Vergangenheit neu erzählt. Man spricht in diesem Zusammenhang auch von einer *narrativen* – einer erzählten – *Wahrheit*.

Erinnern hat viele Facetten! In der *Begleitung alter Menschen* sollte man sich vor Augen halten, dass Erinnern die Basis der eigenen *Identität* darstellt. Viele Denker und Philosophen verweisen auf die große Leistung der Erinnerung, die im Zeitstrom über verschiedene Vergleichsprozesse Identität schafft. Im Zentrum einer jeweils sehr persönlichen Geschichte steht der Vergleich. Erinnernd wird die Gegenwart mit der Vergangenheit verglichen und Erinnerungen aus der Vergangenheit werden mit den Erfahrungen der Gegenwart in Beziehung gesetzt. So werden Lebensgeschichten konstruiert und rekonstruiert, wird Identität immer wieder neu entworfen – bis ins hohe Alter. Eine zentrale Rolle spielt dabei das autobiografische Gedächtnis.

Funktionen des autobiografischen Gedächtnisses

■ *Instrumentelles Erinnern*: Zunächst geht es einmal darum, sich der eigenen *Fähigkeiten* zu *vergewissern*. Man spricht in diesem Zusammenhang auch von *instrumentellen Erinnerungen*, die dem alten Menschen sagen: »Du bist so kompetent, erfolgreich, einfühlsam … gewesen, also kannst du es auch heute noch sein.« Erinnerungen an ein erfolgreiches Gestern – und in gewisser Weise lässt sich ein solcher Erfolg in jedem Leben finden – schaffen das Vertrauen in ein erfolgreiches oder zu-mindest bewältigbares Heute.

▪ *Lebensrevision:* Eine weitere Bedeutung des Erinnerns alter Menschen liegt in einer Art Bestandsaufnahme, in einer *Lebensrevision.* Ganz gleich, wie das Leben im Detail auch ver-laufen sein mag, entsteht im Alter das Bedürfnis nach Abrun-dung – manche würden es auch als Schönung bezeichnen. Menschen suchen nach Erklärungen, warum ihr Leben so und nicht anders verlaufen konnte, und entwickeln oft geradezu kühne Theorien. Die lebensgeschichtlichen Erinnerungen die-nen der Aussöhnung zwischen sich und der Welt, aber auch mit den eigenen Ansprüchen.

▪ *Transmissive Erinnerung:* Welchen Auftrag, welche »Lebens-mission« hatte ich zu erfüllen? – diese Frage führt alte Men-schen zurück in eine ganz bestimmte historisch-politische Epoche. Damit zeigt sich neben den individuellen Funktionen des Erinnerns auch eine *sozio-kulturelle Bedeutung.* Als Zeit-zeugen können alte Menschen wichtige Beiträge zum Ver-ständnis der Zeitgeschichte liefern. Als Träger eines ganz bestimmten kulturellen Erbes können sie die eigenen Erfah-rungen an die jüngere Generation weitergeben. In diesem Zusammenhang spricht man auch von *transmissiven Erinne-rungen.*

Persönlicher Zugang des Begleiters

Im Umgang mit den Lebenserinnerungen eines Menschen spielt der *persönliche Zugang der Begleiter* zu diesem Thema eine Rolle. Jeder Mensch hat seine eigenen Erfahrungen und seinen eigenen Zugang zu den Erinnerungen des Lebens. Auch löst der Begriff *Erinnern* unterschiedlichste Gedanken und Gefühle aus, die den »Erinnerungsbegleiter« in seiner Arbeit beeinflussen. Damit der persönliche Zugang nicht ganz den Blick auf andere Sichtweisen verstellt, ist eine individuelle Auseinandersetzung hilfreich. Nach-folgend sind einige Aussagen zum Thema Erinnern zusammen-gestellt, die zu einer *persönlichen Standortbestimmung* beitragen sollen. Einige Sätze klingen ähnlich – und doch lohnt es sich, alle durchzulesen, spiegeln sich in ihnen doch ganz unterschiedliche Zugänge und Ansätze, Erinnern fassbar und verstehbar zu machen. Es ist wie beim Betrachten eines großen Bildes: immer wieder können wir neue Details entdecken, je nach dem, von welcher Seite wir uns dem Gemälde nähern, welches Licht gerade einfällt, welche Vorinformationen wir haben, mit wem wir das Bild betrachten …

Anregung für eine persönliche Auseinandersetzung zum Thema Erinnern:

Impuls 1: Welche der nachfolgenden Sätze entsprechen am ehesten Ihren eigenen Vorstellungen über Erinnern? Wählen Sie drei »Favoriten« aus!

Impuls 2: Welche der nachfolgenden Aussagen sind Ihnen aus Ihrer Arbeit mit Menschen bekannt?

- Erinnern ist nicht gleichzusetzen mit dem Erlebten und keine spontane Wiedergabe des Erlebten – es ist vielmehr ein Ausschnitt subjektiver Wirklichkeit.
- Erinnerungen bestehen aus einem vom Bewusstsein längst verarbeiteten Material.
- Erinnerungen setzen sich anders zusammen als die Tatsachen von damals; das Gedächtnis wählt aus, hebt hervor, verwischt und interpretiert die Erinnerung.
- Erinnern ist eine Arbeit, die darin besteht, nach einer subjektiven Wertung Erlebtes zu ordnen, auszuwählen, herauszugreifen, neu zu ordnen.
- Erinnerungen schließen immer auch die kollektiven Erinnerungen einer bestimmten Kultur oder einer bestimmten gesellschaftlichen Gruppe mit ein.
- Erinnern ist ein schöpferischer Vorgang, bei dem das Erlebte zu einer Geschichte umgeformt wird, aus der neue Bedeutungen und neue Wirklichkeiten entstehen. Dabei wird die ursprüngliche Realität verändert, bisweilen sogar völlig ersetzt.
- Erinnern schließt all das mit ein, was sich zwischen »damals« und »heute« ereignet hat.

- Erinnern bedeutet, »Geschichten des Lebens« zu erzählen und damit der eigenen Lebensgeschichte Bedeutung zu verleihen.
- Erinnerungen sind an Worte und Sprachbilder gebunden, sie werden erzählt, niedergeschrieben, gestaltet.
- Erinnern und Vergessen haben oft schützende (psychohygienische) Funktionen.
- Positive Ereignisse werden eher erinnert als negative.
- Durch erzählendes Erinnern können Erfahrungen neu gefasst und neu geordnet werden. Darin liegen auch – im weitesten Sinn – therapeutische Möglichkeiten.
- Erinnern und Vergessen helfen, über die Schrecken der Vergangenheit hinwegzukommen. Mit Hilfe des Gewesenen kann man dann eine »lebbare« Gegenwart zusammenstellen.
- Aus einer »alten« Wirklichkeit wird durch die Arbeit des Gedächtnisses eine »neue«, gestaltete Wirklichkeit. Dieses »Nie-Dagewesene« erlangt bisweilen eine große Macht und Bedeutung.
- Erinnerungen werden oft durch einen seelischen Notstand in Gang gesetzt und schaffen Bilder, die Leben möglich machen.
- Die in der Erinnerung dargestellte Wirklichkeit hat oft ausschließlich private Bedeutung und keinen Bezug mehr zu gesellschaftlich anerkannten Regeln oder Rahmenbedingungen.
- Erinnern macht den Menschen zum Darsteller und gleichzeitig zum Publikum der eigenen Lebensgeschichten.
- Erinnern macht es möglich, das eigene Leben als sinnvoll und wertvoll zu betrachten.

Zusammenfassung

Erinnern und Vergessen

- Informationen aus der Umwelt werden in das Gedächtnis eingeschrieben. Sie können in Form von Erinnerungen wieder abgerufen – oder vergessen werden.
- Für gutes Erinnern stehen zwei Einübungsprozesse zur Verfügung:
  - wiederholende Einübung
  - modifizierende Einübung (Verknüpfung mit dem bereits vorhandenen Wissen)
- Beim Vergessen unterscheidet man ein
  - spurabhängiges Vergessen (die Erinnerungsspur ist nicht mehr vorhanden)
  - hinweisabhängiges Vergessen (die Erinnerungsspur ist nicht zugänglich)
- Grundsätzlich kann das Erinnern erleichtert werden durch
  - wiederholte Versuche, sich zu erinnern
  - das (auch symbolische) Wiedereinsetzen des ursprünglichen Umfelds
  - Benutzen einer systematischen Abrufstrategie
  - Rekonstruktion fehlender Elemente, indem man ein angemessenes, vertrautes Schema benutzt (vgl. Methodische Anregungen S. 175 ff.)

Lebens-Gespräche: Gespräche gegen die Einsamkeit

Viele alte Menschen leben in einer Welt eingeschränkter Kommunikationsmöglichkeiten. Der zwischenmenschliche Austausch, der in den Blütezeiten des Lebens zwanglos, selbstverständlich und spontan erfolgt, kann nicht mehr stattfinden. Soziale Kontakte sind reduziert, das soziale Umfeld hat sich meist so verändert, dass sie zu fremden Personen inmitten der eigenen Heimat werden. Da gibt es niemanden mehr, der die kleinen und großen Freuden des Lebens teilt. Da kennt niemand Einzelheiten der persönlichen Lebensgeschichte, weiß niemand über »Leid und Freud« vergangener Tage Bescheid. In einer solchen Situation werden die Isolation und die beklemmende Einsamkeit für alte Menschen besonders deutlich spürbar. »Wo gibt es jemanden, der sich für mich alte Frau, für mich alten Mann noch interessiert?« Diese Frage stellt sich so mancher Bewohner eines Altenheimes oder einer Pflegeeinrichtung. Dabei gäbe es so viel zu erzählen, zu erinnern, zu bedenken! Jetzt, am Ende des Lebens, könnte man die Bilder seiner Geschichte ausbreiten und neu beleuchten. Manche Einstellungen würden unscharf bleiben, andere Bildausschnitte wären vielleicht so vergilbt, dass nichts mehr zu erkennen ist, und doch könnte so mancher Glanz alter Zeiten aufleuchten, manche Schuldfrage geklärt und Versöhnung möglich werden, wenn ... ja, wenn es Menschen gäbe, die interessiert und geduldig wären! Revuepassieren im Alter passiert nicht »einfach so«. Es braucht einen anteilnehmenden Zuhörer, der die Erinnerungen hervorlockt und sich dem Tempo des alten Menschen anpasst (vgl. S. 75 ff.). Was fürs Laufen gilt, gilt auch für das Erinnern: Im Alter wird man langsamer. Es braucht seine Zeit, bis neue Dinge abgespeichert werden, und es braucht seine Zeit, bis alte Erinnerungen hervorgeholt werden.

Der letzte Lebensabschnitt ist auch eine Zeit der Verluste. Bereits ab der Lebensmitte werden die Todesanzeigen von Gleichaltrigen häufiger. Je älter man wird, desto mehr Menschen im nahen und weiteren sozialen Umfeld sterben. Das rührt an der uralten Angst, dem Tod begegnen zu müssen. Was über viele Jahre weggeschoben werden kann, lässt sich nicht mehr ausgrenzen. In diese mehr oder weniger bewusste Angst vor dem Verlust des eigenen Lebens mischt sich immer häufiger auch die Angst vor dem Verlust des Selbst. Die kleinen Vergesslichkeiten des Alltags werden zuerst mit Erstaunen, später immer häufiger mit Schrecken bemerkt. Der Verlust von Sinnesfähigkeiten verschärft die Verlustsituation alter Menschen: Nicht mehr sehen oder hören zu können bedeutet auch, von der Welt der Farben und Töne abgeschnitten zu sein. Und in diesem Lebensabschnitt ist das kein vorübergehender Ausfall. Es ist ein Abschied für immer. Das jugendliche Selbstbild kann nur so lange aufrecht erhalten bleiben, wie Menschen einigermaßen gesund bleiben und unabhängig sind. Doch irgendwann müssen auch die »jungen Alten«, wie sie die Gerontologen nennen, von dem Gefühl, »eigentlich gar nicht so alt zu sein«, Abschied nehmen. Spätestens zu diesem Zeitpunkt wird Erinnern und über diese Erinnerungen ins Gespräch kommen zu einer Frage des geistigen Überlebens, des Aufrechterhaltens der Individualität und der menschlichen Identität. Die große Angst alter Menschen ist oft die Angst, ihre Erinnerungen zu verlieren und als »Menschen ohne Geschichte« sterben zu müssen.

Die Beschäftigung mit der eigenen Biografie ist eine Form der *intellektuellen Herausforderung*, die nicht nur für die Seele heilsam sein kann, sondern auch die Gedächtnisfunktionen in »Schuss« hält. »Wer rastet, der rostet« – dieses Sprichwort bezieht sich durchaus nicht nur auf den Bewegungsapparat. »Nicht rosten« bedeutet somit auch, mit den Erinnerungen an das eigene Leben in Kontakt zu bleiben. Eine letzte wichtige Aufgabe – aber auch Chance – stellt sich dem alten Menschen: Er kann den Schritt von einem alten Ich zu einem alterslosen Ich vollziehen. Es ist der Schritt zu einer reifen Persönlichkeit, bei der das Leben in seiner ganzen Fülle aufgehoben ist. Mit einem Mal kann der Lebensfaden erkannt werden, der sich von der Geburt bis zum augenblicklichen Zeitpunkt durchzieht. Der Mensch ist in einen »alterslosen« Zustand eingetreten, in dem das Gefühl vorherrscht, letztendlich noch immer der selbe Mensch zu sein, der man von Anfang an war – auch wenn das manchmal zu liebenswerten bis grotesken Verzerrungen führt, wie die nachfolgende Geschichte zeigt:

Ich bin genauso kräftig wie vor vierzig Jahren
Drei befreundete Männer saßen zusammen und sprachen von den Freuden der Jugend und der Last des Alters. »Ach«, stöhnte der eine, »meine Glieder wollen nicht mehr, wie ich will. Was bin ich doch früher gelaufen, wie ein Windhund, und jetzt lassen mich meine Beine so im Stich, dass ich kaum mehr einen Fuß vor den anderen setzen kann.« »Du hast Recht«, pflichtete ihm der

zweite bei. »Ich habe das Gefühl, meine jugendlichen Kräfte sind versickert wie das Wasser in der Wüste. Die Zeiten haben sich geändert, und zwischen den Mühlsteinen der Zeit haben wir uns geändert.« Der dritte, ein Mullah, ein Laienprediger, kaum weniger klapprig als seine Gefährten, schüttelte den Kopf: »Ich verstehe euch nicht, liebe Freunde. Ich kenne das alles von mir nicht, worüber ihr klagt. Ich bin genauso kräftig wie vor vierzig Jahren.« Das wollten ihm die anderen nicht glauben. »Doch, doch«, ereiferte sich der Mullah. »Den Beweis dafür habe ich erst gestern erbracht. Bei mir im Schlafgemach steht schon seit Menschengedenken ein schwerer eichener Schrank. Vor vierzig Jahren hatte ich versucht, diesen Schrank zu heben, aber was glaubt ihr, Freunde, was geschah? Ich konnte den Schrank nicht heben. Gestern kam mir die Idee, ich solle einmal den Schrank anheben. Ich versuchte es mit allen Kräften, aber wieder schaffte ich es nicht. Damit ist doch eines klar bewiesen: Ich bin genauso kräftig wie vor vierzig Jahren.«

(Orientalische Geschichte)

Dass objektive Wahrheit und subjektive Wahrheit nicht gleichzusetzen ist mit »ehrlich« und »gelogen«, ist für einen respektvollen Umgang mit der Lebensgeschichte anderer besonders wichtig. Das zu verstehen und zu akzeptieren ist nicht immer leicht! In der konkreten Erinnerungsarbeit werden Begleiter mit zahlreichen persönlichen Mythen ganz unterschiedlicher Art konfrontiert. Sie haben mit den überprüfbaren »Wahrheiten« meist nicht viel zu tun. Das erfordert vom Begleiter ein hohes Maß an Verständnis und Toleranz und ein Wissen, dass es bei lebensgeschichtlichen Gesprächen nicht um das Aufrollen überprüfbarer, »harter« Fakten geht, sondern um eine Wanderung durch ein Land, das ähnlich einer Märchenlandschaft viele Verzerrungen, Verfremdungen, Zeitverschiebungen und Symbolfiguren zeigt. Behutsame Begleitung durch diese Landschaft kann neue Perspektiven in alte, eingefahrene Sichtweisen bringen. So könnten hinter manchem Zerrspiegel »andere« Geheimnisse entdeckt werden, die es möglich machen, der eigenen Geschichte einen Titel zu geben, der Mut macht, die nächsten und oftmals letzten Stationen auf dem Lebensweg positiv zu bewältigen. Martin Buber meint:

Was immer
in anderen Bereichen
der Sinn des Wortes
»Wahrheit« sein mag,
im Bereich des Zwischenmenschlichen
bedeutet es,
dass Menschen
sich einander mitteilen
als das was sie sind.

Methodische Anregungen

In der Begleitung alter Menschen spielen *lebensgeschichtliche Gespräche* eine zentrale Rolle. Sie können einen wichtigen Beitrag dazu leisten, die Verbindung zur Außenwelt aufrecht zu erhalten, Anregungen für »Hirn, Herz und Körper« zu bieten und dem Gefühl sozialer Isolation vorzubeugen. Darüber hinaus ermöglichen sie auch eine Abrundung der Lebensgeschichte. Schwerpunkte lebensgeschichtlicher Gespräche bei der Begleitung alter Menschen liegen in der *Erinnerungsarbeit*, der *Lebensrückschau* und der *Auseinandersetzung mit Identitätsfragen*.

Die Arbeit an den Erinnerungslandschaften gibt vielfältige Einblicke. Oft sind die Gedächtnisinhalte ein Spiegel der gegenwärtigen Lebensverhältnisse ganz nach dem Motto: »So wie ich mich fühle, erinnere ich mich auch.« Untersuchungen haben gezeigt, dass beispielsweise die Einlieferung alter Menschen in ein Altenheim gegen ihren Willen schlagartig belastende Erinnerungen hervorruft. Mit einem Mal taucht das ganze Leben in den momentanen Gefühlszustand der Einsamkeit, Fremdheit und Fremdbestimmtheit mit ein. Der Gedächtnisfilter »Opfer« wird vorgeschaltet und nur solche Vorgänge haben Gewicht, die zur aktuellen Erfahrung passen. Zuwendung, Geduld und Anteilnahme können diesen Negativfilter langsam auflösen. Dann können frühe Erinnerungen an die Oberfläche gelangen, die oft von der Gegenwart handeln und von jener Vergangenheit, die zu ihr geführt hat. Dabei spielt der Aspekt der Kontinuität, des Zusammenpassens von »alt« und »neu« eine wichtige Rolle. Die Möglichkeit sich zu erinnern ist nicht aus nostalgischen Gründen so bedeutsam, Erinnern an Gestern ist vielmehr der Baumeister des Heute. Mit Hilfe des Gewesenen kann Neues begriffen, geordnet oder gar erst entwickelt werden. Der Verlust der Erinnerung ist nicht nur ein Verlust der Vergangenheit, sondern letztlich ein Verlust der Gegenwart.

Lebensgeschichtliche Gespräche sind für alte Menschen oft die einzige Chance, ihre Erinnerungen zu ordnen und ein Bild von sich selbst zu entwerfen und zu bewahren, das ihnen Selbstachtung ermöglicht. Der Alltag in einem Heim oder die Pflegesituation in Kliniken ist meist von festgelegten Routinehandlungen erfüllt. Selten wird man sich bewusst, wie viel Gespräch »zwischendurch« möglich ist. Und doch: es sind oft gerade diese Zeitsplitter, die ein Herantasten an die Welt des anderen ermöglichen. Bekommt man erst einmal einen Blick für die Erzählansätze, wird man immer wieder auf offene oder versteckte Äußerungen alter Menschen treffen, über ihr Leben zu sprechen. Aus kleinen Bemerkungen, Episoden, »Glaubenssätzen« oder Sprichwörtern ergeben sich jene Mosaiksteinchen, die dann in einem lebensgeschichtlichen Gespräch zu einem Bild – dem Lebensbild – des alten Menschen zusammengeführt werden.

Es gibt eine Reihe von *Methoden*, die man ganz *gezielt* einsetzen kann (vgl. S. 107 ff.: Methodische Anregungen), um alten Menschen Impulse zu geben, ihr Leben zu ordnen, aber auch lebendig zu halten. Vieles ist rund um die Bemühungen entstanden, spezielle Ausfälle auszugleichen. In diesem Zusammenhang wurden Gedächtniskliniken eingerichtet, die mit Gedächtnisübungen und speziellen Programmen des Gedächtnistrainings versuchen, das Erinnerungsvermögen aufrecht zu erhalten oder wieder herzustellen. Auch der Umgang mit verwirrten alten Menschen hat zu intensiven Bemühungen geführt, das Land der Erinnerungen als wichtigen Anker zu nutzen. Naomi Feil hat die Methode der Validation entwickelt, die zu einem besseren Befinden alter Menschen und einem angenehmeren Zusammenleben führt. Im pädagogischen Bereich wurden Methoden entwickelt, nicht nur lebenslanges Lernen zu fördern, sondern die »Schätze des Lebens« zu bewahren oder ans Tageslicht zu befördern (Geragogik). In diesem Zusammenhang möchte ich nochmals auf die Möglichkeiten des narrativen Interviews (vgl. S. 67 ff.) hinweisen.

Neben den gezielten Methoden fließt in jede Begleitung oder Betreuung alter Menschen die Beschäftigung mit ihren Erinnerungslandschaften mehr oder weniger *beiläufig* mit ein. Das Bedürfnis nach Lebens-Mitteilung ist so groß, dass es den Alltag jedes Menschen in und außerhalb institutioneller Einrichtungen prägt. Geschichten sind der Stoff, aus dem das Leben ist! So mancher alte Mensch fühlt sich wie neu geboren, wenn seinen Erzählungen Aufmerksamkeit geschenkt wird.

Beispiel: Annas Geschichte
Anna R. ist eine zarte, weißhaarige Frau. Sie hat fünf Kinder geboren und großgezogen. Nach dem Tod ihres Mannes lebt sie allein in dem einst mit so viel Leben und Lachen erfüllten Haus. Die Kinder leben weit weg, zum Teil sogar im Ausland. Anna R. reist viel. Sie fährt von einem Kind zum anderen und verwöhnt die Enkel. Ein Schlaganfall verändert alles. Anna R. kommt nach langer Rehabilitationszeit in ein Heim. Sie wird als unauffällig, bescheiden, zurückgezogen beschrieben. Manche meinen, sie sei unzugänglich. Ihr Zustand ist stabil, doch sie wirkt geknickt. Niemals kommt ihr ein Lächeln über das Gesicht. Am Leben ihrer Zimmernachbarinnen nimmt sie nicht Anteil. Als eine junge Altenhelferin eines Tages ein Foto auf ihrem Nachtschränkchen bemerkt, fragt sie interessiert nach.

Das war der Anfang einer Reihe von Gesprächen, die sich mehr beiläufig als gezielt ergaben. Anna R. spricht zuerst zaghaft, dann immer mutiger über ihre große Familie, die in aller Herren Ländern verstreut ist. Langsam, Schritt für Schritt, weiht sie die junge

Altenhelferin in die Geschichten ihrer Kinder ein, die man auf dem Foto sehen kann. Und mit einem Mal kommt Glanz in die Augen von Anna R. Vom Bild ihrer Familie führen viele Wege zu Stationen ihres eigenen Lebens. So wandert Anna R. in Gedanken von Kind zu Kind, von Jahrzehnt zu Jahrzehnt. Einmal führen sie ihre Erinnerungen weit zurück zu ihren eigenen Eltern, dann wieder fragt sie sich, wie ihr Begräbnis wohl gestaltet werden soll. Bei all ihren Erzählungen, die manchmal knappe Episoden, dann wieder ausufernde Beschreibungen, einmal lapidare Sätze, dann wieder humorvolle Vergleiche sind, kehrt sie zum Foto auf ihrem Nachtschränkchen zurück. Es dient ihr als Anker, als Griff zum Festhalten ihrer Gedanken und Erinnerungen. Anna R. blüht im Laufe der Monate auf. Sie wird aktiv, beginnt sich auch für die Geschichten ihrer Mitbewohner zu interessieren. Durch das Interesse der jungen Altenhelferin und ihre geduldige Art des Zuhörens ist es Anna R. gelungen, wieder Anschluss an das Leben zu bekommen. In Gelassenheit kann sie sich den letzten Seiten ihres Lebensbuches widmen.
(Anna R., 85 Jahre)

Im eben dargestellten Fall war es eine alte Familienfotografie, die der äußere Anstoß für eine Reihe lebensgeschichtlicher Gespräche war. Andere »Anker« können verschiedenste Gegenstände *(autobiografische Gegenstände)* sein aber auch Zeitabschnitte, die als innere Heimat, als Quelle der Kraft *(autobiografische Orte)* dienen.

Erinnerungszentren

Jeder kennt Archive, in denen zu bestimmten Themen, über bestimmte Epochen oder Ereignisse wichtige Unterlagen aufbewahrt werden. Meist denkt man an große städtische Archive, in denen Material von Künstlern und Politikern gesammelt und systematisiert wird. Doch jeder Mensch hat dieses Bestreben, für ihn wichtige Dokumente seines Lebens zu bewahren. Neben einer Dokumentenmappe, die offizielle Papiere enthält, gibt es in jedem Leben einen inneren »Dachboden«. Hier sind die wunderlichsten Dinge abgelegt: eine alte Puppe, ein halbzerrissenes Taschentuch, eine Ansichtskarte, eine Kaffeedose, eine Nähmaschine, ein Wanderstock, Brillen, eine Pfeife, alte Schuhe, ein Hut, ein Heiligenbild, ein alter Rosenkranz ... Auf dem *inneren Dachboden* können die verschiedenen Gegenstände kunterbunt durcheinander gewürfelt liegen. Sie können aber auch nach dem Grad ihrer Ähnlichkeit gemeinsam verwahrt werden oder in »Zeitordnern« abgelegt sein. Wenn der tatsächliche Dachboden nicht mehr existiert, wird der symbolische Dachboden der Erinnerung zum wichtigen Ort der eigenen Identität. Ein lebensgeschichtliches Gespräch kann dann wie ein Rundgang durch diesen Dachboden sein. Manchmal wird man die Gegenstände kaum erkennen. Unter einer dicken Staubschicht verborgen, zeigen sie sich nur demjenigen, der bereit ist, »aufzuräumen«.

Gezielte Fragen, das Erinnerungszentren zu entdecken, könnten etwa so lauten:

Wenn Sie an Ihre Wohnung denken, welche Gegenstände sind da besonders wichtig?

Stellen Sie sich vor, Sie könnten eine Erinnerungsecke einrichten. Was würde sich da alles versammeln? Bilder, Stoffreste, Tassen ...?

Gibt es einen Gegenstand, an dem Sie besonders hängen? Was verbinden Sie damit?

Stellen Sie sich vor, hier würde ein Koffer stehen, in dem viele Dinge Ihres Lebens aufgehoben sind. Was ist da alles drinnen?

Gibt es bestimmte Gegenstände – z. B. Fotos, kleine Schmuckstücke, Bücher, Glücksbringer –, die Sie als Erinnerungsstücke verschenken würden? Welche Geschichten sind damit verknüpft?

Hatten Sie in ihrer Kindheit oder Jugend einen Lieblingsgegenstand? Was verbinden Sie mit ihm?

Stellen Sie sich vor, dieser Glücksbringer ..., den sie mir gezeigt haben, der könnte mir etwas von Ihnen erzählen. Was würde er erzählen?

Die eine oder andere Frage kann man im Rahmen einer Begleitung einfließen lassen. Neben diesen beiläufigen Anregungen, gibt es auch *gezielte Impulse*, die entweder allein oder in Gruppen umgesetzt werden können.

Beispiele für *gezielte Erinnerungsimpulse* sind:

- Autobiografie: die eigene Lebensgeschichte aufschreiben oder auf ein Tonband sprechen.
- »Mein Leben in Briefen«: verschiedenen Menschen in Briefform sein Leben erzählen. Dabei können es lebende oder verstorbene Menschen sein – oder auch Gott.
- Dialog mit einem »Tagebuch«: Festhalten des Heute als Basis für die Erinnerung von Morgen.
- Tagesbegleiter:
  - Jeden Tag eine kleine Geschichte, eine Beobachtung aufschreiben.
  - Jeden Tag eine kleine zeichnerische Skizze (»Skizzenkalender«) anfertigen.
  - Jeden Tag ein Kochrezept aus dem Kochbuch der Erinnerung aufschreiben (»Rezeptekalender«).
  - Jeden Tag einen Spruch, eine Weisheit, ein Gebet aufschreiben, das man in seinen Erinnerungen findet (»Poesiekalender«).
  - Jeden Tag einen kleinen Brief an liebe Menschen, böse Menschen, »höhere« Mächte, den Nachbarn, das Enkelkind … (»Briefkalender«) verfassen.
- »Bilderbuch meines Lebens«: Altes und Neues, Gesammeltes und Gefundenes zusammentragen, ordnen, gestalten, beschriften …
- Arbeit mit Fotos: »Den passenden Rahmen finden«, Fotoalben gestalten, Fotokollagen zusammenstellen, Lieblingsfotos auswählen und dazu eine Geschichte erzählen oder schreiben.
- Erinnerungsstücke »erzählen« eine Geschichte, z. B.:
  - »Stellen Sie sich vor, die Muschel, die Sie sich aufgehoben haben und die jetzt auf Ihrem Tisch liegt, erzählt Ihnen, wie sie in Ihre Hände kam …«

Diese und ähnliche Anregungen können alte Menschen dem *Zentrum ihrer Erinnerungen* näher bringen. Dabei ist es wichtig zu bedenken, dass Erinnerungen, die ihre Bedeutung nur in der Vergangenheit haben, tot sind. Wie John Kotre sagt, »müssen sie von der Vergangenheit handeln, die in die Gegenwart führt«.

In aller Regel ist es einfacher, sich durch eine *Vorgabe* in den Strom der Erinnerungen hineinzubegeben. Diese Vorgabe gibt Sicherheit. Alte Menschen brauchen oft eine Orientierung, nur allzu leicht verirren sie sich in ihrer Erinnerungslandschaft. Wenn Begleiter nicht sehr viel Zeit und Geduld haben, ist so ein »Arbeiten mit einer Stütze« sehr hilfreich. Auch aktiviert so ein Vorgehen die Eigenständigkeit alter Menschen, fördert die Kreativität und schafft die Möglichkeit, Aufgaben zu meistern. Dadurch kann die Beschäftigung mit der eigenen Geschichte zum Lebenselixier werden.

Beispiel: Ausschnitt aus dem »Nachwort« der Autobiografie eines 72-Jährigen
Nach Jahren begann ich, diese Zeilen aus meinem Herzen für meine Familie zu schreiben. Ich weine meiner Heimat heute noch nach oder erwache bei Nacht mit nassen Augen, weil ich von ihr geträumt habe. Und nichts hat sich geändert. Die rosa Wolken stehen noch am Himmel, so wie das Bild meiner Mutter auf meinem Schreibtisch steht, und der süße Duft der Erinnerung an schöne Stunden taucht immer wieder auf. Nichts im Leben vermag die Jugend auszulöschen, und der sanfte Schleier des Gedächtnisses rückt alles in die Ferne. Das Paradies kehrt nicht zurück, es ist verloren. Das Leben geht weiter und weiter. Drum, junges Herz, genieße jede Regung des Gemütes, *im Alter lebst du in der Rückschau wieder auf.*
(*W. Reißenberger, 72 Jahre*)

Identitätsstiftende Impulse: Ich-Sein und Ich-Bleiben

Erinnerungsarbeit bedeutet auch, das Bild von der eigenen Person, so wie sie über die Jahre hin geworden ist, aufrecht zu erhalten. Die Stürme des Lebens haben dieses Bild mit gestaltet. Im Alter entsteht das Bedürfnis, noch einmal zum Kern dieses Bildes vorzudringen. Auch in Menschen, die durch verschiedene altersbedingte Einbrüche viel von »sich« verloren haben, ist ein Stück dieses Wesenskerns vorhanden. Vieles mag in Vergessenheit geraten sein, vieles wird nicht mehr erkannt und erinnert – und doch bleiben kleinere und größere Erinnerungsscherben zurück. Gleich wie viele Bruchstücke vorhanden sind, im subjektiven Bemühen, »selbst« zu sein, machen sich Menschen auf, an ihrem Bild »Restaurationsarbeit« zu leisten. Erinnerungsarbeit ist oft Schwerstarbeit. Anteilnehmende Begleiter können wichtige Unterstützung geben.

Folgende Impulse – auch *Wiederherstellungssignale* genannt – haben sich als hilfreich erwiesen:

Interesse an Lebensgeschichten

Das *Interesse* eines anderen an der eigenen Lebensgeschichte wird von vielen alten Menschen zuerst staunend, dann dankbar angenommen. Aus einem: »Mein Leben war nicht so interessant …, da gibt es nichts zu erzählen« wird ein: »Wenn ich mich so zurückerinnere …, da möchte ich Ihnen noch diese Geschichte erzählen …«.

Schaffen eines Freiraums

In einer entspannten Atmosphäre können Gedächtnisspuren eher zurückverfolgt werden als unter externem Druck. Nicht immer sind die räumlichen Gegebenheiten sehr einladend. Umso mehr kommt es auf die innere entspannte Haltung des Begleiters an, der dadurch einen zwischenmenschlichen Raum der Wärme und Akzeptanz schaffen kann, in dem Erinnern nicht nur erlaubt, sondern auch erwünscht ist.

Achtsamkeit auf den Gefühlszustand

Erinnerungen sind stark von Gefühlen abhängig. Scheinbarer Gedächtnisverlust kann auch die Folge eines drastischen Wechsels der Gefühlslage sein. Gelingt es, jenen Gefühlszustand wieder herzustellen, in dem das ursprüngliche Ereignis eintrat, kann es meist auch einwandfrei erinnert werden. Eine freudige, ausgeglichene Stimmung wird eher zu positiven Erinnerungen führen. Eine gedrückte, depressive Gemütslage löst eher negative Erinnerungen aus. Denkt man an die oft schwierige Situation alter Menschen in Heimen, isoliert und vom Zeitstrom abgeschnitten, ist es nicht verwunderlich, wenn die Vergangenheit doppelt schwer auf diesen Menschen lastet. Beziehungsarbeit, Atmosphäre schaffen, Wärme, Nähe ... das wären die Zauberworte, die auch die Vergangenheit in milde Farben tauchen könnte und Abschiednehmen erträglich macht.

Kontakte stiften

Die Möglichkeit, *mit anderen Menschen* ins Gespräch zu kommen, die Ähnliches oder ganz Anderes erlebt haben, kann Verborgenes wieder an die Oberfläche bringen. Da Erinnerungen »ansteckend« sind, hilft ein »Klima«, in dem Erinnern Platz hat, die eigenen Gedanken auf die Reise in die Vergangenheit zu schicken. So kann dann am Bild der eigenen Geschichte geformt werden. Bewährt haben sich Erzählrunden oder »Erzählcafés«, gestaltete Abende zu einem Thema (z. B.: Mein Lieblingsbuch; Lieder meiner Kindheit und Jugend; Die Geschichte meines Geburtsortes; Die Mode von damals ...) oder gemeinsame Aktivitäten wie Besuche von Ausstellungen, Ausflüge, Spiele.

Autobiografische Objekte

Vielfach erprobt ist der so genannte *Erinnerungskoffer*. In diesem Koffer haben Alltagsgegenstände ebenso Platz wie kleine Besonderheiten. Einige Beispiele sind: Kinderspiele, Murmeln, Springseil, Kreisel, Ball, Brettspiele, Puppen, Tiere, Abziehbilder, Bleistifte, Ausmalblöcke, Küchengeräte, Stopfholz, Nadel-Faden-Schere, Sieb, Schürze, Kochbuch, Bimsstein, Gummiring, Wischtuch, Schuhwachs, Hammer, Nägel, Hobel, Taschentuch, Fahrradklingel, Visitenkarte, Tanzkarte, Fächer, getrocknete Blumen, Steine, Halskettchen, Kerze, Buch, Engelbild, Schulheft, Tintenfass, Kreide, Blumenzwiebel, Wärmflasche, Wattestäbchen, Windelhose, Kinderlätzchen, Babyrassel, »Hundeknochen«, Hufeisen ...

In der Begleitung alter Menschen kann man entweder selbst einen Erinnerungskoffer mitbringen und einen Abend gestalten. Oder man kann Menschen einladen, sich so einen Koffer auszudenken oder aufzumalen – tatsächlich oder in Gedanken. »Was müsste in Ihren Erinnerungskoffer hineinkommen?« könnte ein Impuls sein, den inneren Dachboden »aufzuräumen« und nach wichtigen Erinnerungsstücken zu durchforsten.

Autobiografische Orte

Dort, wo sich bestimmte Dinge ereignet haben, »liegen« auch die entsprechenden Erinnerungen. Nicht immer wird es möglich sein, die tatsächlichen Orte aufzusuchen. Dann kann man den alten Menschen einladen, sich auf eine imaginäre Reise zu begeben – eine gedankliche Reise zurück an die Orte der Vergangenheit. Der eine oder andere wird im Anschluss an ein solches Gespräch vielleicht alte Fotos auskramen, die inneren Archive nach Fakten durchforsten oder versuchen, innere Landschaften aufs Papier zu bringen. *Autobiografische Orte* sind oft mit ganz typischen Gerüchen verbunden: »Der Duft von Apfelblüten wird mich ewig an den Hof meiner Großmutter erinnern«, »Der Keller war unser geheimer Treffpunkt. Noch heute habe ich den Geruch von feuchter Erde in der Nase«, das sind ganz typische Äußerungen sehr früher autobiografischer Erinnerungen.

Aufgreifen von »Schlüsselwörtern«

Für jede Begleitung ist gutes Zuhören besonders wichtig. Dabei wird einem nicht nur der Inhalt eines Gesprächs beschäftigen, man wird auch die *individuellen Sprachgewohnheiten*, den Sprachrhythmus, die Wortmelodie und bevorzugte Redewendungen und hervorstechende, auffallende Wörter bemerken. Die bevorzugten Sinneskanäle werden in jedem längeren Gespräch zum Vorschein kommen:

Ich hatte schon immer einen Blick für ...:

so drückt sich ein Mensch aus, für den Sehen wichtig ist *(visueller Typ)*.

Meine Stärke war es, auf die Zwischentöne zu achten ...:

da liegt ein musikalisches Schlüsselwort verborgen *(akustischer Typ)*.

Ich hatte eben immer so ein feines Gespür ...:

hier wird die Sprache der Empfindungen gewählt *(kinästhetischer Typ)*.

Mein Riecher war berühmt! Mir konnte keiner so leicht etwas vormachen!

das ist die Äußerung eines Menschen, für den der Geruchssinn besonders wichtig ist *(olfaktorischer Typ)*.

Alle vier Aussagen meinen in etwa dasselbe und doch haben sie eine ganz individuelle Note. Sie zeigen dem Begleiter, welcher Sinneskanal zur Erschließung der Welt – und damit auch zur Erschließung der Erinnerung – dominiert. Im Verlauf eines lebensgeschichtlichen Gesprächs kann man dann auf der *bevorzugten Sinnesschiene* weitere Anregungen und Gedankenanstöße anbieten.

Betrachten von Fotos

Beim wiederholten Hervorkramen alter Fotos erwachen die dargestellten Szenen zum Leben. Gesichter verbinden sich nach und nach mit Namen, Namen mit Erlebnissen ... mit einem Mal öffnet sich das Tor in die Vergangenheit. Die einzelnen Personen beginnen zu sprechen, bewegen sich, verändern ihre Position, treten Reisen an, werden aus dem Bild herausgestellt und in andere Erlebnisse eingebaut ... Wenn wir einen solchen Prozess im Rah-

Abbildung 13: Altes Familienfoto

men einer Begleitung erleben, können wir sicher sein, dass sich das Karussell der Erinnerung zu drehen begonnen hat!

Lebensrückschau

Wer war ich? Wer bin ich? Wer werde ich sein? Auch wenn man sich diese Fragen immer wieder gestellt hat, so werden sie am

Ende des Lebens noch einmal existenziell wichtig. In der letzten Lebensphase gilt es, einen Blick in die eigene Geschichte zu werfen, Abschied zu nehmen und in einer *Lebensrückschau*, »die Ernte seines Lebens« zu betrachten. Bestimmte Lebensabschnitte sind mit typischen Lebensthemen verknüpft. In lebensbegleitenden Gesprächen kann der Begleiter sich auf solche Stationen und ihre Hauptthemen beziehen. Dabei sind unterschiedliche Positionen möglich:

- ▪ Einmal kann man das Augenmerk auf die verschiedenen *Lebensbausteine* selbst lenken.
- ▪ Zum anderen kann man sich mehr für den *Gesamtaufbau*, die Konstruktion der Lebens-Geschichten interessieren und das »Bindemittel« zwischen den Bausteinen. Dadurch lässt sich viel vom »Baumeister« erfahren.

Im Folgenden werden einige *Bausteine* dargestellt, die typischer Weise in jedem Leben vorkommen, also einfach »dazugehören«. Das *Lebensalter* ist dabei das gliedernde Element und die Abschnitte *Kindheit–Jugend–Erwachsensein-Alter* dienen gleichsam als Überschriften der einzelnen Lebens-Kapitel, auch wenn die Grenzen fließend sind. Jedes Alter hat seine typischen körperlichen, seelischen und geistigen Merkmale. Diese schaffen Fakten. Beispielsweise kann ein Kind nicht die Verantwortung für andere Menschen übernehmen oder ein alter Mensch nicht voller Vitalität und Leidenschaft an einem neuen Werk schaffen. Fragt man Menschen, was ihnen zum Begriff Jugend oder Alter einfällt, bekommt man ganz bestimmte Gedankenverbindungen oder Assoziationen. Mit »Kindheit« wird beispielsweise Geborgenheit, Schutz, Vertrauen, Spielen, Neugierde ... verbunden; mit »Jugend« Idealismus, Auflehnung, Ungeduld, erste Liebe, Berufswahl ...; mit dem »Erwachsensein« Verpflichtungen, Lebenskampf, Familie, Leistungsfähigkeit ...; mit dem »Alter« Schwachwerden, Abhängigkeit, Gelassenheit, Ruhe, Rückschau ... Einige dieser Begriffe sind austauschbar, weil sie in jedem Alter eine Rolle spielen. Andere gehören unverwechselbar in einen bestimmten Lebensabschnitt. Ein Erwachsener, der als »jugendlicher Rebell« herumläuft, hat sein Lebensthema ebenso verfehlt wie ein Kind, das mit altkluger Miene »Weisheiten« von sich gibt.

Lebensthemen sind mit dem Lebensalter eng verwoben. Einige Themen verwandeln sich, bekommen einen »Schliff« oder nehmen eine andere Gestalt an, z. B.: Aus dem Urvertrauen junger Tage kann das Vertrauen in eine Zukunft im Jugendalter werden. Dieses kann sich wiederum zu einem Streben des Erwachsenen entfalten, für Zukunftsideen zu arbeiten und zu leben. Aus Urvertrauen kann im Alter die Fähigkeit werden, sich wiederum anderen Menschen anzuvertrauen – in neuer Hilflosigkeit und Abhängigkeit.

Im Laufe meiner Arbeit in der Begleitung und Beratung habe ich ein einfaches *Textblatt* entwickelt, auf dem wichtige Lebensstationen angeführt sind. Dieses Blatt kann man Menschen mitbringen und sie fragen, ob ihnen zu der einen oder anderen Überschrift etwas aus dem eigenen Leben einfällt. Es ist erstaunlich, wie sehr dieses »Gerüst« die Fantasie zu beflügeln vermag! Einige bekommen gleich glänzende Augen und beginnen zu erzählen. Andere wollen die vorgegebenen Titel ändern, ergänzen, erweitern. Wieder andere schauen mürrisch, nehmen das Blatt, falten es zusammen und bringen beim nächsten Treffen einen kleinen Text mit, ein Foto, eine Zeichnung … oder eine Fülle von Texten, die im Laufe vieler Jahre geschrieben wurden und nun wieder hervorgeholt, durchgelesen, eingeordnet, besprochen oder ergänzt werden.

Methodisch lässt sich dieses Textblatt vielfältig einsetzen, z. B.:

- Es kann helfen, die großen und kleinen Gesprächssplitter des Alltags in eine lebensgeschichtliche Ordnung zu bringen.
- Es kann dem Begleiter zur Gesprächsorientierung dienen.
- Es kann gesprächsbegleitend verwendet werden (als Einstieg oder mit der Bitte, ein Thema auszuwählen).
- Es kann im Rahmen einer Begleitung als »Hausübung« mitgegeben werden.

Leben aus der Erinnerung:
Bausteine einer Lebensgeschichte

1. Das Leben in der Familie
   »Damals blühte der Jasmin …«: Kindheitserinnerungen
   »Heile, heile Segen …«: Rituale der Kindheit
   »Sprichwörtlich«: Leitsätze fürs Leben
   »Kerzenduft und Lichterglanz«: Weihnachtsgeschichten
2. Dorfleben – Stadtleben
   »Jahreszeiten-Lebenszeiten«: Brauchtum und Tradition
   »Heimatklänge«: Wortspiele und Sprachschätze
   »Festliches«: Große und kleine Ereignisse
   »Es tönen die Lieder …«: Musikalischer Bilderbogen
   »Rosen, Veilchen, Nelken …«: Der Duft der Heimat
3. Glaubensbilder-Wertstrukturen
   »Himmel und Hölle …«: Glaubensbilder der Kindheit
   »Als das Wünschen noch geholfen hat …«: Märchen-
   bilder
   »Komm, Herr Jesus, sei unser Gast …«: Stunden des
   Gebets
   »Meine Wahrheit«: Verschobene Bilder der Erinnerung
   »Weil nicht sein kann, was nicht sein darf«: Denktradi-
   tionen
4. Lehr- und Wanderjahre
   »Schritte in die Ferne«: Ablösungsprozesse
   »Einer von vielen?«: Suche nach der eigenen Identität
   »Extrawurst und Hochhinaus«: Fremd- und Selbst-
   bilder
   »Sag zum Abschied …«: Verlust- und Abschiedsge-
   schichten
5. Schätze des Lebens
   »Schatzkiste des Lebens«: Biografische Höhepunkte
   »Was ich noch gerne sagen möchte …«: Gedanken zu
   nie Gesagtem
   »Lebenswege«: Strategien zum Überleben
   »Und wenn sie nicht gestorben sind«: Zukunftsvisionen

Lebens-Geschichten: Beispiel aus der Praxis

Die folgenden Geschichten sind ein lebendiges Beispiel für den Reichtum des Erinnerungsschatzes und die kreative Kraft eines Menschen, dessen Lebensbogen den Zenit schon weit überschritten hat. Sie stammen aus der Feder von G. R., die mir aus Kindertagen vertraut ist und mit der ich das Arbeitsblatt »Leben aus der Erinnerung: Bausteine einer Lebensgeschichte« besprochen habe. Ein herzliches Danke, dass ich eine kleine Auswahl ihrer Texte für dieses Buch verwenden darf!

Zu Beginn einer Geschichtenfolge sollen zwei Texte stehen, in denen eine tiefe und innige Auseinandersetzung mit den Eltern erfolgt.

Was verstehe ich unter einer Persönlichkeit?

Ich kannte eine Persönlichkeit!

Sie war nicht groß und hatte auch kein auffallendes Aussehen. Doch es war eine Persönlichkeit: ein 80-jähriger, weißhaariger Mann mit ruhiger fester Stimme, mit unendlich gütigen Augen und etwas zitternden, hilflos wirkenden Händen.

Er brauchte nicht zu brüllen, um etwas durchzusetzen. Er konnte eine Sache immer so bringen, dass sie so einleuchtend war, so überzeugend, dass ein Zweifel gar nicht möglich war. Man konnte mit ihm über alles sprechen und man lernte verstehen, dass einst der »Rat der Alten« wirklich der weiseste war.

Er war Universitätsprofessor für rechtliche Dinge, war bis ins hohe Alter aktiv tätig, hatte in seinen letzten Jahren noch Bücher geschrieben und er saß, wann er nur konnte, an seinem Schreibtisch, umgeben von seinen Büchern, die er so sehr liebte. Er hatte keine Feinde, denn er tat nie etwas Ungerechtes. Es gab höchstens stille Neider, die nicht verstehen konnten, dass es auch Menschen gibt, die nicht auf Kosten anderer leben wollen.

Sicher hatte er in den Augen mancher Menschen »Fehler«. Zum Beispiel wusste er nicht mit der so genannten »Ellbogentechnik« umzugehen. Er verstand nicht, sich vorzudrängen oder sich die richtigen Beziehungen zu schaffen. Er war ein großer Idealist, der für seine Arbeit lebte und starb.

Sicher könnte man als Materialist sagen, er sei kein Lebenskünstler. Vielleicht in den Augen anderer Leute, die ihn nicht kannten, doch bin ich überzeugt, dass er sich selbst so am wohlsten fühlte.

Auch hatte er Humor, viel Humor. Er verstand es, mit jedermann umzugehen, für jede Altersstufe das richtige Thema zu finden und er konnte vor allem lachen, so richtig lachen! Das war es auch, weshalb er bis ins hohe Alter so jugendlich blieb. Er beschäftigte sich weiterhin mit 1000 Problemen. Er hatte sein Leben nicht mit 65 oder 70 Jahren abgeschlossen oder »fertig« gedacht. Die Welt ging für ihn weiter.

Obwohl er es sicher nicht immer mit guten Menschen zu tun gehabt hat, konnte er von jedem nur das Beste annehmen. So kannte er auch keinen Hass. Er war ein großer Mann, ein menschlich großer Mann – für mich und viele andere eine Persönlichkeit, die ich sehr, sehr gerne hatte: es war mein …

In memoriam!

Mich umgibt Schwarz! Die Seele, in das Pergament der Haut gehüllt, legt Verklärung in die Züge, die noch vor kurzem röchelnd den Kampf ausdrückten.

Stille, unheimlich, unwiderruflich.

Das Abendrot scheint durch das Fenster. Der steile Kirchturm hebt sich schwarz vom glühenden Himmel ab. Ich blicke durch kahle Zweige und immer mehr Rot küsst die Wolken. Behüte mich, Mutter, wo immer du weilst, ich habe für dich gesorgt – jetzt brauche ich dich! Denn ich bin sehr schwach in meinem Kummer, dich für immer, ja für immer verloren zu haben. Denn das ist es, das Endgültige, das wir nicht fassen – im Sturme des Lebens – Stillstand.

Der Fels, der unserem Schiff Halt gebietet.

Schlage nur noch einmal deine Augen auf, die mich so oft forschend, strafend, liebend angeblickt haben.

Ich fürchtete mich vor dir und doch zogst du mich an. Die Nabelschnur fesselte mich bis zum Tode. Ich suchte den Sarg aus, es ist Winter und kalt. In meinem warmen Bett mache ich mir Vorwürfe, dass ich dich in der Kälte allein gelassen habe, ohne Muff, ohne Pelzkappe. Aber das lila Kleid hast du an, ohne Perlenkette. So gehst du zum Fest deines Lebens – zum Himmelsempfang, denn du bist von den Sünden befreit und gesalbt.

Ob mein Vater dich erwartet und Helmut, der geliebte Bruder, dein Sohn? Dein Antlitz war ruhig und scheinbar sahst du sie schon. Es ist der einzige Friede, der hält – der stumme Friede des Todes.

Du hast so gern gesprochen, wir hörten dir alle zu, die Geschichten aus einem Jahrhundert. In allem lebst du weiter, in den schönen Dingen des Alltags, die edlen Formen zogen dich an. Ich durchkrame die alten Briefe – heute wird nur noch telefoniert. So aber sind die Worte festgehalten, die Worte der Liebe und Freude, die Teilnahme am Kummer der anderen. In den Fotos lebt in mir alles auf und unter riesigen Hüten sehe ich dein Jungmädchengesicht. Und Papi, klein, rund, weich und schmunzelnd oder in Würde mit der Kette des Rektors.

Ich danke dir für meine schöne Kindheit, heute ist sie zu Ende. Ich bin eine »reife« Frau, deren Schoß schon die Enkelkinder warm halten kann. Vergiss mich nicht!

Requiescat in pace!

Abbildung 14: »Meine Mutter – Erinnerungsfoto«

Das Leben in einer großen Familie ist reich an Festen. Weihnachten nimmt meistens einen besonderen Platz ein:

Das Vanillekipferl
Wer kennt es nicht? Es hat eine schöne Form und riecht so gut. Auch zergeht es auf der Zunge – und Weihnachten ist nah! Die Nüsse sind schon gefallen und warten darauf, gemahlen zu werden. Der Herbstwind treibt die letzten Blätter vom Baum. Ich weiß, das Backen steht vor der Tür – ob ich will oder nicht. Man wartet darauf!
Meine Familie ist groß und sie nascht die ersten Vanillekipferl schon vor dem Fest weg. Aber die Lust ist dann am größten, wenn Vorfreude den Genuss erhöht. So habe ich es aufgegeben, mir immer neue Verstecke auszudenken, der Duft verrät sie bestimmt.

Einmal, als die Kinder halbwüchsig waren (sie waren aber mehr als die Hälfte gewachsen), feierten wir Weihnachten ohne Geschenke. Das heißt, die Jugend negierte den Materialismus und lehnte die Kauflust ab. So versteckten wir unsere Geschenke (wohlverpackt in bunte Papiere) in eine Truhe. Wir standen beim erleuchteten Christbaum, sangen unsere Lieder, sahen die Kerzen flackern und lauschten dem Evangelium, das der Vater vorlas. Niemand vermisste etwas, es war feierlich still. Hatte doch kein Kind geglaubt, dass ich es schaffen würde, nichts zu nähen, nichts zu stricken, keine Patschen zu machen, nichts zu kaufen – nicht einmal Bücher – nur Vanillekipferl zu backen! Einmal war auch die schönste Feier zu Ende, die Kerzen gelöscht, das Wunder der Welt inmitten der Anbetung in einer herrlichen Wachskrippe bestaunt. Frohe Weihnachten – ja, was nun?

Da öffnete ich die Truhe und Jubel kam auf. Die Weihe der Nacht wich dem Rausche des Gebens und Nehmens.

Die Suche nach der eigenen Identität und die immer wieder notwendigen Schritte der Verwandlung sind ein häufig wiederkehrendes Thema. Einmal geht es mehr um die Frage des Frau-Seins in Zeiten gesellschaftlichen Wandels, dann wieder um die unterschiedlichen Rollen im Leben einer Frau von der Geliebten, zur Mutter, zur Groß- und Urgroßmutter.

Die Schritte von einer Lebensstation zur nächsten sind immer wieder mit Abschied und Trennung, mit wehmütigem Rückblick und hoffnungsvollem Ausblick verbunden. Der Auszug des jüngsten Kindes stellt einen besonders markanten Abschied dar und lässt Gedanken an die eigene Kindheit hochkommen:

Ulla verlässt das Elternhaus

Die gelben Herbstblätter fegte der Wind mir heute ins Gesicht, als ich auf dem Rad die letzten Einkäufe für unsere Jüngste machte. Du selbst, mein kleiner Wirbelwind, hast dich nun von deinem Stammhaus gelöst, ja auch dich wird das Leben in viele Richtungen treiben – wie die Blätter, wenn sie fallen und wieder davon flattern.

Schon als Kind faszinierte mich dieses Spiel und ich sammelte Kastanien und Herbstblätter, wenn das »Fräulein« uns im Stadtpark spazieren führte. Das waren noch Zeiten. »Bubi«, lauf der »Weibi« nicht davon, »Wonnerle«, mach dich nicht schmutzig. Ja, wir trugen weiße Handschuhe und schmale Schuhe an den kalten Füßen und die Kleider dunkelblau mit weißen Kragen. Rot war die Farbe des Volkes, als hätte meine Mutter geahnt, dass den Sozialismus die Farbe Rot kennzeichnet. Wir sollten im Bürgertum groß werden, der Knicks war Pflicht und auch der Handkuss für die alten Leute. Die lebhaften Kinder waren zu »wild« und wir warteten nur darauf, dass wir tollen durften.

Wenn es Skandale zu erzählen gab, dann hieß es »ne le dis pas devant les enfants!« Aus dieser Jugend heraus habe ich mich bemüht, meine Kinder in wohl gesitteter Freiheit zu erziehen und bei dir, unserer Jüngsten, waren die Erzieher schon müde und verbraucht. So wurden wir immer großzügiger. Trotzdem verstand ich dich nur zu gut, dass du einfach ausbrechen wolltest.

Heute ist das Leben wie ein aufgeschlagenes Bilderbuch, es gibt mehr zu sehen, als man fassen kann. Keine Kulissen mehr verdecken das Geschehen, keine Neugierde wird geweckt. Nackt sind die Bilder, nackt ist die Liebe, nackt ist das Leben. Wir sind aufgeklärt. So wird den Eltern viel an Vorbereitung für das Leben abgenommen. Daran muss ich denken, wenn ich dich fortfliegen sehe.

Aber du sehntest dich umso mehr nach Romantik, lasest Rilke, nahmst die Gitarre zur Hand und sangst still vor dich hin. Manchmal war dir wohl einsam, da die Geschwister schon aus dem Haus waren. Dich tröstete nur dein Pudel Ares.

Wenn du weg bist, sind wir das erste Mal ohne Kinder, es graut mir davor und doch werden wir dich ziehen lassen, denn der Vogel ist flügge geworden.

Wir werden in der Ehe uns wieder näher kommen, nichts lenkt uns von unserer Beziehung ab. Auch das will gelernt werden. Man darf eben sein Leben nicht immer auf andere Menschen aufbauen, muss lernen, mit sich selbst zufrieden zu sein. Wer nicht allein sein kann, wird nie aus dem eigenen Brunnen schöpfen können. Auch du wirst das lernen müssen. Dein Freund Georg, der Grieche, führte mich die Stiegen vom Bahnsteig hinab, als der Zug mit dir abgefahren war. Mein Herz war schwer, Abschied ist Trennung, und ich liebe dich sehr!

Ich betrat zu Hause dein leeres Zimmer, den Trümmerhaufen der Kindheit. Ich versuchte aufzuräumen, um mich abzulenken. Was aber ist Aufräumen? Es ist das langweilige Stellen der Dinge an einen bestimmten Ort. Wozu? Für wen? Das Auge des Vaters will eben auf stillgelegten Dingen ruhen und sich an der Ordnung ergötzen. Ich musste mich ein halbes Leben dieser Ordnungsliebe widmen, selbst ein Kind, das Unordnung liebte als Zeichen der Fantasie. Ausdruck vom Vielfachen, das den Geist belebt, Sprunghaftigkeit der Einfälle, eine Fülle, die nicht in ein Korsett der Ordnung zu pressen ist. Vielleicht nur Faulheit, wie es die Ordentlichen nennen?

Auch heute noch graut es mir vor gespitzten Bleistiften, gefalteten Blättern und abgestaubten Schreibtischen. So sah ich in deinem Durcheinander mein Spiegelbild und nahm es hin, traurige Ordnung zu machen.

Jetzt sitzt du im Zug, der Heimat entflohen, die Berge bleiben zurück – vor dir flaches Land und beleuchtete Schlote mit erbärmlichen Hinterhöfen. Das Ruhrgebiet wird dich bald wieder haben mit seinen Erlebnissen, die es für dich bereithält.

Werde glücklich, meine Tochter, lebe wohl, mein Kleines. Ich bin mit Vater sehr traurig und doch froh, dass du schon 20 Jahre alt bist, selbstständig und erwachsen, wie man so schön sagt. Hier ist alles verwaist – für immer? Werde glücklich und zufrieden und versuche, kein Heimweh zu haben.

Brief an den Enkel:

Meinem lieben Samuel

Ja, heute bist Du geboren worden! Man hat Dich überhaupt nicht gefragt, ob Du auf die Welt kommen willst. Aber Deine Mutter hatte genug von dem Gestrampel in ihrem Bauch, in ihm wurde es auch für Dich langsam zu eng. Liebe stand am Anfang Deines Werdens und dieselbe Liebe leuchtet jetzt aus den Augen Deiner Eltern, wenn sie Dich still betrachten können. Du bist rund und schön, nur Deine Hände sind faltig wie die Hände einer alten Frau und doch ist ein großer Unterschied zwischen den Sorgenfalten der Alten und Deinen Runzeln, die sich bald glätten werden. Deine Augen sind geschlossen, zu viel Neues gibt es zu sehen. Und doch blickst Du weise durch die gesenkten Lider. Bald wirst Du Deinen Blick wie aus einer anderen Welt mit tausend Fragen auf uns richten. Im Stillen aber kannst Du die Glückseligkeit Deiner Eltern fühlen. Aus der Dunkelheit ins Licht und das für immer – ein Erlebnis, das man nur herausschreien kann.

Deine Großmutter aber hat Sekt mit Deinem Großvater auf Dein Wohl getrunken und schwebt auf einer rosa Wolke. Sie weiß, sie hat nicht vergeblich gezittert.

Samuel, ich sehe Dich klug und weise vor mir stehen. »Großmutter« wirst Du einmal sagen und ich werde glücklich sein. Mädchen – sie sind lieb und reizend und doch strömt eine männliche Hand Verlässlichkeit und Zuneigung aus. Der liebe Gott – er möge Dich beschützen. Er gebe Deinen Eltern die Kraft, Dich lebenslänglich zu begleiten, und schenke Dir ein gutes Leben. Ich

aber hoffe, so lange zu leben, dass ich sehen kann, was einmal aus
Dir wird.

Omi

Und weiter dreht sich das Karussell, die Urenkel werden geboren:

Die Ur-groß-mutter
Heute ist es so weit, ich soll Ur-groß-mutter werden! Ich weiß es
seit Weihnachten. Jetzt kommen mir schon die Wehen – von damals, denn ich habe mich zu dieser Generationsfolge brav
»durchgelitten«. Das erste Kind meiner Enkelin Birgit, fast ein
Jahr in ihrem Bauch. Jetzt schon monatelang ultra-beschallt. Es
wird ein Mädchen, welchen Namen soll es tragen? Wird es blond
oder dunkel, fröhlich oder …? Felicitas – die Glückliche? Guter
Rat ist teuer. Habe schon das Telefonbuch durchgeblättert, die
Auslese ist zu mager. Also abwarten. Nun aber, wie wird man mich
nennen? Urli oder Uromi? Ich darf mir die Haare weiß wachsen
lassen, muss sehen, wie ich zu falschen Zähnen komme, darf
schlecht hören und sehen, darf viel vergessen und beim Bücken
stöhnen. Muss nicht früh aufstehen, soll nicht so viele Choleste-
rine haben. Aber im Übrigen ist es egal, ob meine Gefäße verstopft
sind oder nicht. »Ur« ist im Kreuzworträtsel das älteste Rind! Also
altes Rindvieh, wozu lebst du noch? Ich will es sehen, dieses erste
Urenkelkind! Will es an mein altes Ur-Herz drücken.
Sehe mir alle Pampers-Werbungen an und bin schon wieder verliebt in diese zarten Bäckchen, die nicht nass bleiben sollen, er-
freue mich am seligen Babylächeln und den kleinen Fingerchen,
die einmal das Schicksal eines Erwachsenen in die Hand nehmen
sollen.
Der erste »Augenblick« bleibt unvergessen! Also, komme bitte
termingerecht, Du liebes Ur-Enkelkind, sonst schießt mir die Ur-
Milch zu früh ein. Und wenn Du das Licht dieser Welt erblickst
und schreist wegen der Schwierigkeit, aus dieser Höhle heraus-
zukommen, dann wisse, dass Dich in der Ferne Ur-Arme empfangen!

Die Beschäftigung mit Wertvorstellungen und Denktraditionen findet vor allem in der Auseinandersetzung mit den Kindern und deren Weltbildern statt. Und dann und wann klingt ein Hauch von Sehnsucht nach vergangenen Kindertagen an …

Mutti, wann wirst Du endlich erwachsen?
Ja, meine Kinder haben es schwer mit mir! Ich war einfach zu jung, als ich sie bekam. Meine Kindheit hielt mich noch fest, zu fest. Meine Eltern ließen mich kaum los aus Angst, ich sei dem Leben ohne sie nicht gewachsen. Also stürzte ich in die Arme meiner ersten Liebe und das blieb nicht ohne Folgen.
Ja, Mutti, wenn man so früh heiratet, hat man eben noch keine Lebenserfahrung.
Natürlich, es stimmt fast alles, was meine Kinder sagen. Wann aber ist der günstigste Moment zur Eheschließung?
Schau, Mutti, zuerst muss die Frau einen Beruf erlernen, damit sie weiß, was sie allein leisten kann, welche Fähigkeiten in ihr stecken. Also so wie eben Blumen aus Stecklingen werden – oder nicht.
Wann soll sie dann an die Gründung einer Familie denken?
Natürlich wenn sie den richtigen Mann gefunden hat, der eben ein einfühlsamer Partner ist und verspricht, die Lasten des Familienlebens gemeinsam tragen zu helfen.
Aber warum lieben wir gerade Männer, die anders sind als wir? Könnten sie alles so gut wie eine Hausfrau und Mutter, wozu sollten sie dann heiraten? Das »Zuhause« hängt doch auch heute noch von den schöpferischen Fähigkeiten der Frau ab.
Mein Gott, bist Du altmodisch, Mutti. Heute lernen die Söhne schon bei ihren Müttern, im Haushalt ihren Mann zu stehen, man muss eben wissen, wen man liebt.
Natürlich sehe ich alles ein, ihr meint es ja gut mit mir. Ich möchte ja auch im Alter gerne o.k. sein – ohne Kopfschmerzen, ohne Knieschmerzen, ohne Kilo (zu viel), ohne Krampfadern: auf deutsch – in Ordnung. Aber ich bin eben nicht erwachsen, ich sehe meine alten Kinderschuhe an – soll ich sie vergolden lassen? – und tripple so gerne durch die Welt voller Wunder. Denn jeder Tag ist neu und macht gern einen Strich durch alle »Überlegungen«.

Ja, Mutti, dann darfst Du Dich nicht wundern, wenn Du uns manchmal nervst. Auch unsere Kinder (die ich mit großgezogen habe) *finden Dich manchmal sehr schwierig. Du verstehst sie oft schlecht, man muss Dir vieles öfter sagen, denn Du vergisst alles so schnell. Manchmal glauben wir, Du bist einfach nicht erwachsen geworden oder wirst wieder wie ein Kind. Vielleicht solltest Du in eine Gruppentherapie gehen, wo man das ›Erwachsensein‹ lernt.«*

Ja, vielleicht, aber wie sehe ich dann die Welt? Einfacher, nüchterner, abschätzbarer, liebloser? Ja, das ist es, was mich stört. Der Verstand ist leider ein Feind der Liebe. Die Barmherzigkeit hält es mit der Güte. Sie sind nicht messbar, sie haben im o.k.-Leben keinen Platz.

Bitte, Mutti, nur keine Ausflüchte. Es gibt doch jetzt genug Menschen, die Gutes zu tun bereit sind. Verherrliche bitte nicht Deine Welt. Es gab genug Grausamkeit, jetzt haben wir Frieden!

Also wieder vor das Femegericht, ich kenne das zur Genüge – Generationshaftung! Hoffentlich werdet Ihr damit von Euren Kindern verschont.

Bist Du jetzt böse?

Nein, nur traurig.

Es ist schwer mit Dir, Du änderst Dich nicht!

Wer kann sich ändern? Ich kenne Niemanden. Es gibt vielleicht Menschen, die ihr Wesen langsam zur Harmonie bringen zwischen sich und der Umwelt und auf die »Selbstverwirklichung« zugunsten der Mitmenschen verzichten.

· *»Schau, Hauptsache ist, Du bleibst gesund – wir lieben Dich ja eigentlich so wie Du bist!«*

Danke, danke, ich werde versuchen, erwachsen zu werden ...

Altwerden bedeutet auch, sich mit den kleinen und großen Beschwerden auseinanderzusetzen. Manchmal gelingt es besser, manchmal schlechter:

Sonntag nach Allerheiligen im ersten Schnee

Ich bleibe lange im Bett. Draußen fegt der raue Winterwind, die letzten Blätter fallen, rostbraun glänzend in bunter Schönheit. Die

Gräber sind geschmückt, der Schmerz ist wieder groß, die Kerze der Erinnerung brennt. Aber einmal erlischt auch sie und macht der Sonne Platz, die langsam durch die Nebel blickt.

Am besten, ich mache mir das Frühstück. Aber, was darf ich essen nach meiner letzten Untersuchung? Etwas Brot – ja, Butter – nein, Kaffee – nein, Zucker – nein, Milch – wenig. Also Tee mit Saccharin und Margarine. Ich bin schon am Vormittag hungrig. Als Ablenkung am besten Musik. Dazu passt ein guter Wein – Frühschoppen. Soll aber nicht sein. Kein Alkohol, auch wenn er aus dem töchterlichen Weingarten stammt. Am besten Sicheldorfer für die Schilddrüse. Brrrr. Die Stimmung sinkt. Es kommt Besuch. Draußen ist es bitterkalt. Vielleicht ein Schnäpschen? Aber, was sagt die Magenschleimhaut dazu? Gereizt. Auch Aufregungen reizen. Also keine Politik, über die ich mich aufrege, obwohl ich doch nichts ändern kann. Alles haarsträubend. Doch ich brauche meinen Adrenalinstoß, es wird mir schon ein geeignetes Problem einfallen, man kann sie sich ja auch machen.

Jetzt läutet das Telefon. Es ist meine liebe Tochter – meine Hausärztin. »Mutti, bist jetzt traurig, weil ich dir so viel verbieten muss? Du bist eben an der Grenze zum Alterszucker. Dein Herzinfarktrisiko ist vorhanden wegen der zu hohen Cholesterinwerte, die Magenschleimhaut darfst du nicht reizen. Der Blutdruck ist etwas erhöht – also Vorsicht geboten. Aber du tust mir Leid. Ich glaube, du weißt am besten, wie du mit diesen Befunden leben musst. Vergiss nie, dass wir dich lieben.« Ja, das ist wichtig. Dann kann ich leichter fasten. Vorläufig stecke ich mir und dem Hund die letzten Bonbons doch in den Mund – ich soll ja nicht traurig sein!

Der Schnee fällt. Wasser wird es daher genug geben und das Korn für das Brot ist auch schon geerntet, also keine Hungersnot. Ich bin die Gefangene meiner Befunde, aber nicht in Einzelhaft! Meine Familie ist bei mir – in Gedanken – fern und nah. Für sie werde ich mich beschränken. Eine alte Mutter, Großmutter und Urgroßmutter – Prost – mit Sicheldorfer!

Mit wachen Augen geht die Geschichtenerzählerin durch die Welt, macht ihre Beobachtungen, setzt sich mit ihrer Geschichte und der ihrer Familie auseinander, äußert Wünsche und Hoffnungen und entwickelt Zukunftsvisionen, von denen sich manche wie ein Auftrag lesen lassen:

Mütterlichkeit!
In der Straßenbahn mir gegenüber sitzt eine alte Frau, sie hält die Hände in ihrem Schoß. Nur der Ehering schmückt diese Zeugen der Arbeit. Wir kommen ins Gespräch. Ich vermute, dass sie viele Kinder hatte. »Ja, es waren sechs.« »Genug zu tun?« »Na ja, wissen's, man wurschtelt so fort, bis sie groß sind.« »Nie an Selbstverwirklichung gedacht?« »Na, wirklich nie, ich weiß auch nicht, was das eigentlich ist. Ich mein', die Kinder waren ja wirklich da und wenn sie gewachsen sind, dann hab' ich mich gefreut.« »Bei so vielen Kindern haben Sie wohl keinen Beruf ausgeübt?« »Na, Hausarbeit ist ja kein Beruf!« »Können Sie noch etwas arbeiten?« »Ja, a bisserl geht schon noch, grad, was mein Mann und ich noch brauchen. Dann kommen's mit den Enkeln, man tut, was man kann.« »Haben Sie keine Leiden?« »An die ist man gewöhnt, die Knochen, die Gelenke, das Schnaufen, wie bei einem alten Auto, das klappert, aber noch fährt.« Eine junge Frau mit Kind am Arm steigt ein. Die alte Frau erhebt sich als Erste. »Setzen Sie sich mit dem Kind hin, damit's nicht erdrückt wird.« »Danke« sagt die junge Mutter nimmt ihr Kind auf den Schoß und hält die kleinen Finger wie eine Kostbarkeit in ihren noch unverbrauchten Händen. Das Kind lächelt die Wohltäterin an. Die Mütterlichkeit hatte sich verbreitet und das Herz des Kleinen erwärmt. Wir sollten sie behüten, pflegen mit jedem Wort und jeder Geste zum Wohle der Menschheit.

Und welcher Text ist G. R. besonders ans Herz gewachsen? Es ist ein Gedicht von Goethe, in dem das Lebensmotto der Erzählerin besonders schön zum Ausdruck kommt:

Aus: »Dauer im Wechsel«
Willst Du nach den Früchten greifen,
eilig nimm Dein Teil davon,
Diese fangen an zu reifen,
und die andern keimen schon.
Gleich mit jedem Regengusse
ändert sich das stille Tal,
Ach und in dem selben Flusse
schwimmst Du nicht ein zweites Mal.

3

AUS DER SCHATZKISTE DES LEBENS: GESCHICHTEN, DIE DAS LEBEN SCHREIBT

◼ Alltagsgeschichten

Von irgendwo bringt dieser neue Wind,
schwankend vom Tragen namenloser Dinge,
über das Meer her, was wir sind.
Rainer Maria Rilke

Der folgende Abschnitt ist nun ganz den Geschichten selbst gewidmet. Sie erzählen von den verschiedenen Lebensstationen, werfen Licht in dunkle Ecken des Lebens, lassen den einen oder anderen Lebensbaustein besonders hervortreten oder stellen eine Art Gesamtschau des Lebens dar. Kleine Alltäglichkeiten kommen ebenso zu Wort wie die Auseinandersetzung mit Krankheit, Leid und Tod. Geschrieben oder erzählt wurden die Texte von ganz unterschiedlichen Menschen. Alte wie Junge, Männer wie Frauen kommen zu Wort und erlauben dem Leser einen Blick in verschiedene soziale Milieus und den jeweils sehr persönlichen Zugang zu den Geschichten des Lebens:

- ◼ Der eine fängt zum Beispiel in ein paar wenigen Sätzen innere Bilder ein und gibt ihnen die Form eines Gedichts.
- ◼ Der andere entwickelt eine Erzählung, die sich um ein ganz konkretes Ereignis rankt.
- ◼ Und wieder ein anderer lässt sich von der Geschichte selbst forttragen, in fremde Länder und an mythische Orte …

Auch die Sprache, die das Bindeglied zwischen Erzähler und Zuhörer bzw. Leser ist, nimmt von Geschichte zu Geschichte einen ganz individuellen Stil an. Ich habe bewusst recht unterschiedliche Texte zusammengestellt. Weit ausholende Sätze, komplizierte Satzbauten, verschachtelte Konstruktionen stehen neben kühlen, knappen, klaren Aussagen. Manche Geschichten sind »durchkomponiert«, stilistisch ausgefeilt, während andere direkt aus dem Erzählfluss übertragen wurden. Der eine Text lädt ein, sich auf eine angenehme Reise zu begeben. Man fühlt sich gleich darin aufgehoben, geborgen, begegnet vertrauten Bildern, bekannten Stimmungen – und ist die Geschichte dann zu Ende, fühlt man sogar ein leichtes Bedauern. Andere Texte sind spröder, verlangen schon beim Lesen eine andere Art von Aufmerksamkeit, lassen vielleicht die herkömmliche Schreibweise hinter sich und locken den Leser auf unbekanntes Terrain.

Einige der nachfolgenden Geschichten ragen aus dem rein Persönlichen hinaus und weisen auf einen bestimmten übergeordneten Themenkreis hin, der in der einen oder anderen Form in jeder Lebens-Geschichte »Thema« wird. Die Ausführungen zeigen auch, wie unterschiedlich die Impulse aufgegriffen und bearbeitet werden können!

Das Leben in der Familie

»Damals blühte der Jasmin…«: Kindheitserinnerungen
»Heile, heile Segen…«: Rituale der Kindheit
»Sprichwörtlich«: Leitsätze fürs Leben
»Kerzenduft und Lichterglanz«: Weihnachtsgeschichten

Viele in Geschichten verpackte Erinnerungen aus der Kindheit erzählen von Ritualen. Es sind die immer wiederkehrenden Handlungsabläufe, die Kindern ein Gefühl von Sicherheit und Geborgenheit vermitteln. Dazu gehören die täglichen kleinen Wiederholungen ebenso wie der Lauf der Jahresfeste. Auch markante Personen, »besondere« Menschen und deren Lebensweisheit prägen sich ein und begleiten den Lebensweg.

Die stille Stadt
Zimmer, Zimmer, Räume … wieder in einer anderen Stadt, diesmal in Graz. Das Zimmer hat wie alle Zimmer Fenster und Türen, Schränke, ein Bett, sogar Komfort, einen Schreibtisch, Lampen, ein Badezimmer. Ich lege eine Decke auf den Boden. Ich weiß noch nicht warum und wozu, ein Ritual, etwas mir Bekanntes, Gewohntes …

So gingen wir durch die Stadt, und ein sonderbares Gefühl von früher, etwas Bekanntes umhüllte mich. Das Bewundern der Stadt war es nicht, bis ich herausfand, dass die Stadt sehr still war, manchmal fuhr ein Auto, manchmal fuhren Radfahrer, doch waren die Straßen leer, wenig Menschen, wenig Verkehr und plötzlich wusste ich, dass dies aus meiner Kindheit stammte, aus einer Stadt, die dieser ähnlich war. Aber auch dies war nicht das Maßgebende, sondern die Stille, die leeren Straßen, der spärliche Verkehr, es waren einfach Zeiten, in denen es noch nicht so viele Autos gab wie heute, auch nicht so viel Lärm von elektrischen Geräten. So schlenderten wir durch die Gassen, und es war ein anderes Gehen als üblich. Es war ein Gehen in Muße, ein Gehen des Vergnügens, Zeit zu haben, bewundern, bestaunen. Über uns der Himmel und die weißen Wolken, die immer wieder die Dekoration der Türme und Gipfel veränderte. Ich wurde leicht und froh, drehte mich um und wieder um und sah, dass es wirklich war, was ich sah.

(M. Goldberg, 69 Jahre)

Ritual aus Kindertagen
Er sitzt auf einer Bank im Park und beobachtet schon des längeren eine Frau. Sie trägt ihr Alter mit Würde, denkt er. Sie geht versonnen neben dem Spielplatz auf und ab. Ihre Enkelin wird es wohl sein, das Kind, das mit Hingebung im Sandkasten spielt. Da stockt die Frau und er kann den Grund erkennen: auf dem Boden, mit Kreide gezeichnet, die Kästchen zum Tempelhüpfen. Die Frau schaut sich um, bückt sich verstohlen nach einem Kiesel, wirft ihn in ein Kästchen. Es ist das richtige, denkt er. Sie schaut sich um, ihn hinter dem Gebüsch bemerkt sie nicht, stellt sich beidbeinig hin, Füße zusammen, denkt er, wie alle Kinder, konzentriert sich, stockt, wischt sich die Haare aus dem Gesicht, schaut noch einmal um und hüpft nach dem uralten Ritual im Labyrinth der Göttinnen und sie ist das junge Mädchen, sie ist die Priesterin, sie ist die große Mutter, fruchtbar voller Leben, sie ist die weise Frau und sie ordnet ihre Haare, schaut sich verstohlen um, bückt sich nach dem Kiesel und steckt ihn in ihre Tasche. Ihre Augen suchen das

Kind, es spielt mit Hingebung im Sandkasten.
(Karl Mittlinger, 52 Jahre)

Lebensspruch: Ja zum Leben – mit Humor
Sie hat es nicht leicht gehabt in ihrem Leben. Als junges Mädchen hat sie sich in einen »Falott«, einen Luftikus und Herzensbrecher verliebt. Ins ferne Frankreich wollte sie ihm folgen, wo er als Bergarbeiter Arbeit fand. Die Mutter war dagegen. Der Vater war dagegen. Doch dann kamen die Briefe. Arbeit hätte er gefunden und eine Wohnung. Warten würde er auf sie. Da konnte sie nichts mehr halten. Sie brach die Zelte hinter sich ab und fuhr in das fremde Land mit der fremden Sprache.

Doch außer ihrem Geliebten fand sie nichts als Armut, keine Wohnung, wenig zu essen. Bald hatte sie zwei kleine Kinder, lebte nach wie vor in einer Baracke, die sie mit anderen Bergarbeiterfamilien teilte. Der Mann wurde schwierig, begann zu trinken.

Dann rollte der Krieg über Europa, die junge Familie musste aus Frankreich zurück in die alte Heimat. Dort waren die zwei Kinder »kleine Fremde in der Heimat«. Niemand verstand sie, diese Kinder. Eine Holzbaracke wurde zur neuen Heimat. Der Mann trank weiter und wurde vom »Luftikus« zum »Bruder Lustig«. Mit Liebe, Geduld und Humor ertrug die Frau die Schicksalsschläge. Sie fing immer wieder von Neuem an. Die Liebe zur Natur war ihr ebenso gegeben wie die Liebe zu den Menschen. Für sie hatte sie immer ein gutes Wort, ein Lächeln bereit. Für die Kinder im Dorf eine kleine Zärtlichkeit, einen kleinen Scherz.

Der Schwiegertochter wurde sie zur mütterlichen Freundin. Als ein mongoloides Kind geboren wurde, nannte sie es ein »Gottesgeschenk«, das sie in ihr gütiges Großmutterherz schloss. Bis ins hohe Alter hat sie gern gefeiert, war gern unter Menschen und man sah sie oft bei einem Glas Wein in ihrem kleinen Garten sitzen.

Die Kirche war ihr wichtig. Den Rosenkranz trug sie immer bei sich. Der Rosenkranz und die Abendandacht – auch das gehörte zu ihr. Im hohen Alter von 85 Jahren wollte sie noch unbedingt an einer Schluckimpfung gegen Kinderlähmung teilnehmen. Auf dem Weg zum Arzt lief sie in ein Auto …

Für mich wurde diese Frau – meine Oma – zum leuchtenden Beispiel für Geduld und Güte, für Warmherzigkeit, Naturverbun-
denheit und für die Fähigkeit, schwere Schicksalsschläge ins Positive zu wandeln. Der Spruch auf einem Wandteller in ihrer Küche
drückt ihren Lebensleitsatz sehr treffend aus:

> Wohl dem, der's Beste nicht verlor
> im Kampf des Lebens –
> den Humor
> *(Jackie P., 42 Jahre)*

Mutters Bluse

Ich trage eine Bluse, die ich von Tirza geschenkt bekommen habe.
Sie hat sie abgelegt oder wollte sie nicht mehr tragen, wollte, dass
ich sie habe, oder noch etwas anderes. Dann lag die Bluse lange
bei mir im Schrank, bis ich begann, sie manchmal zu tragen. Es ist
eine Bluse, die sich gut anfühlt beim Tragen, weich, hat lange Är-
mel und einen runden Ausschnitt. Der Stoff ist leicht, ist schwarz
und hat weiße Punkte. Irgendwie berührt er mich, nicht nur meinen Körper, auch meine Erinnerungen an alte Zeiten. Dieses
Muster ist nicht mehr modern. Meine Mutter hatte Kleider, die
auch so ein Muster hatten, getupft mit Punkten. So fühle ich mich
meiner Mutter nahe, wenn ich diese Bluse anhabe. Ich befrage
mich manchmal. Wer war meine Mutter? Wie war ihr Leben? Ich
habe sie immer als selbstverständlich genommen. Sie hat mich
immer bedient, etwas für mich getan. Was konnte ich für sie tun?
Was ich jetzt tue, ist, dass ich manchmal diese Bluse anzieh.
(M. Goldberg, 69 Jahre)

Dorfleben–Stadtleben

»Jahreszeiten-Lebenszeiten«: Brauchtum und Tradition
»Heimat-Klänge«: Wortspiele und Sprachschätze
»Festliches«: Große und kleine Ereignisse
»Es tönen die Lieder…«: Musikalischer Bilderbogen
»Rosen, Veilchen, Nelken…«: Der Duft der Heimat

Erinnerungen an das soziale Umfeld, an die »Heimat« im weitesten Sinn, führen oft in versunkene Welten alter Dorftraditionen. Das größere soziale Umfeld mit seinen typischen Regeln, den Festen und Feiern, aber auch mit seiner bestimmten Klang- und Duftkulisse sind tief im emotionalen Gedächtnis verankert.

Festliches: Hochzeit in Schwarz
In meiner Kindheit da hat's nur »schwarze Bräute« gegeben. Das Hochzeitskleid war schwarz, nur der Schleier war weiß. Und einen schönen Brautkranz haben die Frauen gehabt. Die Männer haben einen Gehrock und einen Zylinder getragen … Bei meinen Eltern war das auch so. Auf dem Hochzeitsfoto meiner Eltern schaut der Vater ganz würdig aus. Ein schöner Mann. Die Mutter ist mir fast fremd. Ich kenne sie ja nur dick und kuschelig. Bei mir war sie schon alt, ich bin das siebente Kind von 10, die überlebt haben. Insgesamt waren es 13 Geburten. Ja, sie selbst hat schon früh ihre Mutter verloren, mit 17. Da hat sie ins Nachbardorf müssen. Sie hat so Heimweh gehabt, dass sie immer auf einen Hügel vor dem Dorf gelaufen ist, denn dort hat sie wenigstens die Kirchturmspitze von ihrem Dorf sehen können. Der Vater war um einiges älter als die Mutter. Er hat sich sehr für sie interessiert und ist immer ins Haus vom künftigen Schwiegervater gegangen. Da sind sie dann gesessen, am Abend, um den Tisch. Und wenn's dann 10 Uhr war, hat der Opa »Hm« gemacht. Dieses »Hm« war das Zeichen zum Aufbruch. Einmal hat der Opa gesagt: »Aber sie ist doch noch so jung!« Mein Vater hat geantwortet: »Die wird schon

noch älter!« Damit war die Hochzeit beschlossene Sache ... Ja, die Hochzeit. Im schwarzen langen Kleid. Und den ganzen Tag ist gefeiert worden. In der Kirche. Und in allen Gasthäusern. Feste waren immer Kirchenfeste. Das hat alles seinen geregelten Ablauf gehabt, das Essen, der Tanz ... Der Brautkranz meiner Mutter ist in einer Glasvitrine im Schlafzimmer der Eltern gelegen – das weiß ich noch genau!
(Wally S., 84 Jahre)

Dorfleben
Bei seiner Geburt gab es in seinem Elternhaus noch kein elektrisches Licht, keine Straße führte zum Bauernhof. Natürlich gab es bis in die sechziger Jahre keinen Traktor, Kühe wurden als Zugtiere verwendet. Wären da nicht die sentimentalen Erinnerungen an den Krieg gewesen und die Schicksale der Auswanderer nach Amerika, er hätte ebenso gut ein Jahrhundert früher aufwachsen können und es wäre wohl das gleiche Leben gewesen, die gleichen Geschichten im Schatten, wenn das Heu zur Mittagszeit trocknet, das strenge Zeremoniell der Fronleichnamsprozession, die Totenwachen, das Sauabstechen, das Fensterln, die umherziehenden Bettler, ohne die Neujahrsgeiger fängt kein Jahr gut an, das Blochziehen mit den furchterregenden Gestalten, die Maiandachten – wäre da nicht das Radio und Freddy Quinn. Ohne das Meer gesehen zu haben, kennt er jene Sehnsucht,
es kommt der tag, da will man in die fremde
denn der Vater bekommt glänzende Augen
dort wo man lebt, scheint alles viel zu klein
und seine Frau fährt ihm durchs Haar und lässt ihn
fährt ein weißes schiff nach hongkong
summen, sie weiß, aufwachen aus seinen Träumen wird er in ihren Armen und er wird sie begehren, der Tod erst wird sie scheiden,
aber dann in weiter ferne hab ich sehnsucht nach zu haus, und ich sag zu wind und wolken, nehmt mich mit, ich tausche gerne all die vielen fremden länder gegen eine heimfahrt aus
und er füttert vergnügt seine Kühe, mäht seine Wiesen, stapft

schwitzend hinter seinem Pflug, sät sein Korn und geht am Sonntag in seine Kirche und sein Bub hört ihn die alten Schlager singen und pfeifen. Das war meine Kindheit, denkt er, die Träume der Seeleute, die Sehnsucht der Legionäre, die Freiheit der Matrosen.
(Karl Mittlinger, 52 Jahre)

Kornrade im Roggen
Bei uns im Dorf sind alle Kinder in eine Klasse gegangen. Da waren alle von der Klasse eins bis sieben zusammen. Für die Schule haben wir die guten Kleider angezogen. Im Sommer war es schön. Auch einen Turnunterricht hat es gegeben. Wir sind auf der Straße gewesen und haben »marschieren« gelernt. Tja, der Lehrer war dann wohl Gruppenleiter in der Nazizeit – ich weiß gar nicht so genau …
Im Winter – o Gott – war es da kalt. Einen Mantel gab es nicht, und der Klassenraum war auch noch kalt, als wir in der Früh hinein gekommen sind. Ganz verfroren waren wir.
In der Schule haben wir viele Gedichte gelernt. Ich weiß auch nicht, warum mir die Geschichte von der Kornrade so im Kopf geblieben ist:

Der Bauer steht vor seinem Feld
und zieht die Stirne kraus in Falten.
Ich hab' den Acker wohlbestellt,
auf reine Aussaat streng gehalten.
Jetzt seh' mir ein's das Unkraut an,
das hat der böse Feind getan!
Da kommt sein Knabe hochbeglückt
mit bunten Blumen reich beladen.
Im Felde hat er sie gepflückt,
Kornblumen sind es, Mohn und Raden.
Er jauchzt: sieh' Vater nur die Pracht,
die hat der liebe Gott gemacht!
Wenn ich heute ein Unkraut sehe, dann muss ich immer an dieses Gedicht denken!
(Frau S., 85 Jahre)

Heimat
Heimat ist für mich der Duft warmer Milch.
Heimat ist dort, wo man einen Freund hat.
Heimat ist für mich der Gesang der Vögel am frühen Morgen.
Heimat? – Dort wo mein Herz ist!
Heimat ist Geborgenheit, Schutz, Sicherheit, Liebe.
Heimat ist dort, wo meine Familie ist.
Heimat ist in mir.
Heimat ist dort, wo mein Haus steht.
Heimat – ein innerer Ort, den mir niemand nehmen kann!
(Aussagen von Inge, Maria, Peter und Martin – alle Mitte 30)

Dunkler Himmel und flimmernde Sterne …
Es ist schwer zu sagen, wie weit die Erinnerungen eines Menschen
reichen können.
Über dem Rande des Kobers der Kalesche sah er in den dunklen
Himmel der Nacht. Er sah die Sterne, hellere und dunklere, langsam am Rande des Kaleschendaches verschwinden und neben der
Hutkrempe des Kutschers und dem Peitschenstiel neue in sein Ge-
sichtsfeld rücken. Er lag auf dem Schoße seiner Mutter, in eine
Decke gehüllt, vielleicht noch im Steckkissen. Der breite Rücken
des Kutschers, den sie Pischta riefen, schwankte am Bock hin und
her. Nur selten griff er zur Peitsche, denn den Braunen genügte ein
Schnalzen mit der Zunge oder ein leiser Zuruf, um sie in Trab zu
halten. Wenn sie an einem Baum, der am Straßenrand stand, vor-
beifuhren, oder an einem Brückenpfeiler, rauschte die Luft, und
ein leiser Hauch ließ den Knaben die Lider schließen. Und wenn
eines der Pferde auf der staubigen Straße mit seinem beschlagenen
Huf an einen Stein stieß, gab es einen klingenden Laut. Sonst war
nur das Gerumpel des Wagens da und der dunkle Himmel voller
Sterne. Sie waren schon im Morgengrauen in Mediasch aufgebro-
chen, um zur Großmama nach Reen zu fahren. Nun rollten die Räder schon im Tale des Mieresch, sie würden bald am Ziel sein.
Dieses alles wusste der kleine Junge nicht. Nur der dunkle Himmel
mit den flimmernden Sternen blieb in seiner Erinnerung haften.
(W. Reißenberger, 72 Jahre)

Glaubensbilder–Wertstrukturen

»Himmel und Hölle…«: Glaubensbilder der Kindheit
»Als das Wünschen noch geholfen hat«: Märchenbilder
»Lieber Herr Jesus, sei unser Gast…«: Stunden des Gebets
»Meine Wahrheit«: Verschobene Bilder der Erinnerung
»Weil nicht sein kann, was nicht sein darf«: Denk-Traditionen

Lebensgeschichten bringen mehr oder weniger deutlich immer auch bestimmte Grundhaltungen, Überzeugungen und Weltanschauungen zum Vorschein. Dabei können die Bilder in die Märchenwelt vergangener Tage führen und zu den Vorstellungen aus Kindertagen. Manchmal werden »alte« Denkweisen als Ausgangspunkt genommen, um Brücken zu schlagen von der Vergangenheit zur Gegenwart. Manchmal wird aber auch die Vergangenheit zum Ort inneren Friedens, zu einer Kraftquelle ganz eigener Art.

Abendgebet
Im Sommer sind wir immer barfuß herumgelaufen. Am Abend hat Mutter dann eine kleine Wanne hingestellt. Wir sind auf der Treppe gesessen und haben uns die Füße gewaschen. Und dann hinauf ins Bett. Das war jeden Abend so. Auf dem Weg ins Bett haben wir schon angefangen zu beten. Ich kann es noch heute, das Gebet:

Bevor ich mich zur Ruh begebe
zu Dir o Gott mein Herz ich hebe
und sage Dank für jede Gabe
die ich von dir empfangen habe
und habe ich beleidigt dich
verzeih' es mir so gnädiglich
dann schließ ich froh die Augen zu
es wacht der Engel wenn ich ruh.

Und das war jeden Abend so. Auch die Eltern haben gemeinsam gebetet auf dem Weg von der Stube ins Schlafzimmer. Dieses Gebet und dann noch ein Vaterunser für die Verstorbenen und eines für eine gute Sterbestunde.

(Wally S., 84 Jahre)

»Die Guten ins Töpfchen ...«: Ordnungen und Verschüttungen
Vor einigen Wochen nahm ich meine Schüssel, in der ich Knöpfe sammle, setzte mich auf den Boden und begann, die Knöpfe auf Papier zu legen. Einfach so.
Mir kommt die Märchen-Aussage in den Sinn: »Die Guten ins Töpfchen, die Schlechten ins Kröpfchen«. So kam mir nach einiger Zeit die Assoziation von Frauen, die ihr ganzes Leben eine ähnliche Handlung wiederholen: die Reiskörner, das Getreide und andere Körner zu säubern, bevor sie gekocht werden. Dies kam mir erst, nachdem ich schon länger die Knöpfe auf dem Blatt hin- und hergeschoben hatte, die großen, die bunten, die perlmutternen. So ließ ich das Blatt mit den Knöpfen auf dem Boden liegen und ging jeden Abend wieder davor, um etwas zu verschieben, zu verändern, es aufzulösen und neu zu gestalten. Bis ich es am letzten Tag ganz auflöste und zurück in die Schüssel schüttete. So taucht oft etwas auf, das lange verschüttet war und sich auch nochmals neu ordnen kann.
(M. Goldberg, 69 Jahre)

Alles gerät ins Wanken ... Vertrocknete Blumen
Auf dem Tisch steht sie, die Vase mit den vertrockneten Blumen. Ich sehe sie täglich, denn es fehlt mir die Kraft, sie wegzuwerfen. Nicht, dass die Arme schlaff wären, nein auch die Beine tragen mich gut. Aber die Seele hat die Vorhänge zugezogen, sie will ungehindert trauern. Dazu passen die braunen Blätter und die traurigen Knospen der Rosen, die kaum aufgeblüht waren. Er hatte sie mir gebracht – Sinnbild der Liebe und nun stehen sie da, fast beleidigt über die mangelnde Pflege. Sollte ich sie in ein Wasser legen? Wozu? Vielleicht ist alles umsonst – in Frage gestellt. Wonach hatte ich gefragt, vielleicht ist es Krebs? Was dann? Ich hatte mir alles in den Büchern angesehen, Muskeln, Nerven, Organe. Es

gab nicht allzu viele Möglichkeiten, ich wollte abschließen, Schluss machen. Nicht mit der Rasierklinge, einfach einschlafen. Vorher noch alles regeln:

Schmuck? Er ist schnell verteilt. Geld? Ich habe keines, was sollte ich erspart haben? Es war immer zu wenig. Haus und Grund, das würde alles nach dem Gesetz gehen, wozu also diese Unruhe? Hatte ich lange genug gelebt? Was wollte ich eigentlich noch?

Einmal noch auf dem Tennisplatz stehen mit dem Schläger in der Hand, sportlich und fit. Eine schöne Reise machen, wohin, wozu? Hatte ich nicht genug gesehen? Genug ist nicht genug. Mit dem Flugzeug in die Luft brausen, in fremde Länder, immer über den Wolken, staunend die Erde betrachtend, Sonne und Mond zum Greifen nahe. Uralter Menschheitstraum.

Schweben, ja schweben wollte ich, nicht immer mit dem Fuß auf der Erde stehen, arbeitsverbunden, zeitraffend, gedankenlos.

Will ich noch die Kinder sehen? Gute Ratschläge für das Leben geben? Was ist richtig, was Recht? Ich weiß es nicht, leere Worte, zu leicht für den schweren Inhalt. Tut Gutes, gebt die Liebe weiter, sie ist doch der Motor, der wie das Brausen des Windes die Windmühle des Lebens antreibt – klapp-klapp. Oder das Rauschen des Baches, in dem die Sonne ihre Strahlen verschenkt.

Eine muntere Forelle war ich, jetzt bin ich ein fetter Karpfen, träge und in dem Teich liegend, der auf das Netz wartet, das ihn einfängt. Krebs oder heilbare Krankheit? Morgen werde ich operiert, der letzte Abend vor der Schicksalswende. *Ich will allein sein, muss beten, kann aber nicht, der Glaube schwindet, doch die Hoffnung bleibt.* Und die Liebe in den vertrockneten Blumen. Soll ich sie doch noch einmal gießen – wozu? Morgen weiß ich es, ob ich sie wegwerfen lasse oder mir einen bunten Strauß kaufe.

(Gertrud R., 53 Jahre)

Kindheit: »Meine Wahrheit«

Wenn ich die Augen schließe und an meine Kindheit denke, ist alles wie ein wunderbarer Traum. Ich sehe Blumen, blühende Bäume, fröhliche Menschen, Farben, bunte Bilder. Ich rieche den Frühling, den Winter, den Herbst und den Sommer. Ich

spüre Moos unter meinen Füßen und höre den Gesang der
Vögel, die vertrauten, beruhigenden Stimmen meiner Familie.
Ich höre meinen eigenen Gesang und fühle unbeschwertes
Glück.

Wenn ich die Augen öffne, schaue ich auch auf traurige Zeiten,
auf Streit und Tränen. Ich spüre die Angst vor den Musik-
stunden, ich spüre das Bauchweh und die Panik, nicht den richtigen Ton auf meiner Flöte zu finden. Ich höre das Zerspringen
von Glas auf dem kalten Steinboden und die harten Worte meiner Mutter. Ich sehe die fratzenhaften Gesichter meiner Fieber-
träume – wie sie aus der Wand grinsen! Ich spüre die Einsamkeit
nach einem Streit mit meiner Schwester, Wut und Zorn steigen
in mir hoch …

Doch wenn ich die Augen wieder schließe, kommt sie wieder –
»meine Wahrheit«, mein wunderschöner Traum einer unbe-
schwerten Kindheit. Ich werde ihn nie vergessen!

(Lilli S., 20 Jahre)

Lehr- und Wanderjahre

»Schritte in die Ferne«: Ablösungsprozesse
»Rosen haben Dornen«: Liebesgeschichten
»Einer von vielen…?«: Suche nach der eigenen Identität
»Extrawurst und Hochhinaus«: Fremd- und Selbstbilder
»Sag zum Abschied…«: Verlust und Abschiedsgeschichten

Die bewegten Lehr- und Wanderjahre bringen viele Erlebnisse
und Erfahrungen mit sich. Nicht alle werden positiv sein, gilt es
doch, sich von Vertrautem zu verabschieden, neue Weichen zu
stellen und seine Vorstellungen zu verwirklichen. Erst langsam,
nach und nach fügen sich die Bilder zu einem Ganzen und der
eigene Weg nimmt Konturen an.

Neuland
Langsam
sich tastend
über die Brücke
aus Wolken
von einem Ufer
zum anderen
(E. Tropper, 15 Jahre)

Verpasste Gelegenheiten

Der Frühling war, wie fast immer in Siebenbürgen, stürmisch und überwältigend über die Karpaten und das Erzgebirge im Hochland eingebrochen. Das Wasser der Flüsse schwoll an. (…) Morgens, wenn man erwachte, waren die Knospen der Bäume schon zu Blüten aufgesprungen, und ehe man sich's versah, leuchtete das helle Grün der Buchen vom Greveln herüber. Die Bänke auf der Promenade und an der alten Stadtmauer waren von Liebespärchen belagert.

In dieser Zeit erhielt ich meinen ersten Liebesbrief. Ja, ich erhielt ihn, nicht, dass ich ihn geschrieben hätte! Ungläubig, fassungslos las ich dieses Dokument einer Zuneigung, die ich weder verstand noch zu erwidern bereit war. Ich war einfach zu naiv. Später, erst viel später, als ich begriffen hatte, dass mir hier ein holdes Glück zugeblinzelt hatte, war es längst zu spät. Wenn ich der Verfasserin des Briefes begegnete, überzog sich mein Gesicht mit Schamesröte, und ihren Mund umspielte ein verächtliches, spöttisches Lächeln. Verpasste Gelegenheiten kommen einem immer erst viele Jahre später in den Sinn.

(Wolf R., 72 Jahre)

Otto: Meine erste Liebe

Er war aus dem gleichen Dorf wie ich und war der Liebling von allen – so ein Lustiger! Ich seh' ihn noch heute auf seinem Fahrrad von der Arbeit nach Haus fahren. Er pfiff immer vor sich hin und lachte. Das war der Otto. Er gefiel mir sehr. Jung war ich und er viel älter. Aber seine Mutter wollte ein reiches Mädel für ihn haben. »Der Otto braucht eine mit Geld, der will ja ein eigenes Geschäft aufmachen«, hat sie immer gesagt. Ein reiches Mädel war ich nicht – aber der Otto hat mir so gefallen. Ja, Sommer ist es geworden und ich hab' meine ältere Schwester ins Nachbardorf begleiten müssen. Sie hat all ihr Gepäck nicht allein schleppen können. So sind wir los. Arg geschwitzt haben wir. Die Räder waren so vollbepackt! Wir haben die Räder den Berg hinauf geschoben.

Bei der Rückfahrt haben mich zwei Burschen eingeholt – der eine davon war Otto! Er hat mich ein Stück begleitet, der andere ist schnell weiter gefahren. Und dann ist es ganz schwarz geworden, der Wind ist aufgekommen und geregnet hat es – furchtbar. Wir haben uns unterstellen müssen. Unter den Bäumen war es wunderbar und ich hab gedacht »Ach, würd' das Gewitter doch nie aufhören!«

(Wally S., 84 Jahre)

Abschied vom Vater: Am Morgen danach
Sie hatten den Vater gewaschen, angezogen, die Gebete gesprochen und den Leichenwagen bis zur Straße begleitet. Der ganze Hof schwieg. Er nahm die verwaisten Geräte wahr, in seinen Händen alt geworden, die stummen Gefährten seiner Tage. Hundeaugen trauerumflort, die Katzen – unbeteiligt ging er in den Wald und klagte den Bäumen seinen Schmerz. »Mein Vater ist gestorben«, schrie er ihnen entgegen, die sich ihrer harzigen Tränen nicht schämen.

(Karl Mittlinger)

Gedanken eines Reisenden auf dem Weg nach Hause
Die Straße
führt nach Hause
und doch
weit weg von mir
als wäre ich
nicht hier
sondern irgendwo
zurückgeblieben

Die Häuser
sind so fremd
die Bäume
die Straßen
die Menschen
alle sind so
anders
geworden

Der Regen
scheint kälter
der Himmel
scheint dunkler
die Leute
scheinen einsamer
die Herzen
scheinen leerer

Oder vielleicht
bin nur ich
kälter
dunkler
einsamer
leerer
geworden

?

ich weiß es nicht   .
(E. Tropper, 15 Jahre)

Schätze des Lebens

»Schatzkiste des Lebens«: Biografische Höhepunkte
»Was ich noch gerne sagen möchte…«: Gedanken zu Nie-Gesagtem
»Lebens-Wege«: Strategien zum Überleben
»Und wenn sie nicht gestorben sind«: Zukunftsvisionen

Immer wieder leuchten in einer Lebensgeschichte besondere Edelsteine auf. Es handelt sich dabei nicht nur um Spektakuläres. Oft sind es die »kleinen Augenblicke«, in denen man sich bewusst wird, wie gut man eine Situation gemeistert hat, wie dankbar man einem Menschen ist oder wie wunderbar es ist, das Glück zu spüren – heute.

Wichtige Ereignisse
Höhepunkte meines Lebens? Da war die Kindheit – eine Zeit für sich! Dann, als das Erwachsensein anfing, hat es vier große Ereignisse gegeben, die mich verändert haben.

Das erste war, als ich mit 17 Jahren als Krankenschwester in ein Kriegslazarett kam. Ich bekam eine Ahnung davon, was menschliche Zuwendung bewirken kann.

Das nächste war die Geburt meiner Tochter, ungeplant, unerwünscht und doch so wunderbar.

Dann war mein Beruf und das Gefühl der Unabhängigkeit, das Gefühl, auf eigenen Beinen stehen zu können, niemanden um materielle Unterstützung bitten zu müssen.

Das vierte war die Liebe und Ehe mit Hubert. Kurz. Zu kurz. Sein Tod hat lange Zeit mein Lachen mit sich genommen.

Alles, was sich zwischen diesen einschneidenden Erfahrungen abspielte, war ein ganz normales Frauenleben. Unsicherheit, Unruhe, Freuden, Leid, Kampf, Sieg und Niederlage. Und immer wieder die Traurigkeit über die vielen Abschiede – und die Freude an Neuem. Tränen – und Lachen.

(Elisabeth W., 75 Jahre)

Gedanken zu Nie-Gesagtem Glück
Wird es bleiben?
Noch glücklicher – ist das möglich?
Eine Minuten- bis Stundenblume
immer wieder neu,
vielfältig, ungeahnt, bunt,
heiter, tief, prachtvoll,
schillernd, klingend, duftend,
wohlschmeckend.
Ganz im Augenblick –
in der Vergangenheit gekeimt,
jetzt erblüht,
in die Zukunft weisend.
(A. Sigmund, 41 Jahre)

Überleben
Glitzernde Schneeflocken fielen in Massen aus den tiefhängenden grauen Wolkenschleiern, wurden leicht wie Federn durch die Luft getragen und blieben in kahlen Ästen hängen. Die Kälte schnitt den Atem ab. Ein wilder Wind ließ die Finger blau und steif frieren.

Doch ich merkte nichts von dem eisigen Winterwetter. In mir wurde es heiß, mein Puls klopfte schnell und hart gegen mein Handgelenk. Wirre Gedanken schossen durch meinen Kopf und die Erinnerungen an vergangene Krankenhausaufenthalte. War es nur die Angst vor etwas Irrationalem, das mich so verkrampft in das Neue hineingehen ließ? Ich zwang mich, meine Gedanken zusammenzuhalten, mich ruhig und gelassen den Ärzten zu stellen. Ich versuchte an Menschen zu denken, die lebensgefährliche Erkrankungen haben, bei denen jeder Tag der letzte sein kann. Ich weiß nicht, ob diese Menschen so denken – ob man überhaupt so denken kann. Tatsache ist, dass es mich tröstete, nicht zu diesen Menschen zu gehören, sondern nur ein paar harmlose Operationen zu überstehen hatte.

Ich setzte mich auf das weiße Bett, stellte mir vor, dass es aus lauter Eiskristallen zusammengesetzt ist, in die ich mich hineinstürzte. Durch sie hindurch konnte ich in eine Wolkenwelt tauchen. Entspannt genoss ich das Alleinsein, die Leere in meinem Kopf...

Seit diesem Erlebnis bin ich lockerer und kann mit den Schrecken des Krankenhauses besser umgehen.

(Hanna S., 14 Jahre)

Heute da, gestern angekommen, morgen ...

Ich halte an, ich werde warten, dass die Zeit vergeht. Ich werde die Zeit, die kommt, erwarten.

»Sitzen«.

Da verweilt man.

Man will nicht mehr und nicht weniger und nicht anders.

Man will nichts, so will man das, was ist.

So bleibt die Zeit still.

So bleibt das Leben da.

So ist es nicht vergeudet.

So lebt man die Ewigkeit.

Dies schreibe ich aus meiner Ungeduld.

(M. Goldberg, 69 Jahre)

Bild-Geschichten: Beispiel einer besonderen Erinnerungsarbeit

> Nichts ist wichtig, nichts ist unwichtig,
> das Leben ist ein Schattenspiel, aber die
> Spiegelbilder der Dinge in unseren Seelen
> haben eine tiefe, unheimliche Realität.
> *Hermann Hesse*

Für viele Menschen ist es schwer, einfach »drauflos« zu schreiben. Sie möchten sich lieber an etwas Konkretes halten. Im vorigen Kapitel haben wir gesehen, wie Textimpulse bzw. das Anbieten eines thematisch geordneten Rasters eine Hilfe sein können, die eigenen Lebens-Geschichten zu ordnen und darzustellen. Eine andere Möglichkeit besteht in der Vorgabe von Bildern, Fotos, Zeichnungen. Diese äußeren Bildvorgaben sind oft in der Lage, die innere Bilderwelt anzusprechen. Über vielfältige Assoziationen können Bild-Geschichten entstehen, die den Erzähler vom eigentlichen Bildinhalt weg zu »seinem« Thema hinführen. Der Schritt vom Schauen und Spüren hin zum Benennen und Schreiben wird auch als Lösen eines Knotens beschrieben. Neue Kräfte werden spürbar und nehmen Gestalt an. Die so entstandenen Geschichten lassen Verborgenes sichtbar werden, können Ansätze für eine Problembearbeitung zeigen oder einfach nur »gut tun«!

Methodisch bietet sich an, verschiedene Fotos zusammenzustellen, die »aus dem Leben gegriffen« sind. Dadurch werden Menschen eher eingeladen, lebensgeschichtliche Themen in sich selbst zu thematisieren. In der Begleitung Kranker haben sich vor allem Naturfotos als hilfreich erwiesen, die die verschiedenen Jahreszeiten darstellen. Ein Bildzyklus über die »vier Jahreszeiten« stellt beispielsweise den Rahmen dar, sich über die eigene kritische Lebenszeit Gedanken zu machen. Das bildhafte Eingebettetsein in den großen Kreislauf der Natur mildert dabei vorhandene Ängste.

Das Arbeiten mit Bildern lässt sich vielfältig einsetzen. Man kann beispielsweise eine Reihe von Bildern anbieten und diejenigen auswählen lassen, die besonders ansprechen, oder ein kleines Bilderalbum zusammenstellen, in dem man nach Zeit, Lust und Laune blättern und den Ideen und Träumen nachhängen kann. Manchmal kommt dann ein Einfall, eine Idee und lässt sich in eine Geschichte verpacken. Es ist aber auch möglich, Menschen anzuregen, selbst Bilder zu suchen, die zu ihnen »sprechen« und mit denen sie in einen Dialog treten wollen.

Die folgenden Beispiele wurden von Karl Mittlinger zu verschiedenen Fotoserien geschrieben. Sie zeigen auf eindrucksvolle Weise, wie einfache Bildvorgaben zu einer »besonderen Erinnerungsarbeit« anregen, zu Impulsen für Wort- und Gedankenspiele werden und zu Fantasiereisen und »Abenteuern im Kopf« einladen können. Dem Autor ein herzliches Danke für seine Texte!

1. Bildvorgaben aus Arbeits- und Lebenswelten: Beispiele aus dem ländlichen Bereich

Abbildung 15: Sense

Abbildung 16: Egge

Zu diesen Bildvorgaben assoziierte Texte:

eine Sense
da liegt eine sense im heu
mit der schneide nach oben
welch ein graus jedes kleine kind weiß
auf dem land
dass niemals überhaupt nie
eine sense so weggelegt werden darf
ein kind auch ein tier
könnte hineinrennen sich verletzen
wie der strahlhofer seppl
vulgo maier in frauhofen
dem der vater hinein gemäht hat
aber das war vor vielen vielen jahren

Die Egge
Wer weiß eigentlich noch, wozu dieses Gerät diente? Kein Tor zum
Abhalten ungebetener Gäste, auch kein Marterwerkzeug. Eine Egge
ist es zum Zerkleinern der Scholle, die der Pflug, dieser Rambo,
ohne Rücksicht auf Mikroben und Mäuse von zuunterst zuoberst

kehrt und die Ackerkrume dem Austrocknen preisgibt. Dann kommt die Egge und versucht das Unheil zu minimieren, versucht gleichzumachen. So sagten die Bauern auch am Sonntag – nach der Kirche machen wir gleich –, wenn sie Schulden hatten, und zückten ihre Geldtaschen.

2. *Bildvorgaben zum Thema »Meine Sinne«: Sehen–Hören–Riechen–Schmecken–Tasten*

Abbildung 17: Fuß

Abbildung 18: Ohr

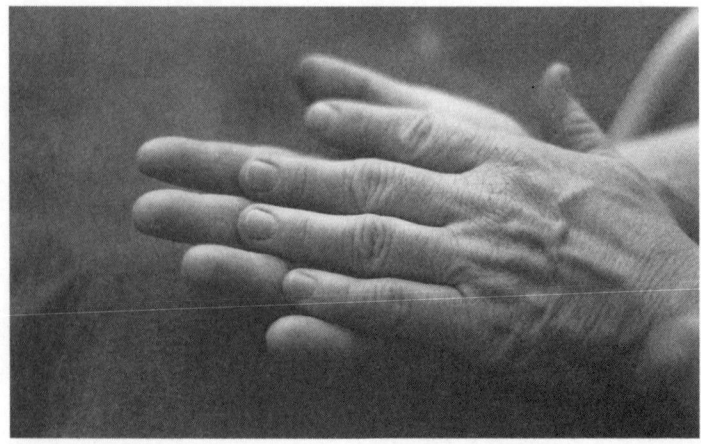

Abbildung 19: Hand

Zu diesen Bildvorgaben assoziierte Texte:

> *deine füße*
> sie sind noch nicht weit gelaufen
> keine hornhaut keine narben
> haben keine soldatenstiefel getragen
> sind nicht herumgetrampelt
> auf gottes schöner welt
> in ein zimmer geschlichen vielleicht
> unter eine decke geschlüpft
>
> *deine füße*
> tempelhüpfend
> schnurspringend
> sah ich sie
> neulich noch
> auf plateausohlen
> in stöckelschuhen
> stelzend
> üben sie sich
> im frausein

ganz ohr
deine ohrmuschel
vergrößere ich
mit meiner hand
hörst du
das meeresrauschen
den elfensang
den lärm der stille
die sphärenmusik

offene bücher
wie müde deine hand
auf deiner brust ruht
ich nehme sie
in meine hand
wie leicht sie ist
ein hauch eine flaumfeder
an der wange
schlaf ein mein kind
wie schwer deine hand
auf deiner familie
lasten konnte
nicht schlagen mama
hände sind offene bücher
vertreiben aus dem paradies
flehen um gnade
und können nicht lügen

3. Bildvorgabe zum Thema »Spiele«

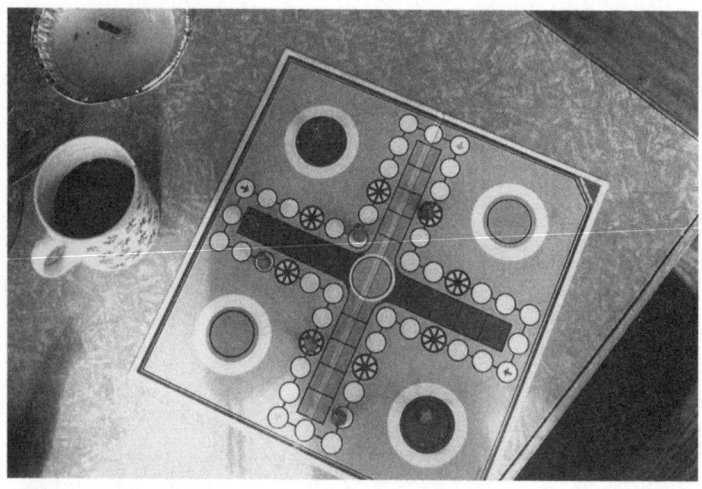

Abbildung 20: Brettspiel

Zu dieser Bildvorgabe assoziierter Text:

mensch ärgere dich nicht
am meisten gehasst hab ich
jene
erwachsenen
die mich gewinnen ließen
weil sie nicht verlieren konnten
gelernt habe ich dass man
jene
die im wege stehen
hinausschmeißen muss
und zwar ohne rücksicht
und heute noch passe ich auf
bevor ich vors haus trete
ob nicht jemand daherkommt
und alles niedersäbelt
was ihm vor die füße kommt

man lernt eigentlich
viel
fürs leben
bei so einem spiel
nur nicht leben

4. Bildvorgaben zum Thema: »Hände«

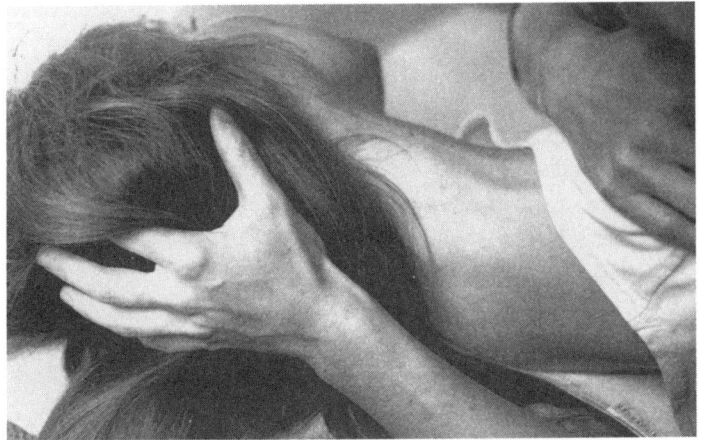

Abbildung 21: »In deinen Händen«

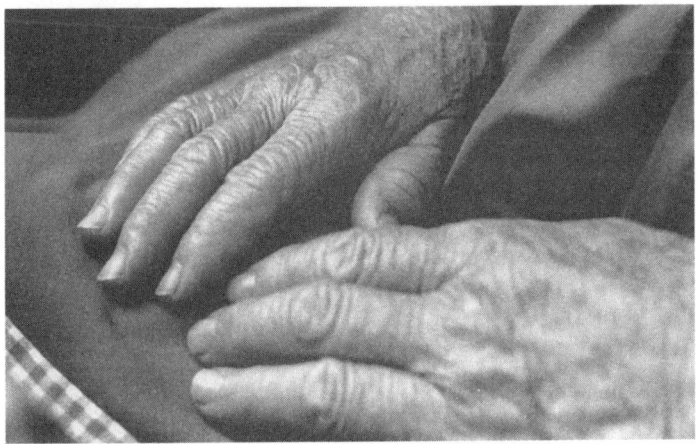

Abbildung 22: Alte Hände

Zu diesen Bildvorgaben assoziierte Texte:

deine sprechenden hände
deine hände
so sanft
umschließen sie
meinen kopf
deine wärme
durchströmt mich
die schmerzen
lassen nach
nimm sie nicht weg
deine hände
berühre ich
sie zeigen mir
du magst dich
weil sie mich
so achtsam umfassen
deine hände
sagen mir
wie wertvoll ich bin

einwiegen
wenn du
meinen kopf
so unterfasst
mit deinen händen
ist es mir
als wiegte mich
meine mutter
in den schlaf

alte Hände
gichtig altersgefleckt
taub geworden
verfehlen sie die Nadel
vorbei die zeit des einfädelns
und löcherstopfens
holpern sie über kinderstirnen
zitterkreuze zeichnend
erkaufen sich zuwendung
alles hat seinen preis
vor allem das alter
aber was liebe ist
wissen diese hände
in der entbehrung
tagtäglich

5. Lose Bildfolge mit konkretem Bildgehalt

Abbildung 23: Kreuz

Abbildung 24: Steine

Abbildung 25: Kleinkinderfahrzeug

Zu diesen Bildvorgaben assoziierte Texte:

Vor dem Grab

In einigen Jahren wird man die Erde wieder wegschaufeln. Einige Holzreste vom Sarg, ein paar Knochen, Haare, Fetzen vom Gewand. Man wird sie sammeln und später wieder zum neuen Sarg legen, für den die Zeit Platz gemacht hat. Die Erinnerung an die Berührung durch deine großen, liebevoll-unbeholfenen Hände bleibt mir. Und manchmal im Traum bist du so selbstverständlich da, redest, nimmst Anteil. Und es fällt mir gar nicht auf, in diesen Träumen, dass du schon so lange tot bist. Wenn ich aufwache, ein leiser Schmerz. Dennoch bin ich dann getröstet. Du bist mir nicht ganz entschwunden, Vater.

Nie mehr

Von ferne höre ich aus einem Kindergarten den Singsang der Kinder. Mein Herz krampft sich zusammen. Ich muss mir die Ohren zuhalten. Nie mehr wird er mich mit seinen kleinen Armen umfangen, mich an sich drücken, Papa lieb flüstern.

Die Kette seines Rades wird nicht mehr abspringen und er wird

nie mehr vom Hof herauf rufen: Papa, das Rad ist kaputt und
ungeduldig zappelnd warten, bis ich es wieder gerichtet habe. Nie
mehr wird er die Tür seines Zimmers zuschlagen und aus tiefstem
Grunde seines Herzens etwas wie Scheißvater murmeln.

der stein
wirf ab den stein
der auf dir lastet
solange du kräftig bist
warte nicht
bis er verwittert
so viele ewigkeiten
hast du nicht zeit

6. *Lose Bildfolge*

Abbildung 26: Holzstamm

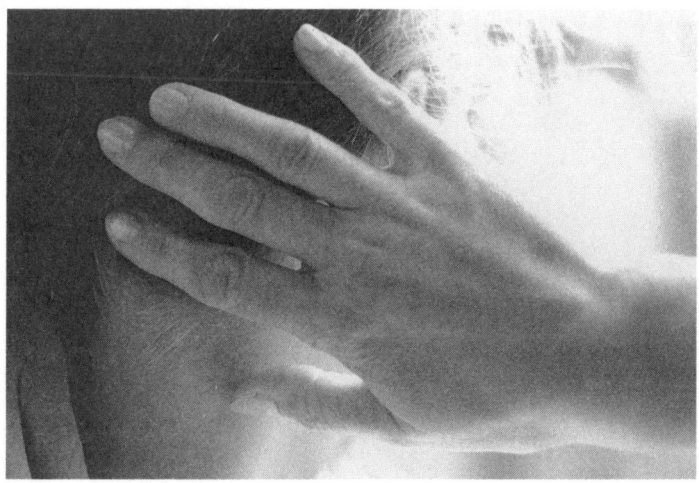

Abbildung 27: »Arm–Kopf«

die narbe
das wüten
gebändigt
weiß
mein körper
innen
jeden schnitt
außen
ist gras drüber
gewachsen
manchmal nur
träum ich
von einer schlacht

Gestern

Gestern habe ich dich auf der Straße gesehen. Du gingst mit deinen Kindern in ein Geschäft. Wie du über die Stufen hinauf dem kleinen Buben eine Hand reichtest und dir dabei mit der anderen Hand die Haare aus dem Gesicht wischtest – diese Geste. Du fehlst mir.

■ »Mein Lupus«:
Eine etwas andere Kranken-Geschichte

Immer wieder aus dem Spiegelglase
holst du dich dir neu hinzu;
ordnest in dir, wie in einer Vase,
deine Bilder. Nennst es du, (...)
Rainer Maria Rilke

Im Zusammenhang mit der Begleitung von kranken Menschen wird oft auf die heilende Funktion des Erzählens hingewiesen. So gut wie alle Beratungs- und Therapiemodelle greifen denn auch auf die eine oder andere Form der Erzählung, des »Darüber Sprechens« oder bestimmter kreativer Ausdrucksmöglichkeiten zurück. Über eine Krankheit ins Gespräch zu kommen bedarf besonderer Sensibilität. Mehr als in allen anderen Begleitungen spielt der »richtige« Zeitpunkt eine entscheidende Rolle. Nur wenn der Patient bereit ist, über sich, seine Geschichte und die seiner Erkrankung zu sprechen, kann eine heilende Geschichte entstehen. Das heilende Moment liegt vor allem in dem ordnenden Aspekt. Kritische Lebenssituationen bringen eine Störung des körperlich-seelischen Gleichgewichts mit sich. Der Patient droht die Orientierung zu verlieren. Er sieht sich mit einer Fülle diagnostischer und therapeutischer Gespräche konfrontiert, erhält zahlreiche Ratschläge und soll dann selbst im Irrgarten all der Aussagen einen – nein! – »seinen« Weg finden.

Um aber überhaupt eine Orientierung finden zu können, muss der Patient zunächst einmal Ordnung schaffen. Er muss in die vielen und vielfältigen Ereignisse eine zeitliche Struktur und eine Wertigkeit bringen und er muss Verbindungen und Zusammenhänge herstellen. In der Erzählung über all diese Prozesse wird es möglich, Zusammenhänge aufzuzeigen und sich selbst darüber klar zu werden, was eigentlich alles geschehen ist. Im »lauten Nachdenken«, im Erzählen oder Aufzeichnen der persönlichen Krankengeschichte fragt sich der Patient:

Was ist eigentlich mit mir geschehen?
Wie ist das alles geschehen?
Warum hat sich das eine oder andere so und nicht anders entwickelt?

Aus dem Versuch, diese Fragen zu beantworten, kann der Patient nicht nur die Geschichte seiner Krankheit rückblickend begreifen lernen. Er kann darüber hinaus Erklärungen für sein Handeln bekommen, »die Moral von der Geschicht'« ziehen und zukunftsorientierte Schritte ins Auge fassen.

Die nachfolgende Darstellung einer chronischen Erkrankung stellt den vorläufigen Schlusspunkt in einer Reihe von Kranken-Gesprächen dar, die ich mit der Freundin meiner Kindertage führte. Das Leben hat uns nach vielen gemeinsam verbrachten Schul- und Studienjahren räumlich auseinander gebracht. Die seltenen Telefonate und persönlichen Treffen waren kurz, intensiv und »voll gepackt« mit Gesprächsstoff. Natürlich kam auch »die« Krankheit zur Sprache, der Umgang mit ihr, die Medikamente, die Ängste … Bei einem unserer Treffen unterhielten wir uns über die Geschichte dieser Krankheit, wie alles begonnen hat, was alles zu überstehen war, wie es sich jetzt nach all den Jahren mit ihr leben lässt und welche Quintessenz aus den leidvollen Erfahrungen zu ziehen war. Ja, es würde sie schon interessieren, sich nochmals intensiv damit zu beschäftigen! Ja, sie könne sich schon vorstellen, etwas zu schreiben! Und sie fügte hinzu: »Vielleicht tut mir das gut – ja, ich denke, das wird mir gut tun!«

»Biografisches«
Ich bin krank – ich habe eine Krankheit – die Krankheit hat mich
Es begann mit einem roten Punkt oberhalb meiner rechten Augenbraue. Er tat nicht weh, juckte nicht, aber er ging nicht weg und schien immer größer zu werden.
Hautarztbesuch – er wird wissen, was das ist.
»Das müssen wir herausschneiden«, nein – er sagte: »Da müssen wir eine Probe entnehmen« und schon lag ich da, lokal betäubt. Nach Wochen des Wartens und vielen Versuchen, die Diagnose schneller zu erfahren, wurde mir telefonisch mitgeteilt, dass ich

einen »Lupus erythematodes« hätte. Bevor ich noch nachfragen konnte, war der Hörer aufgelegt worden. Trotz 6 Jahren Schullateins hatte ich nur »Lupus« – der Wolf – verstanden.

Ich holte aus dem Bücherregal meines Mannes, der noch aus seiner Studienzeit ein Fachbuch über innere Medizin hatte, den entsprechenden Band und fand unter der genannten Diagnose folgende Erläuterung:

»Eine vorwiegend bei Frauen in jüngerem und mittlerem Lebensalter vorkommende dysproteinämische Erkrankung, die von Gelenkschmerzen, wechselnden Fieberschüben etc. beherrscht wird. Mit oder ohne lupusähnlichen Hautveränderungen (besonders schmetterlingsförmig im Gesicht) bilden sich proliferativ degenerativ-entzündliche Gefäßveränderungen in vielen inneren Organen und führen zu mannigfachen Organkrankheiten ...«, worunter u. a. psychotische Zustände und zerebrale Anfälle genannt wurden, all die anderen Krankheiten waren mit medizinischen Fachbegriffen ausgedrückt, ich verstand gar nichts, aber die Liste war lang.

»Häufig begleitet eine Anämie etc. die Krankheit, die langsam progredient zum Tode führt, aber durch hochdosierte Prednison-Gabe (heute weiß ich, dass damit Cortison gemeint ist) über viele Jahre erfolgreich behandelt werden kann.«

Über die Herkunft dieser Krankheit wurde nichts gesagt und sie ist auch bis heute unbekannt.

Ich war niedergeschmettert, sah immer nur auf unser kleines Kind, das gerade erst hatte gehen lernen und das nicht verstand, weshalb seine Mutter so niedergeschlagen war. Erst Wochen später bekam ich einen Termin bei dem Arzt, der mir diese Diagnose per Telefon ohne jede Erläuterung »durchgegeben« hatte. Ich traf auf einen lachenden Arzt, der doch nichts dafür könne, dass ich in so alten Fachbüchern lese, heute sei die Krankheit nur selten tödlich und der Verlauf könne sehr unterschiedlich sein. Eine Heilung gäbe es sicher nicht. Ich solle am besten ein »Sonnenhütchen« aufsetzen, denn Sonneneinstrahlung verschlimmere die Krankheit. (Dies stellte sich nach Jahren, in denen ich mich bei Schönwetter deprimiert im Schatten aufhielt, später als in meinem Fall nicht zutreffend heraus.)

Die Wunde an der Augenbraue verheilte, es blieb eine Narbe mit einer Delle zurück, da die Entzündung an dieser Stelle »ausbrannte« und dies eine Einbuchtung nach innen ergibt. Die Augenbraue hat an dieser Stelle keine Haare mehr, da die Wurzeln abgestorben sind. Daran kann man sich gewöhnen. Das Leben hinterlässt Narben, auch körperliche.

Nach einigen Monaten entdeckte ich aber kahle Stellen auf dem Kopf, die Haare gingen mir aus – ich solle sie zählen, ob es wirklich mehr als üblich waren. »Allopezia areata« (kreisrunder Haarausfall), das hatte ich schon mal gehört, »unklarer Genese«, kann laut Lehrbuch, diesmal ein jüngst erschienenes, zur totalen Kahlheit führen. Stress? Auch dies wird oft gesagt, wenn man die Ursache nicht kennt. Aber etwas war dran. Ich schlief wenig zu dieser Zeit. Immer nur 3 Stunden am Stück. Unser Sohn hatte einen kurzen Schlaf. Er war zwar nach dem Stillen immer wieder gleich eingeschlafen, aber mir fiel das schwer. So war ich immer müde, morgens, mittags, abends, nachts. Das war schon Stress, aber ich war mit so einem immer fröhlich mich anlachenden Kind nicht unglücklich. Also ein von Glück begleiteter Stress?

Nun traten Gliederschmerzen auf, die Hände fühlten sich geschwollen an, die Knie wie bandagiert, meine Bewegungen waren irgendwie gebunden, schmerzhaft, ein schrecklich beeinträchtigendes, unfreies Gefühl. Ich wurde an der Wirbelsäule gequaddelt, der Rheumatologe hatte eine falsche Diagnose gestellt. Ich weinte im Auto nach der Behandlung, denn ich spürte intuitiv, dass ich falsch behandelt worden war.

Das alles ist nun fast 20 Jahre her. Ich nehme täglich ein Medikament, ein Malariamittel, das meine Entzündungsbereitschaft unterdrückt, und wenn es nicht ausreicht, immer wieder Cortison, das ich heute nicht mehr so verabscheue wie am Anfang der Krankheit. Aber natürlich erinnert es mich, dass es mir schlechter geht, wenn ich es zusätzlich nehmen muss. Vierteljährlich muss ich meine Augen kontrollieren lassen, da sich Ablagerungen bilden können, die zu Erblindung führen könnten. Mit Cortison verschwinden die Entzündungen innerhalb von 2 Tagen. Es ist unglaublich, wie schnell und sichtbar dieses Medikament wirkt, aber dann muss man es weiter nehmen und das Gefühl, »abhängig« zu sein, ist über Jahre immer wieder deprimierend.

Nur einmal hatte ich eine wirklich unangenehme Nebenwirkung. Die Dosierung war wohl etwas zu hoch gegriffen und ich geriet in einen manischen Zustand, konnte nicht mehr schlafen, hätte Bäume ausreißen und morden können. Alles erschien lächerlich und wertlos, ich hätte jede Beherrschung verlieren können. Ich wusste schon noch, dass dieser Zustand mit dem Medikament zu tun hatte, aber es hielt Tage an und ich fand es furchtbar, mich so fremdgesteuert zu fühlen.

Was so schlimm ist an dieser Krankheit?

Sie ist immer da, auch wenn sie gerade keine Symptomatik zeigt. Sie wird mich vermutlich nie mehr verlassen, so jedenfalls die Aussage vieler Ärzte, die ich im Laufe der Jahre aufsuchte. Chronisch krank zu sein hat über Jahre mein Lebensgefühl immer wieder empfindlich beeinträchtigt. Ich war bis zu meinem 30. Lebensjahr nie ernsthaft krank gewesen, vom Schicksal durch nichts besonders heimgesucht worden. Und plötzlich fühlte ich mich vom Tode bedroht. Da dieser Tod aber bis heute nicht eingetroffen ist und die Ärzte einen »milden Verlauf« konstatieren, muss ich »nur« mit weiteren Hautveränderungen, Haarverlust und den damit verbundenen Entstellungen rechnen. Ich habe gelernt hinzunehmen, dass ich krank bin, dass ich eine Krankheit habe. Diese Haltung zu akzeptieren hat mich Jahre gekostet.

Wichtig ist immer wieder, dass die Krankheit nicht mich hat!! Sie darf sich nicht meiner bemächtigen, mir zu große Angst machen. Angst schwächt enorm. Ich muss sie zwar annehmen, akzeptieren, aber sie soll mich nicht beherrschen. Dazu musste ich lernen, mehr für mich zu tun. Mich und meinen Körper und meine Seele wieder ernster zu nehmen. Was brauche ich, um mich wohl zu fühlen und das Gefühl zu haben, das Leben sei sinnvoll und genüsslich? Ich war bisher nie mit dieser selbstbezogenen Frage befasst gewesen. Wenn alles so weit in Ordnung ist, gibt es keinen Grund, über die eigenen Bedürfnisse genauer nachzudenken. Aber durch eine Krankheit ist das Gleichgewicht gestört und ich suchte nach Kompensation. Ich wurde sehr allergisch Menschen gegenüber, die nicht wirklich leben wollten oder ihre Möglichkeiten nicht nützen konnten.

Wenn Du schon krank bist, dann »leiste« Dir doch etwas! Ich fing an, wieder Geige zu spielen, in die Sauna zu gehen, Zeit für mehr Ferien zu nehmen, alles Dinge meiner Jugend, die damals völlig selbstverständlich waren und durch die neuen beruflichen und privaten Anforderung verloren gegangen waren. Die Entstellung, die mir immer noch droht, hat mir z. B. die Idee gegeben, jetzt noch auszunützen, dass ich unter Leute gehen kann. Ich weiß nicht, ob ich mit einem Kopftuch nicht voll Scham die Lust daran verlöre.

Der Gedanke, dass es Menschen gibt, die mich auch mit Narben im Gesicht und ohne Haare am Kopf liebten, hat mich in schweren Stunden oft in gewisser Weise beruhigt und getröstet. Überhaupt ist die entscheidende Hilfe für einen chronischen, hoffnungslosen »Fall«, einen Menschen zu finden, der es »aushält«, dass sich der eigene Zustand nicht wesentlich verändern wird, dass sich etwas nicht heil machen lässt.

Bei meiner jahrelangen Suche nach besserem Verstehen meiner Krankheit, nach Wissen über die Ursachen und nach der »besten« Behandlung reicht meine Erfahrung von der ehrgeizigen Forscherin in einer Universitätsklinik bis zum ratlosen niedergelassenen Hautarzt, vom Homöopathen bis zur empfohlenen Spezialklinik, in die ich mich auch mal stationär begab. Ich machte die unangenehme Erfahrung, nicht behandelt zu werden, da ich nicht in das Forschungsdesign eines Projektes passte. Eine ehrgeizige Oberärztin wollte mir mitten auf der rechten Wange eine gerade akut entzündete Stelle herausschneiden, um einen histologischen Nachweis bringen zu können. Die Symptome reichten ihr nicht aus, obwohl sie vom Chefarzt eindeutig der längst gestellten Diagnose, dem lupus erythematodes, zugeordnet worden waren. Sie schickte mich zum Hautarzt zurück, der mich extra in diese »fortschrittliche« Klinik überwiesen hatte. Ohne Hautpräparat keine nachgewiesene Diagnose, das ist »wahre« Medizin! Nie mehr habe ich mich so schlecht »behandelt« gefühlt!

In den letzten Jahren gehe ich zu immer derselben Ärztin, sie ist etwas älter als ich, klinisch erfahren mit meiner Krankheit, besonnen, nicht ehrgeizig, mich heilen zu wollen, mich immer freundlich empfangend, egal, ob ich mit oder ohne akute Symptomatik zu ihr komme. Sie macht die nötigen Blutuntersuchungen, um sicher zu gehen, dass meine inneren Organe nicht angegriffen sind, meine Nieren noch gut funktionieren. Einmal nur äußerte sie einen persönlichen Satz, wie:»Es ist doch sehr gut, wie Sie mit Ihrer Krankheit umgehen!« Mir schossen die Tränen in die Augen, denn ein Lob statt eine Rüge zu bekommen, dass man trotz ärztlicher Behandlung immer noch nicht gesund wäre, ja sogar immer wieder »rückfällig« würde, berührte mich.

Ich brauche diese Ärztin, schon damit sie mit mir zusammen auf meine Krankheit »aufpasst«, sie sozusagen kontrolliert, damit sie mich nicht ungeniert »in den Griff bekommt«, mich heimlich ruiniert, entstellt, auffrisst. Ich weiß zwar, dass ich selbst meine Krankheit bin, dass ich sie selbst erzeuge, aber will, dass mir jemand hilft, die Angst zu teilen und darüber sprechen zu können. Früher habe ich oft Skizzen meines Kopfes gemacht, wie die Höhlenmenschen wollte ich das »Böse« durch Zeichnen bannen. Ich skizzierte meinen Kopf, teilte ihn in vier Quadrate und zeichnete all die kahlen Stellen hinein, oft millimetergenau, um zu sehen, ob es »mehr« geworden ist oder sich der Zustand hält. Irgendwann gab ich das auf, es waren zu viele Stellen geworden und ich fand es zu deprimierend, mit dem Lineal »nachzumessen«, was nicht zu ändern war. Die Oberfläche meines Kopfes ist von Dellen und Kratern gezeichnet, aber noch verdeckt mein Haar, das Gott sei Dank so reich vorhanden war, all diese Stellen. Manchmal steck ich mir alle Haare hoch, ich will nichts mehr von ihnen wissen.

»Vergiss es«, hatte einmal ein Freund gesagt! Und das gelingt dann, wenn ich von Dingen des Lebens erfüllt bin und mir nicht die Zeit nehme, zu lange über mich bzw. meine Krankheit nachzudenken. Natürlich weiß ich, wie viel schlimmere Krankheiten und Zustände es gibt, die Menschen verkraften müssen. So tröste ich mich mit meinem »milden« Verlauf und bin froh, dass ich noch lebe!

(Karin S., 51 Jahre)

Ihrer Geschichte fügte sie folgende Zeilen bei:

... So ist es hingeschrieben. Ich habe nichts daran »überarbeitet« ...

Krankengeschichten geben nicht nur dem Patienten selbst die Möglichkeit, sich vieles »von der Seele« zu schreiben. Sie enthalten auch eine Reihe von Botschaften an diejenigen, die sie lesen oder ihnen zuhören. Welche Schlussfolgerung, welche Botschaft liegt nun in der wiedergegebenen Geschichte? Sicher wird das für jeden anders aussehen. »*Carpe diem*«, das war und ist die Botschaft meiner Freundin an *mich*. Immer wieder macht sie mich darauf aufmerksam, das Leben zu genießen – hier und jetzt, bei jedem Atemzug. Sie weist mich darauf hin in kleinen Gesprächen, liebevollen Buchwidmungen, schnell hingeworfenen Feriengrüßen – und nun auch mit ihrer Kranken-Geschichte. Danke!

■ »Mein Leben«:
Beispiel einer Lebensgeschichte

Sonne und Mond sind ewige Reisende. Sogar
die Jahre wandern mit. Ein Leben lang treiben
wir im Boot. Im Alter führen wir ein betagtes
Pferd in die Jahre, jeder Tag ist eine Reise, und
die Reise selbst ist unser Zuhause.

Basho

Immer wieder ergibt sich die Gelegenheit, die eine oder andere Lebens-Geschichte zu erzählen, den einen oder anderen Aspekt des eigenen Lebens zu betrachten. Selten kommen Menschen dazu, größere Lebensabschnitte »am Stück« zu erzählen. Diese Zusammenschau erfordert Disziplin und Entscheidungsfreudigkeit – man kann schließlich nicht alles berichten! Sie erfordert auch eine Portion Mut und Aufrichtigkeit – man kann ja nicht nur von den Schokoladenseiten des Lebens berichten! Und sie braucht Menschen, die sich für diese Geschichte interessieren – man will schließlich Spuren hinterlassen! Die nachfolgende Geschichte einer Kindheit und Jugend ist ein wunderbares Beispiel dafür, wie eine solche Erzählung entstehen kann, wie sie sich Schritt für Schritt entwickelt, bis sie als abgerundetes Werk die Fülle der Kindheits- und Jugendjahre in milieu-typischen, einprägsamen Bildern umschließt.

Reise zu mir!
Erinnerungen für meine geliebte Familie
Verstaubte Kulissen. Im Rehazentrum Toblbad nach einer Beinoperation.
Draußen rauscht der Verkehr. Ich schließe die Fenster und es wird still. So kann ich meine Gedanken loslassen. Oft versuchte ich zu schreiben, überquellend waren die Gefühle des Glücks, der Enttäuschung, der Freude und des Leids. Aber es gibt keinen Moment, der richtig wäre, um zu beginnen, denn wir fahren dahin wie die

Autos auf der Straße. Lebte ich am Meer, ließe ich ein Schiff in der Ferne dahinziehen, umtost von der Gischt des großen Wassers. Aber Hawaii ist weit weg. Hier lebe ich inmitten von Rollstuhlfahrern oder hinkenden Krückengehern. Es ist alles sehr deprimierend, weniger der Anblick als die Aura der Hoffnungslosigkeit. Ein paar raue Gesellen dröhnen ein Lachen heraus, manche stieren vor sich hin. Ich verschwinde so schnell ich kann in mein Zimmer, schäme mich fast meines nur vorübergehenden Schadens und habe doch nicht die Kraft, die anderen aufzumuntern.

Ich bin müde – kein guter Beginn für eine spannende Geschichte. Was ich erlebt habe, ist vorbei, die Gefühle verstummt und alles, was ich in der Momentaufnahme geschrieben habe, liest sich sentimental und kitschig. Ein Kuss ist eben am schönsten, wenn er geküsst wird, und dann sollte die Zeit für einen Augenblick, eben für den Blick in die Augen, stehen bleiben.

Hätte ich mir ein Kreuzworträtsel mitgebracht, hätte ich einen guten Grund, die Feder niederzulegen. Hätte, hätte, hätte …hätte ich mich nicht operieren lassen, säße ich nicht hier. Der Konjunktiv – die Möglichkeitsform – wäre nicht gebildet worden, wenn es nicht im Leben immer wieder qualvolle Entscheidungen zu treffen gäbe. Die Lust am Schreiben kommt beim Schreiben – sonst wäre sie mir schon vergangen.

Wer soll überhaupt lesen, was ich geschrieben habe?

Ich schien dafür geboren zu sein, in einer Wiege voller Rüschen, geborgen in einem Steckkissen, fotografiert in der Bauchlage mit gehobenem Köpfchen. Ich war das dritte Kind in einer als gutbürgerlich bekannten Familie. In der Zeit, wo heute schon die Mädchen im vollen Bewusstsein ihrer erotischen Ausstrahlung leben, sah ich mich nicht einmal nackt im Spiegel. Die Katholische Kirche, der man mich bei der Taufe ungefragt anvertraut hatte, predigte das Schamgefühl. Noch heute gibt es das Schambein, obwohl es keine Scham mehr gibt und das Bein eigentlich Lustknochen heißen müsste. Da klingt »Venushügel« schon besser. Kriechen wir diesen sanften Hügel weiter hinauf, bleiben wir am Nabel hängen, Erinnerung an die Nabelschnur, die uns einst – für immer – mit der Mutter verband.

Der Nabel der Welt – wo ist er? Vielleicht doch an der richtigen Mitte für uns, denn fast alles hängt davon ab, von welchem Menschen wir vor der Geburt ernährt wurden. Es flossen nicht nur Nährstoffe hin und her, unsere Wesenszüge wurden festgelegt. Obwohl alle Nabelschnüre gleich aussehen, hängt doch immer wieder ein anderer Mensch dran. Meine Mutter war sehr erstaunt – angeblich –, als nach dem ersehnten »Stammhalter« gleich wieder ein Kind kam, wollte sie sich doch ganz diesem männlichen Prunkstück widmen. Jener Halter des Stammes wurde also mein geliebter Bruder. Mich selbst bezeichnete er als »Resterl«, mehr wäre eben für das anschließende Kind nicht übrig geblieben. Meine zehn Jahre ältere Schwester war schon gar nicht von mir begeistert. Hatte sie sich doch jahrelang nach dem Brüderchen gesehnt, Zucker für den Storch ins Fenster gelegt und nun schnappte ich ihr den Bruder weg, der altersbedingt mich zu seiner Spielgefährtin machte. Diese Eifersucht verfolgte mich ein Leben lang und sollte das schwesterliche Verhältnis trüben. Doch davon später in einem eigenen Kapitel.

Mama – lang gezogen hörte sie es gerne, es passte so gut zu »Salooon« – schaffte sich also ein Kinderfräulein an. Sie wollte die »Große« nicht durch die Aufzucht der »Kleinen« vernachlässigen. »Fräulein« klang nach unverletztem Jungfernhäutchen und ließ Unschuld, Reinheit und Frömmigkeit vermuten. Fräulein Josefine sollte also uns zwei Kinder als Lebensinhalt bekommen. Sie ersetzte die Mutter, durfte an keinen Mann denken, damit ihre Aufmerksamkeit vollkommen war. Sie ging in unserer Familie auf, ohne dabei intim zu werden. Uns durfte nichts passieren, blutige Knie mussten vermieden werden. So hielt sie uns immer an der Hand und war verzweifelt, wenn ich mit Bubi um die Wette laufen wollte. Da er der Schnellere war, ließ er mir beim Start einen kleinen Vorsprung, er liebte mich eben. Wir lernten beten, das vierte Gebot war am wichtigsten das »Ehren der Eltern« – auf dass es uns wohlergehen möge auf Erden. Diese Bedingung war ja nicht schlecht und die Eltern verhielten sich so, dass man sie leicht ehren konnte. Der tägliche Spaziergang bei Wind und Wetter blieb mir bis heute verhasst. Die gute Luft des Ruckerlberges musste in den schmalen Kinderbrustkorb gepumpt werden und Lebertran wurde heruntergewürgt. Bubi links und Weibi rechts, in der Mitte diese kleine Gestalt, an der mein ganzes Herz hing. Kinderherzen brauchen Wärme, Geduld und Verlässlichkeit. Diese Eigenschaften waren bei Fräulein Josefine zu finden, von mir bekam sie aber den Kosenamen »Woizi«. Kosen war eine unserer liebsten Beschäftigungen und ersetzte sicher manchen Stundenlohn. Ich weiß heute noch nicht, was ich von Woizi »gelernt« habe, es scheint eben auch eine Herzens-Bildung zu geben. Sie war sehr gläubig, kannte etliche Pfarrer und führte uns zu den Köchinnen, was besonders am Sonntag sehr nahrhaft war. Wir wurden gottes-fürchtig erzogen, das heißt, dass wir Angst vor der Sünde hatten. Diese liegt mir noch heute auf dem Gemüt. Damals wussten wir noch nicht, in welche Gewissenskonflikte wir im späteren Leben dadurch getrieben würden. Heute würde man diese Kindheit als höchst langweilig bezeichnen. Dafür stellte sie aber ein ziemlich stabiles Fundament für die dann vom Kriege gezeichnete Jugendzeit dar.

Wichtig war für mich das Zusammensein mit meinem Bruder, mit dem mich eine große Zuneigung verband. Er nahm mich an seine feste Hand, wenn ich zu stolpern drohte, ich konnte mich sein ganzes Leben auf ihn verlassen. Als Knabe wollte er mich heiraten, was meiner Liebe entgegenkam. Die Eisenbahn unter dem Tisch führte uns in der Fantasie auf gemeinsame Reisen. Er hatte eine Ritterburg mit Zinnsoldaten und die alten Sagen und Märchen inspirierten unser Spiel. Viel Platz zum Spielen hatten wir nicht, schliefen wir doch mit dem Kinderfräulein in einem Zimmer. Trotzdem ist in meiner Erinnerung alles groß genug gewesen, was mir heute noch wie ein Wunder erscheint, wenn ich an die Spielzimmer meiner Enkel denke. Außer einem Teddybären gab es kein Kuscheltier, ich schmuste mit meiner lieben Woizi und die liebte mich von Herzen.

Meine Puppen lagen in der Wiege und wurden von Bubi getauft, der sich einen Altar mit Mutterns alten Spitzen errichtet hatte. Er war mein Lehrer an einer Schiefertafel mit Kreide, mein Winnetou im Garten unserer Tante. Aus gefärbten Hühnerfedern hatten wir uns einen Kopfschmuck gemacht, Pfeil und Bogen aus einer biegsamen Rute und ein altes Militärzelt diente als Unterschlupf. Ich wurde fast immer an einen Baum gefesselt, um dann befreit werden zu können. Alte Kartoffelsäcke, mit Fransen bestückt, dienten als Indianerhosen, gekauft wurde nichts. Höchstens hin

Abbildung 28: »Brüderchen und Schwesterchen«

und wieder ein Karl May-Buch, um neue Taten nachahmen zu können. War meine Karlapuppe krank, kam Bubi als Onkel Doktor und untersuchte sie genau. Es wurden Wickel gemacht, Fieber gemessen und Medizin verschrieben. So spielten wir uns langsam in das wirkliche Leben ein.

Unser richtiger »Onkel Doktor« war ein Kinderarzt mit langem Rauschebart und großen eiskalten Ohren, die er auf unseren fieberheißen Brustkorb legte, wenn wir krank waren. Für uns war es der gute Onkel, der zu Besuch kam. Erst wenn Mutter alle Mittel aus dem Buche »Hausmedizin« bei uns versucht hatte, wurde der Arzt gerufen. Dieser häusliche, medizinische Wegweiser diente uns später zur »Aufklärung«. Je wissbegieriger wir wurden, desto höher wurde es in der Bibliothek meines Vaters versteckt. Wir wussten also, dass es bei den aufklappbaren Bildern noch verschwiegene Organe gab, deren Wichtigkeit durch die Geheimniskrämerei noch gesteigert wurde. Kamen die Eltern aber überraschend nach Hause, lasen wir brav in der »Biene Maja«.

Die Therapie unserer Kinderkrankheiten bestand aus Schwitzen, Lindenblütentee und dem grässlichen Einlauf aus Kamillentee, den ich heute daher noch nicht gut riechen kann. Vater stand mit dem hocherhobenen Behälter, damit das erlösende Nass in unser verstopftes Darmsystem fließen konnte. Vorne saß Fräulein und trocknete die Tränen ihres »Wonnerle«, wie sie mich gerne nannte. Mutter hatte die Aufgabe, den Gummischlauch einzuführen. Es ist mir alles in grausamster Erinnerung. So sind wir aber pillenverschont geblieben, natürlich war man dafür auch länger krank. Ich hatte als Kind alle Leiden, die man erwischen konnte, und soll so zart gewesen sein, dass man mich hätte umblasen können. Heute müsste schon ein Sturm kommen, um mich »aus den Angeln zu heben«. Trotzdem gilt es hier anzumerken, dass es viele Kleinkinder gab, denen nicht geholfen werden konnte, da es noch keine Antibiotika gab. Ihre Gräber waren meist mit einem knienden Englein geschmückt, was mich am Friedhof besonders traurig machte. Immer wieder musste mich Woizi zu diesen kleinen Marmorgestalten hinführen und ich war so froh, am Leben zu sein.

Das erste Halbjahr der Volksschule machte ich zu Hause, ich war zu schwach nach einer Mittelohroperation, um in die Schule gehen zu können. Dann ging es weiter im Ursulinenkloster, wo ich täglich in einer braunen Clothschürze mit weißem Kragen hingeführt wurde. Zu Beginn der ersten Stunde mussten wir beten und uns auch sonst anständig benehmen. Auch bekamen wir »Opferhemdchen« aus weißem und rosa Seidenpapier, denen wir die Eckchen des Oberkleides aufbiegen konnten. Wer alle Spitzen aufgebogen hatte nach vollbrachten Opfern, durfte sich bei der Mater Oberin ein Heiligenbildchen holen. Im Gebetbuch lagen sie dann meistens auf den Seiten, die man gerade las. Nun wird man fragen, was denn der ganze Blödsinn sollte und was wir denn opferten? Ein Opfer ist immer etwas, von dem man sich ungern trennt, oder eine Handlung, die einem schwerfällt. Nicht zu übersehen ist aber das Glücksgefühl, wenn man es doch geschafft hat. Heute opfert man meist anderen Götzen. Wir kamen uns trotz strenger Regeln keineswegs geknechtet vor. Es war alles in der Gemeinschaft selbstverständlich und so wurden den Eltern viele autoritäre Handlungen abgenommen. Die Klosterschwestern mit ihren weißen Hauben und wallenden Gewändern verbreiteten einen Hauch von Mütterlichkeit. So nannten wir die Leiterin des Ordens auch »würdige Mutter«. Durch die lebenslange Versorgung im Orden konnten sich die Schwestern ihren Zöglingen mit totalem Einsatz widmen. Wir waren ihre Kinder, an deren Wohl und Wehe sie bis zum Austritt aus der Schule interessiert waren. Diese lange Betreuung durch den gleichen Lehrkörper war für unsere Entwicklung sicherlich von großer Bedeutung. Wir kamen uns eher geborgen als »geknechtet« vor.

Die erste heilige Kommunion war ein Ereignis. Das Schwierigste war, eine Sünde zu finden, die man kniend im Beichtstuhl dem Pfarrer beichten konnte. Er verbarg sich hinter einem Gitter, was die Sache noch geheimnisvoller machte. Ich entschied mich für die Verletzung des zweiten Gebotes: »*Du sollst den Namen Gottes nicht im Leichtsinn aussprechen.*« Vielleicht hatte ich doch einmal »Jesus Maria« im Leichtsinn (was war das eigentlich?) gerufen. Meine Buße war gering. Ich kniete schuldbewusst in der Kirchenbank nieder und betete ein »Vater unser« und ein »Gegrüßet seist Du Maria«. Dann war ich herrlich befreit und meine Eltern erwarteten freudig die »gereinigte« Seele. Sie begleiteten mich zur Kommunion. Das weiße Kleid war gestickt von meiner Patentante, ein weißer Kranz schmückte den »Pagenkopf«. So bezeichnete man die eckig geschnittene Frisur, die Mutter uns selbst verpasste. Natürlich gab es weiße Handschuhe, weiße Strümpfe, aufgehängt an den Lochgummibändern, und schwarze Lackschuhe. Das war ein großer Tag! Schwierig war es, die Hostie zu schlucken, einmal klebte sie unten, einmal oben. Der Leib des Herrn war nicht leicht hinunter zu drücken.

Unser Religionslehrer war sehr lang und dünn und zog seinen Speichel immer in den Mundwinkeln hin und her, was zu häufigem Spucken führte. Da ich sehr klein war, musste ich ganz vorne in der Kirche sitzen, worauf ich öfter benetzt wurde. Auf einem Photo sieht man mich in der ersten Reihe gehen, eine Brille auf der Nase, den Kopf in tiefster Frömmigkeit geneigt und die Hände in Demut gefaltet. Gehe ich heute in die Kirche, denke ich an diese Gefühle und versenke mich in sie. Besichtigungen stören mich dabei, auch wenn die so genannte Bildung das oft verlangt.

Der heiße Kakao mit Guglhupf labte uns nach dem Empfang des Herrn, denn damals musste man noch für die Kommunion nüchtern bleiben. Ich bekam eine goldene Kette umgehängt, einige Heiligenbildchen und natürlich eine große Kerze. Ein kleines Gebetbuch besitze ich heute noch, wenn ich auch nicht mehr alles glauben kann, was in ihm steht.

Dieses klösterliche Leben war von Ordnung geprägt, und christliche Gesinnung wurde täglich abgefordert. Ich weiß nicht, warum das alles in den Augen der heutigen Jugend so engstirnig gewesen sein soll. Warum das Aufwachsen mit den wüstesten Computerspielen, den tollen Geschichten von Mord- und Totschlag, dem gebetlosen Tagesablauf, der vollkommenen Freiheit so viel besser für die Menschheit sein sollte. Ich glaube nicht, dass aus Klosterschülerinnen bessere Erdenbürger werden, aber im Notfall können sie sich doch an eine behütete Kindheit erinnern.

Jedenfalls spielte der Glaube in meinem Elternhaus eine entscheidende Rolle. Mein Vater faltete bis zu seinem Tode am Abend die Hände und betete zu Gott. Er bemühte sich, ein guter Mensch zu sein, was fünfundachtzig Jahre hindurch sicher nicht immer leicht war. Gerechtigkeit und Güte, die Entscheidung als Jurist fiel ihm nicht leicht, denn die Güte stimmte ihn verzeihend.

Mutter war da anders. Sie selbst war von acht Kindern die Jüngste. Der Vater sehr streng: »das gab es nicht, man tat es nicht, da war eben nichts zu machen«. Sie war hart gegen sich selbst und streng mit uns. Ihre Wärme war am Krankenbett zu spüren, wenn sie mir stundenlang Kinderlieder vorsingen musste und mich dabei sanft streichelte. Trotzdem habe ich sie als Kind nicht geliebt, ich hatte doch meine Woizi. Diese gestörte Beziehung machte uns beiden im Alter viel zu schaffen. Aber ein Kind wird sich immer dem Menschen zuneigen, der für sein Wohlergehen sorgt und bereit ist, seine Interessen denen des Kindes unterzuordnen. Mutter trug immer große Hüte und ärgerte sich furchtbar, wenn eine Freundin denselben »Deckel« auf hatte.

Sie war eine erstklassige Gastgeberin und machte die schönsten Sandwiches, die man sich vorstellen kann. Dann saßen wir mit gierigen Augen ihr gegenüber, bekamen die Randstücke des Brotes, das dotterlose Eiweiß der gekochten Eier, hier und da was sonst noch abfiel. Es war klar, dass wir Kinder bei den Gesellschaften wohlgekleidet im Matrosengewande nur »Grüß Gott« sagen durften, mein armer Bruder den alten Damen die faltigen Hände küssen musste, um dann mit mir zu verschwinden. Die Gäste wurden im Salon empfangen, einem schönen Raum mit einem herrlichen Flügel, an dem dann ein begabter junger Künstler saß und eine junge Dame begleitete, die mit vibrierender Stimme Schubertlieder sang. Je höher der Ton, desto mehr stellte sie sich auf die Zehenspitzen und verzerrte ihr Gesicht, um das hohe c aus der Kehle zu locken. Bubi und ich lachten uns halbtot und versteckten uns hinter dem Rücken der Eltern, damit wir die Grimassen ungeniert nachmachen konnten. Ich liebte diesen Salon und es wäre auch heute noch mein Traum, ihn wieder zu beleben. Ein Ort der Musik und Schöngeistigkeit!

Unser Vater war ein Rechtsgelehrter, er hatte sein eigenes Studierzimmer voller Bücher, manche auch in einem alten Ledereinband. Sein großer weißer Kopf ruhte auf einem nicht allzu großen, rundlichen Körper. Um vom ganzen Haushalt Ruhe zu haben, gab es zwei Türen mit Polsterung zwischen dem Kinderzimmer und seinem »Heiligtum«. Für uns hieß es, wenn Papa studierte – er tat es immer –, Rücksicht auf seine geistige Arbeit zu nehmen, mit der er uns immerhin gut ernährte. Aber diese Ernährung war auch eine wissenschaftliche, wir konnten ihn alles fragen, er hatte ein fabelhaftes Wissen und Gedächtnis. Die Aura seines Studierzimmers glich einer stillen Kapelle, es fehlte nur noch die Heiligen. Er saß immer gepolstert, wie es eine Bedienerin neidvoll bemerkte. Sie wusste allerdings nicht, wie schwer sein Kopf war, den die weißen Locken umrahmten. So sehr ich versuche, ihn mir jung vorzustellen, für mich war er immer ein zeitloser Geist, der uns alle einschloss in sein Denken und Fühlen.

Er war schon fünfundvierzig Jahre alt, als ich auf die Welt kam. Seinen fünfzigsten Geburtstag feierten wir so, als stünde er am Höhepunkt seines Lebens. Erreichte ein Mann das sechzigste Lebensjahr, so war es schon hoch an der Zeit. Daher war auch die Intensität der Arbeit auf diesen Zeitraum abgestimmt. Ihn aber ließ der Herrgott fünfundachtzig Jahre auf dieser Erde wandeln, zum Schluss ein bisschen hilflos und vergesslich und peinlich berührt, wenn er heimlich ein Nickerchen machte. Über Arbeit sprach er nie. Daran denke ich oft, wenn mir selbst jeder Handgriff zu viel wird. Arbeitsunwille steckt genauso an wie Fleiß. Ich lebe nun in einer Pensionistenwelt und stelle verwundert fest, dass sich immer jüngere Leute nach ihrem Ruhestand sehnen, ohne sagen zu können, was dann der Sinn ihres Lebens sein würde.

Ich blicke dankbar auf Dein weißes Haupt und gäbe viel darum, wenn es noch einmal mir zugeneigt wäre. Dein »scio nescio« drückte die höchste Bescheidenheit aus und ist wohl heute kaum mehr nachempfunden. Ein Lächeln schenktest Du arm und reich, Dein feiner Humor erheiterte die Umwelt, wenn unsere redegewandte Mutter Dich zu Worte kommen ließ. Nur im Glauben warst Du streng und empfindlich, vielleicht wolltest Du Dich nicht beirren lassen. Der arme »Hascher« fand bei Dir Mitleid, es war ein Mensch, der auf dem falschen Weg war, aber eben schon im Unglück geboren. Oft muss ich daran denken, wenn ein schnelles Urteil über meine Lippen kommt. Warmherzig-barmherzig, wie selten findet man diese Kristalle in einer einzigen Schale. Deine weichen Hände konnten keinen Nagel einschlagen, aber sie hielten mich fest, wenn ich mit Dir spazieren ging, tausend Fragen stellte, bis ich merkte, dass Deine Gedanken bei Deiner Arbeit waren. Es gibt Menschen, die finden, solch' Schwärmerei sei schon nicht mehr normal. Ich aber werde immer wieder diesen Lorbeerkranz der schönen Worte flechten und ihn Dir auf Dein Grab legen. Das »Heldentum« meiner Mutter bestand darin, dass sie als sehr lebhafte Frau diesem geistvollen Mann die höchste Achtung entgegenbrachte und dabei auf vieles verzichtete, was ihrem künstlerisch interessierten Wesen entsprochen hätte. In ihrer Wertvorstellung war der Harmonie in der Familie der höchste Stellenwert eingeräumt worden, wofür ich ihr heute noch dankbar sein möchte. Erst im Alter weiß man das alles zu schätzen und ist bestrebt, den nächsten Generationen die verstaubten Kulissen lebendig zu machen.

Nun dämmert es draußen, das Haus der behinderten Menschen wird still. Viele sind über das Wochenende nach Hause gefahren. Ich genieße die Ruhe und sehe hinaus auf die noch unbelaubten Bäume, die nur auf Sonne und Regen warten, um in schönen Knospen auszuschlagen. Mein Knie schmerzt, man sagt, es sei das Wetter. Es ist eine rührende Ausrede, es tut trotzdem weh. So bleibe ich lieber sitzen und schreibe weiter.

Meine große Schwester war zehn Jahre älter als ich und so hatte ich in meiner Kindheit wenig Kontakt mit ihr. Sie war sehr verliebt, als ich so sechs Jahre alt war, und das interessierte mich am meisten. Ich verriet in meinem Übereifer ihre geheimen Rendezvous und handelte mir damit viel Strafe ein. Sie war sehr hübsch und hatte viele Verehrer. Dann holten sie sie mit einer Kutsche zum Ball ab und sie wurde nie rechtzeitig fertig, sie konnte stundenlang vor dem Spiegel stehen und ihre langen Wimpern betrachten, die sie dann auch noch mit einem Wimpernaufbieger so aufbog, dass ihre Augen besser zu sehen waren. Die Kleider wurden von der feinsten Schneiderin gefertigt. Wir sahen ihr gerne zu und ich träumte davon, auch einmal so elegant auszusehen. Mutter vertröstete mich auf die Jahre des Erwachsenseins. Sie konnte nicht ahnen, dass meine Jugend keine Bälle mehr kannte, dann schon eher den Bombenalarm. Goldi wollte wie Greta Garbo aussehen und Schauspielerin werden. Doch das war in den Augen der Eltern ein die Sitten gefährdender Beruf und so studierte sie mit gutem Erfolg Jura. Wie schon erwähnt bestand keine allzu große Zuneigung zwischen uns, ich war für sie die Rivalin für die Liebe des Bruders.

Diese friedliche Kindheit steuerte langsam auf eine turbulente Jugendzeit zu. Ich war gerade auf meiner ersten Schiffsreise in Dubrovnik – Ragusa – gewesen. Sie hatten nur mich mitgenommen, weil ich als Jüngste sie am kürzesten in meinem Leben haben würde. Wer konnte ahnen, dass ich sie einmal am längsten pflegen würde, meine Lieben? Unser Schiff hieß »König Peter« und gehörte der jugoslawischen Marine. Es war eine wunderbare Reise, wir fuhren auch nach Montenegro – Cetinje – und nach Kotor. Als wir bei der Heimfahrt das Schiff in Fiume – Rijeka – verließen, erfuhren wir in der Bahn nach Österreich vom Beginn des Zweiten Weltkrieges mit den Worten »Danzig steht im Blut.« Ich vergesse es mein Leben nicht. Konnte ich mir doch unter Krieg nichts vorstellen und hasste die Erzählungen meiner Mutter aus dem Ersten Weltkrieg.

Wir waren also froh, wieder zu Hause zu sein, und kein Mensch konnte ahnen, welch schreckliche Zeit uns bevorstand. Zum Glück konnte Vater mit seinen zahlreichen Augenfehlern nicht einrücken und mein Bruder war am Anfang noch zu jung. Denke ich heute an den Krieg zurück, verschmelzen alle Erinnerungen nur zu wenigen Begriffen: Kampf, Gewalt, Angst, Hunger, Mut, Siegestaumel, Feigheit, Wahnsinn. Es gibt ja viele Menschen, die schon immer alles geahnt haben, die gegen alles waren, auch wenn sie neben mir jubelnd gestanden haben. Sie können vergessen, was ihnen heute nicht passt. Ich weiß nur, dass wir Jungen trotz der Mahnungen unserer Eltern – oder vielleicht gerade deshalb – hingerissen waren vom »Heil«, das uns verkündet wurde. Wir umarmten uns, wenn wieder ein Sieg gefeiert wurde. Wir wollten dabei sein und verabscheuten die Untauglichen, die es zum Teil recht gut verstanden, ihre Freunde an der Front für die Heimat kämpfen zu lassen, was diese oft mit ihrem jungen Leben bezahlten. Wir waren fanatisiert.

Nun wird aber Kritik laut, wir hätten doch wissen müssen, in welche Katastrophe alles führen würde. Ich glaube nicht, dass die heutigen Teenager einen besseren Weitblick in der Politik haben. Die Schule ging weiter, zunächst ohne Bombenangriffe. Das Kloster wurde aufgelöst und ein Lazarett eingerichtet. Wir mussten in die Stadt fahren, natürlich mit dem Fahrrad durch den Stadtpark, weiter durch das Burgtor, vorbei am Dom und Mausoleum, ähnlich einer Moschee in der Türkei. Die steile Sporgasse hinunter, gepflastert mit den »Murnockerl«, Steinen, die man aus der Mur gefischt hatte. Beileibe kein großes Fahrvergnügen. Unser neues Schulgebäude lag direkt gegenüber vom Schlossbergaufgang, einer hohen Felsentreppe im Mittelpunkt der Stadt. Unser Sportplatz lag inmitten von Häusern, man kann es sich heute nicht mehr vorstellen, wie es da zu einem Handballspiel kam. Es war grausam, uns dorthin in der Pause zu entlassen.

Bald kamen die ersten Luftangriffe, Vorwarnung, Warnung, Bomben, Entwarnung. Anfangs schlotterten uns die Knie, dann gewöhnte man sich langsam daran, aber die Sorge blieb, ob das Elternhaus noch stand, wenn man nach Hause kam.

Keinem Schüler war es vergönnt, ins Ausland zu reisen, geschweige denn ein Flugzeug zu besteigen. Der Lehrer musste durch seinen Vortrag die Kulturen lebendig machen und unsere Fantasie spielte so weit mit, solange wir nur zuhören und nichts auswendig lernen mussten. Also glaubten wir alles, was wir hörten. Sehen konnten wir nur das Nächstliegende, die engere Heimat, die wir mit Eltern und Freunden erwanderten. Der Radiosender brachte nur die Nachrichten, die wir hören sollten. Das Abhören von Auslandssendern war strengstens verboten.

In Literatur hatten wir eine herrliche Lehrerin, lebendig brachte sie den Lehrstoff in unsere aufnahmefähigen Gehirne. Natürlich konnte auch sie nicht reden, wie sie es vielleicht gerne getan hätte. Man kann bei den Klassikern nicht viel fälschen, aber man kann die moderne Literatur nach Färbung der jeweiligen Gesinnung aussuchen. Es waren jedenfalls die einzigen Stunden, in denen man noch Kritik verschleiert anbringen konnte. Wir bekamen in der siebenten Klasse einen Aufsatz mit dem Thema »Euthanasie – Für und Wider«. Ich weiß noch, dass es uns damals keineswegs klar war, warum wir uns mit dieser heiklen Frage befassen sollten. Ging es doch hauptsächlich darum, ob unheilbar Kranke von ihren Leiden erlöst werden dürften. Niemals hätte diese Lehrerin von Konzentrationslagern berichten dürfen. Sie lehrte uns auch Latein und so vermischte sich die Brisanz der Gegenwart oft mit der Philosophie des Altertums.

Trotz des Krieges gab es noch Tanzkurse. Die Burschen waren ja anfangs noch zu jung zum Einrücken. Wir gingen also fast alle in die berühmte Tanzschule »Mirkowitsch«, die sich inmitten der Altstadt befand. Das hatte den Vorteil, dass wir durch die finsteren Gassen – es gab wegen der Fliegerangriffe eine totale Verdunklung – nach Hause gebracht wurden. Da konnte man die Annäherung beim Tanze in einem leidenschaftlichen Kuss ausklingen lassen. In den nächsten Jahren waren es auch Abschiedsküsse, denn wir wussten ja nicht, ob wir unsere jungen Partner noch einmal sehen würden, wenn ihr Einrückungsbefehl gekommen war. Wer wollte sich da schon aus den Armen losreißen? Nur wenn jemand auf Urlaub kam, sah man ihn wieder bei einer privaten Einladung, die mit den dürftigsten Mitteln gestaltet wurde. Aus einem alten Plattenspieler, der noch mit der Hand aufgezogen wurde, tönten die Lieder wie »Hörst Du mein heimliches Rufen? Öffne Dein Herzkämmerlein …« oder »J'attendrais le jour et la nuit, j'attendrais toujours ton retour …«. Es gab viele Tränen, wusste doch niemand, ob wir uns jemals wieder umarmen könnten. Wir schrieben Feldpostkarten, die oft mit dem Vermerk »Gefallen« zurückkamen.

Aber es half niemandem von dieser Jugend, Ahnungen zu haben, der Befehl erfolgte ohne Möglichkeit einer eigenen Meinung, die einen daran hindern könnte, ihn zu befolgen. Ich trauere heute noch um diese fröhlichen Gesellen meiner Jugend. Ihre Mütter und Väter haben sie zum »Kanonenfutter« großgezogen. Heute fallen manche Jugendliche durch die Drogensucht in ein grausames Grab. Und doch, wir werden kein Heer von »Friedensengeln« erziehen können, solange wir nicht bereit sind, alles für ein friedliches Leben zu opfern – nicht in großen Taten, sondern im täglichen Leben. Wir haben zunächst das Opfern verlernt mit der Ausrede, man könne nicht seine persönliche Note verraten. Wir zahlen auf Konten der Caritas für die Armen ein, für die Opfer anderer Kriege, für die die so genannte friedliebende Welt auch noch die Waffen schmiedet und verkauft. Nur selten leben wir der Jugend vor, wie man es lernt, seine eigenen Interessen an die Erfordernisse eines friedlichen Lebens anzupassen. In der »Selbstverwirklichung« bleibt nicht viel Platz dafür. Die berühmte »Emanzipation der Frauen« hat ihre Grenze dort, wo wir plötzlich, von der Familie befreit, an der Spitze allein stehen. Diesem Egoismus wird schon dem kleinen Kinde applaudiert, wenn es sich das größte Tortenstück nimmt, als Zeichen besonderer Cleverness. Wir alle haben den Teufel in uns, das ganze Leben gilt es, ihm möglichst wenig Platz in unseren Handlungen zu lassen. Es schadet nicht, sich am Abend Rechenschaft über den verflossenen Tag zu geben, täglich fällt es leichter, als am Lebensabend über eine Reihe von Jahren nachzudenken. Abgesehen davon gibt es vieles, was man am besten gleich in Ordnung bringt. Heute sind wir gegen alles, was Gewalt nach sich zieht, täglich – ohne Kampf. Ich hoffe, so alt zu werden, um erleben zu können, dass der Grüne Tisch das Schlachtfeld endgültig ersetzt.

Ich also – behütet, zum Frieden erzogen, opferbereit – fühlte mich aufgerufen, im Kriege beim Roten Kreuz zu helfen, die Lazarette betreuen zu helfen und Socken für die Wehrmacht zu stricken. Wir teilten unsere zugeteilten Lebensmittel mit allen, die Hunger hatten, wenn sie aus dem Feld zurückkamen. Wir trösteten die Amputierten, deren es viele gab, da man ja noch kein Penicillin kannte. Der Fuß, der Arm, das Bein, die Hand – sie waren ab für immer. Ich weiß auch, warum mir gerade jetzt diese traurigen Gefühle wieder lebendig werden. Auch hier im Reha-Zentrum gibt es Amputierte und Querschnittsgelähmte, Junge im Rollstuhl – für immer. Heute sind es Unfälle, Auto-, Sport-, Arbeitsunfälle. Der Trost fällt schwer – heute wie damals.

Ich werde immer wieder gefragt, wie es bei einem Bombenangriff zuging. Ich weiß nur noch, dass wir beim allerersten nicht wussten, was wir in den Keller mitnehmen sollten. Wir hatten die Waschküche umfunktioniert, Liegebetten hineingestellt und eine dicke Holztüre vor das einzige Fenster montiert. Viel Schutz war es nicht, aber wir ahnten noch nicht, wie schnell ein Haus, von Bomben getroffen, in sich zusammensinken konnte. Als der erste Alarm losging, rafften wir außer den Papieren noch Photoalben zusammen, weil meine Mutter meinte, diese könnte man am wenigsten ersetzen. Wäre es nicht bitterer Ernst gewesen, hätte man einen Film über uns drehen können. Dann rauschten die Flieger über unseren Köpfen und man hörte nah und fern Einschläge. Irgendwie war man Fatalist und versuchte, keine Panik aufkommen zu lassen. Langsam wurde alles Routine. Manchmal ging man erst in den Keller, wenn schon die Bomben fielen, dann aber schnell.

Die schlimmsten Erinnerungen habe ich an meinen Krankenhausaufenthalt im letzten Kriegsjahr. Schon in der Früh mussten alle, die nicht gehen konnten, in den Keller. Bett an Bett und über uns die riesigen Heizungsrohre! Die Barmherzigen Schwestern versorgten uns notdürftig, im übrigen beteten sie mit gefalteten Händen, denn der liebe Gott allein wusste, wohin die Bomben fielen. Sterbende lagen zwischen uns, alles stöhnte und fürchtete sich vor den platzenden Rohren. Ich selbst sah mit meiner Gelbsucht wie ein gelber Leichnam aus. Zum Glück kannte ich schon Wolf, meinen Liebsten, der gerade auf der Pathologie studierte und sich bereit erklärte, mich bei der Vorwarnung in den Keller zu schleppen, alle anderen Kranken kamen, wie schon gesagt, in der Früh herunter. Wir hatten kaum etwas zu essen, die Vorräte waren überall zu Ende, so war es nicht schwer, Diät zu halten. Es ist mir heute noch schleierhaft, wie ein Krankenhaus überhaupt noch funktionieren konnte. Fast alle Ärzte waren entweder alt oder krank und deshalb nicht im Felde, sie und die Schwestern leisteten Übermenschliches. Bevor ich mich aber dem Medizinstudium zuwende, will ich noch von der Hitlerjugend und den Kriegseinsätzen als Erntehelferin und Erntekindergärtnerin erzählen.

Ehe noch der so genannte »Umbruch« begann, Hitler also in Österreich einmarschierte, sah ich schon etliche Buben und Mädchen in weißen Stutzen herumlaufen. Es fiel eigentlich kaum auf, da wir ja Dirndl und Lederhose trugen. Einmal redete mich eine Freundin an, ob ich nicht zu einer Veranstaltung der Jugend mitkommen wolle. Ich sollte womöglich meine weißen Stutzen anziehen. Ich begriff überhaupt nicht, um was es ging. Meine Eltern hätten eine Illegalität auch nie zugelassen, wenn sie davon erfahren hätten, also schwieg ich. Als ich dreizehn Jahre alt war, wurde bei uns die Hitlerjugend gegründet und wir machten begeistert mit. Zuerst war man Jungmädel, eine Vorstufe zum BDM (Bund Deutscher Mädel), bei dem man dann bis zur Matura verblieb. Da musste man eine Bestätigung vorweisen, dass man dabeigewesen ist, sonst bekam man nicht die Zulassung. Dank meiner »Führungseigenschaften« wurden mir bald zehn Mädchen zwischen zehn und zwölf Jahren zugewiesen. Ich musste sie zu Heimabenden zusammenrufen, wo wir uns die Zeit mit Liedern, Vorlesen und Gemeinschaftsspielen vertrieben. Auch betrieben wir viel Sport und das machte am meisten Spaß. Bald wurde ich auch für mehrere Gruppen Sportreferentin und übernahm die Verantwortung für unsere Sportstunden. Natürlich musste ich alles selber vormachen, was ich von ihnen verlangte. Damals war ich vierzehn.

Endlich fühlte ich mich gefordert, frei vom Elternhaus, das ja keine Einwände mehr machen durfte. In der Diktatur ist man froh, wenn man nicht weiß, was der andere denkt. Das kann man sich heute kaum vorstellen. Politisch wurden wir für das »Deutsche Reich« begeistert und ich war stolz, die Uniform tragen zu dürfen. Sie bestand aus einem dunklen Rock, einer weißen Bluse mit einem schwarzen Dreieckstuch, das von einem Lederknoten zusammengehalten wurde. Dazu gab es noch eine braune kurze

Jacke. Ich muss mein Bild von damals ansehen und mich wundern, dass ich das wirklich bin bzw. war, zu sehr haben uns die Folgezeiten diese Erinnerungen ausgebrannt. Wie man denkt – für immer! Aber unser Gehirn hat alles gespeichert und man kann eben nichts löschen, was einmal als Idee besitzergreifend unser Leben bestimmte. Es wäre Heuchelei, würde ich diese Jahre als verhängnisvoll betrachten, es sei denn, ich sehe sie aus dem heutigen Blickwinkel. Die Aufmärsche der Jugendgruppen mit den Fahnenträgern und Trommeln waren gigantisch und mitreißend, die Folgen dieses Fanatismus für die Jugend nicht absehbar. Aus diesen Erinnerungen heraus ertappe ich mich immer wieder dabei, auf einem Kornfeld Ausschau nach Kornblumen zu halten, die gemischt mit rotem Mohn und Margeriten mein Lieblingsblumenstrauß waren. Kornblumen waren aber auch ein Symbol für unsere Geisteshaltung. Ich finde sie kaum noch, die Äcker sind beinahe unkrautfrei.

Während der letzten zwei Schuljahre wurden wir von der Schulbank zum Erntedienst weggeholt. Unsere Klasse wurde hauptsächlich im Burgenland eingesetzt, nahe der ungarischen Grenze. Wir wohnten in einem Barackenlager des Landdienstes und arbeiteten beim Bauer im Haus und auf dem Feld. Bei meinen Leuten war die junge Bäuerin gestorben und so musste ich der Altbäuerin zur Hand gehen. Leider war sie mehr oder weniger an den Stuhl gefesselt, weil ihre Beine es nicht schafften. Ich war guten Willens, hatte aber keine Ahnung von einer Wirtschaft, noch verstand ich anfangs ein Wort von dem burgenländischen Dialekt. Ich musste die Eier der Hühner suchen, auf denen sie aber hockten, während ich sie vergebens beim Ausgang gesucht hatte. Ich musste Schweinefutter schneiden und die Schweine füttern, den Stall ausputzen und vor allem mit aufs Feld gehen, Garben binden und sie auf den hohen Wagen werfen. Dann ging ich stolz vorne beim Zugochsen durch das Dorf zum Bauernhof und achtete darauf, dass die Ochsen wegen der großen Bremsen nicht durchgingen. Mein Blut erschien diesen noch süßer, denn sie stachen mich, wo sie nur konnten. Dies alles im heißen Sommer und auf der schon zur ungarischen Tiefebene gehörenden

Ackerfläche. Einige Tage schickte man mich auch ganz allein in den Weingarten, um Unkraut zu jäten. Die Gegend galt als sehr gefährlich, weil die Schmuggler in den Weingärten ihren Unterschlupf suchten. Ich verzichtete auf meine in der Kindheit geschürte Angst, sonst wäre ich wohl davongelaufen. Unser Lohn bestand aus einem winzigen Taschengeld und der damals noch nahrhaften Verpflegung beim Bauern, der uns sehr unterernährt fand. Ich war eben die »Gretl«, das blöde Stadtkind, das keine Ahnung von Küche und Landwirtschaft hatte. Aber mit der Zeit wurde ich doch geschätzt, weil ich trotz aufgeriebener Arme und geschundenem Rücken mein Bestes gab. Im zweiten Sommer machte ich im gleichen Ort den Erntekindergarten, das hieß, dass wir nach zweitägiger Schulung den Kindergarten des Ortes leiten mussten. Das geschah zur Entlastung der Mütter, deren Männer eingerückt waren und auf deren Schultern die ganze Erntearbeit lag! Ich hatte fünfundzwanzig Kinder und eine ortsansässige Helferin. Die Kinder blieben ganztägig! Alles, was ich mir da einfallen lassen musste, kam mir später als Großmutter zugute. Vor allem der Respekt vor der bäuerlichen Arbeit ist mir bis heute geblieben. Wir gestalteten sogar ein schönes Sommerfest trotz des grausamen Krieges.

Meine Eltern waren bei einem Besuch entsetzt, dass ich so allein auf dem Kirchberg neben dem Friedhof wohnen musste, wo sich auch der Kindergarten befand. So entschloss sich der Bürgermeister, mir ein Zimmer in seinem Haus zu geben, mit einer Waschschüssel und einem Eimer, das Klo weit draußen im Garten, nur bei Mondlicht zu erkennen. Ich glaube, dass sich mein Weltbild damals entscheidend gewandelt hat, aus dem verwöhnten Kind wurde eben ein brauchbares Wesen, das sich bei dieser Unbedarftheit des ländlichen Lebens wohlfühlen lernte. Wohlgemerkt wurde auch dieser »Job« nur mit Taschengeld honoriert. Wenigstens hatten wir keine Probleme der Feriengestaltung. Das Geheimnis dieser Einsätze war sicher, dass es eben alle machten und man auch die Notwendigkeit einsah, helfen zu müssen. Komischerweise erkrankten wir auch nicht durch die körperliche Überbelastung, wir waren froh und heiter.

Abbildung 29: Schöne Jugend

Die Matura, die ich mit Auszeichnung bestand, sollte uns den Weg in die nächste Zukunft öffnen. Zunächst ging es aber zum Reichsarbeitsdienst. Ich meldete mich freiwillig. Also kam ich nach Kärnten ins Gailtal in eine Männerbaracke, die für uns Mädchen bereitgestellt wurde. Auch da gab es hauptsächlich Landarbeit.

Zunächst hieß es aber, die Klobaracke putzen, damit wir hochge-stochenen Maturantinnen wüssten, was harte Arbeit sei. Man saß da auf einem »Donnerbalken« und musste sich erst daran gewöhnen, seine »Geschäfte« im Kreise aller Mädchen zu vollbringen. Es wurde viel gelacht, ehe man fast erstickte.

Nach zwei Monaten aber wurde ich wegen einer Augenoperation (Schielen) endgültig entlassen und in dem studentischen Ausgleichsdienst als Sekretärin angestellt. Nach einem halben Jahr durfte ich endlich mit dem Medizinstudium beginnen, was seit jeher mein größter Wunsch war. Die Anatomie war noch ein uraltes Gebäude, der Anatomiesaal ein Horror, vor allem wegen des intensiven Geruches nach Leichen. Ich war damals eines der relativ wenigen Mädchen inmitten von wehruntauglichen Männern oder Angehörigen der Militärakademie und der SS-ärztlichen Akademie, die in Graz stationiert war. Die Hörsäle waren nicht überfüllt und der Kontakt mit dem Professor noch möglich. Es interessierte mich alles, wenn ich auch beim Eintritt in den Seziersaal geschockt war. Während des Sezierens aber wurde mir die unvergleichliche Schöpfungskraft bewusst, die diesen wohlfunktionierenden Menschen mit all seinen Knochen und Gelenken, Muskeln und Organen erschaffen hatte. Es ist mir heute noch ein Rätsel und Anlass zur Frage nach unserer Herkunft. Natürlich machte man sich gegenseitig mit blöden Witzen Mut, vor allem als Mädchen musste man sich allerhand Organe zeigen lassen. So wurde aus dem behandschuhten Mädchen langsam eine Studentin, die den offenen Bauch sezieren musste. Freiwillig würde ich aber als Ärztin nie zum Messer greifen wollen, sehnte ich mich doch danach, Schiffsärztin zu werden. Schon, um die weite Welt zu sehen, nach der ich mich so sehnte.

Dieses Fernweh ließ mich lange nicht los. Zu sehr war ich mit dem Elternhaus verhaftet. Heute bin ich froh, noch in derselben Gasse zu wohnen, nicht heimkehren zu müssen. Um das Medizinstudium fortsetzen zu können, musste man in den Ferien Krankenpflegedienst machen. Ich meldete mich zur Augenklinik, weil ich dort ja operiert worden war. In meinem Zeugnis von meinem dreimonatigen Dienst steht, dass »die Studentin für ihren

Abbildung 30: Ein neuer Lebensabschnitt

Beruf als Ärztin geeignet ist. Sie war die Leuchte bei den Operationen«. Das kam daher, weil ich die flexible Leuchte über dem
Kopf des Patienten halten und das jeweilige Operationsgebiet aus-
leuchten musste, was einige Kenntnisse erforderte. Aber die konnte man sich ja aneignen. Mir gefiel diese Tätigkeit außerordent-
lich, trug ich doch zum ersten Mal einen weißen Mantel und
rauschte damit durch die Krankensäle. Man glaubt, man sei in
der Gilde der Heiler aufgenommen. Ich hatte eine große Angst vor

Infektion, da ich immer in der Ambulanz die Augen der Kinder aufhalten musste, die, von Syphilis angesteckt, eine Augenentzündung hatten. So wusch ich mir die Hände mit Lysoform. Langsam gewöhnte ich mich daran, Diagnosen zu stellen, was die Assistenten köstlich amüsierte. Ich himmelte natürlich alle an, da sie mir doch als fertige Männer vorkamen. Mein Schwarm fragte mich leider zu spät, ob ich mit ihm ausgehen wollte, da hatte ich schon Wolf kennen gelernt …

(G. R.)

An dieser Stelle endet der erste Teil autobiografischer Erinnerungen. Ich möchte diesen Text für sich wirken lassen und den Ausführungen nichts hinzufügen. Dass diese Schilderungen den Grundstock für viele Gespräche bilden könnten, liegt auf der Hand …

Somit schließt sich der Kreis. Ein Gespräch zieht ein anderes nach sich, lädt ein, Unbekanntes zu entdecken und Bekanntes mit anderen Augen zu betrachten. Den Leserinnen und Lesern wünsche ich gute Gespräche, in denen sie vieles erfahren können – über vergangene Zeiten, andere Menschen, andere Kulturen – und über sich selbst!

Abbildung 31: »Gespräche sind Wege zum Du …!«

Literaturverzeichnis

ANDERS, G.: Die Chronik. Aus: Der Blick vom Turm. C. H. Beck, München 1968

ANDERSEN, H. Ch.: Märchen. Magnus, Wien o. J.

ANDERSON, H.: Das therapeutische Gespräch. Klett-Cotta, Stuttgart 1999

ANDERSON, H.; GOOLISHIAN, H.: Der Klient ist Experte. Zeitschrift für systemische Therapie. Heft 10, S. 176 ff., 1992

ANGSTMANN, G.: Schreiben hilft leben. Wege zur Selbstentfaltung. Herder, Freiburg 1989

ANOSCHIRWAN: Über das ewige Leben. Aus: PESESCHKIAN, N.: Der Kaufmann und der Papagei. Fischer, Frankfurt/M. 1992

ANTIKE FABELN: dtv, München 1973

ARNETT, J. J.: Emerging Adulthood. In: American Psychologist. Vol. 55, Nr. 5, 2000

BASHO: Auf schmalen Pfaden durch das Hinterland. Aus: BALMES, H. J. (Hrsg.): Chatwins Rucksack. Portraits, Gespräche, Skizzen. Fischer Taschenbuch, Frankfurt/M. 2002

BATESON, G.: Ökologie des Geistes. Suhrkamp, Frankfurt/M. 1981

BERGER, P. L.; LUCKMANN, T.: Die gesellschaftliche Konstruktion der Wirklichkeit. Fischer, Frankfurt/M. 1970

BETTELHEIM, B.: Kinder brauchen Märchen. dtv, München 1980

BETZ, F.: Heilbringer im Märchen. Kösel, München 1989

BILLEN, J. (Hrsg.): Deutsche Parabeln. Reclam, Stuttgart 1982

BIOS: Zeitschrift für Biografieforschung und Oral History. Opladen

BITTNER, G.: Der Erwachsene. Multiples Ich in multipler Welt. Kohlhammer, Stuttgart 2001

BLIMLINGER, E. et al.: Lebensgeschichten. Biographiearbeit mit alten Menschen. Vincentz-Verlag. Hannover 1996

BLY, R.: Die kindliche Gesellschaft. Über die Weigerung, erwachsen zu werden. Kindler, München 1997

BÖHM, E.: Alte verstehen. Grundlagen und Praxis der Pflegediagnose. Psychiatrie-Verlag, Bonn 1996

BORCHERS, E.: Das Poesiealbum. Insel, Frankfurt/M. 1980

BRODKEY, H.: Die Geschichte meines Todes. Rowohlt, Reinbek bei Hamburg 1998

BRÜDER GRIMM: Kinder- und Hausmärchen. Gondrom, Bayreuth 1983

BUBER, M.: Die Erzählungen der Chassidim. Manesse, Zürich 1949

CHATWIN, B.: Traumpfade. Fischer Taschenbuch, Frankfurt/M. 2001

DEISSLER, K. G.: Sich selbst erfinden? Von systemischen Interventionen zu selbstreflexiven Gesprächen. Waxmann, Münster 1997

DOMIN, H.: Gesammelte autobiographische Schriften. Fast ein Leben. Fischer, Frankfurt/M. 1998

DREWERMANN, E.: Lieb Schwesterlein, lass mich herein. dtv, München 1992

EGNER, H. (Hrsg.): Lebensübergänge oder der Aufenthalt im Werden. Walter, Düsseldorf 1995

EINSTEIN, A.: zit. n. ZEIT-Magazin, Hamburg o. J.

ENDE, M.: Momo. Thienemanns, Stuttgart 1973

ENDE, M.: Die unendliche Geschichte. dtv, München 1990

ENZENSBERGER, H. M. (Hrsg.): Allerleirauh. Insel, Frankfurt/M. 1975

ERIKSON, E.: Einsicht und Verantwortung. Fischer, Frankfurt/M. 1971

ERIKSON, E.: Identität und Lebenszyklus. Suhrkamp, Frankfurt 1971

EULLER, T.: Begegnung. In: Heimat – was bedeutet das? Steirische Berichte, Graz 1994

FEIL, N.: Ausbruch in die Menschenwürde. Validation. Wiener, Wien 1993

FOUCAULT, M.: Wahnsinn und Gesellschaft. Suhrkamp, Frankfurt 1969

FRANKL, V.: … trotzdem Ja zum Leben sagen. dtv, München 1982

FREUD, S.: Abriss der Psychoanalyse. Das Unbehagen in der Kultur. Fischer, Frankfurt/M. 1972

FREUD, S.: Massenpsychologie und Ich-Analyse. Fischer, Frankfurt/M. 1972

FRIEDELL, E.: Kulturgeschichte der Neuzeit. C. H. Beck, München 1965

FURTMAYER-SCHUH, A.: Die Alzheimer-Krankheit – Das große Vergessen. Kreuz, Zürich 2000

GADAMER, H. G.: Wahrheit und Methode. Mohr, Tübingen 1960

GILGAMESCH-Epos: Reclam, Stuttgart 1958

GLINKA, H. J.: Das narrative Interview. Juventa, Weinheim 1998

GOETHE, J. W.: Wanderers Nachtlied. Aus: BRAUN, F. (Hrsg.): Der Tausendjährige Rosenstrauch. Zsolnay, Wien 1973

GOETHE, J. W.: »Warum gabst du uns die tiefen Blicke« und »Zum Sehen geboren« Aus: UNSELD, S.: Goethe. Das Leben, es ist gut. Insel, Frankfurt 1997

GOLDBERG, M.: Übungen mit der Sanduhr. Geschichten 1993–1996. Tel Aviv 1996

GRILLPARZER, F.: Ich führte neulich. Aus: Deutsche Parabeln, Reclam, Stuttgart 1982

GROND, E.: Die Pflege verwirrter, alter Menschen. Lambertus, Freiburg/Breisgau 1992

GUARDINI, R.: Die Lebensalter. Matthias-Grünewald-Verlag, Mainz 1998

HEDTKE-BECKER, A. et al.: Biographische Arbeit: Lernen mit verwirrten Menschen. Glücklich leben trotz Verlusten. In: Praxishandbuch Altersarbeit. Schweizerische Gesellschaft für Gerontologie, S. 43 – 56, Bern 1999

HELLINGER, B.: Anerkennen, was ist. Kösel, München 1996

HELLINGER, B.: Die Mitte fühlt sich leicht an. Kösel, München 1996

HELLINGER, B.: Ordnungen der Liebe. Carl Auer Systeme, Heidelberg 1994

HERDER, J. G.: Die Katze und die Maus. Aus: BILLEN, J. (Hrsg.): Deutsche Parabeln, Philipp Reclam, Stuttgart 1982

HESSE, H.: Stufen. Aus: Die Gedichte. Suhrkamp, Frankfurt/M. 1970

HESSE, H.: Lektüre für Minuten. Suhrkamp, Frankfurt 1972

HINTZE, Ch. I.: Die goldene Flut. Kiepenheuer & Witsch, Köln 1987

JUNG, C. G.: Erinnerungen, Träume und Gedanken. Sonderausgabe. Walter, Olten 1986

KAST, V.: Loslassen und sich selber finden. Herder, Freiburg 1994

KAST, V.: Zäsuren und Krisen im Lebenslauf. Wiener Vorlesungen. Picus, Wien 1997

KOHUT, H.: Introspektion, Empathie und Psychoanalyse. Suhrkamp, Frankfurt/M. 1977

KOTRE, J.: Weiße Handschuhe. Wie das Gedächtnis Lebensgeschichten schreibt. Hanser, München 1996

KOTRE, J.: Lebenslauf und Lebenskunst. Hanser, München 2001

KRÜLL, M.: Im Netz der Zauberer. Eine andere Geschichte der Familie Mann. Fischer Taschenbuch, Frankfurt/M. 1999

KRUSCHE, D. (Hrg.): Haiku. Japanische Gedichte. dtv Klassik, München 1995

KUMMER, I.: Wendezeiten im Leben der Frau. dtv-Vlg., München 1992

LAWLOR, R.: Am Anfang war der Traum. Aborigines-Mythologie der Traum-Zeit 1991

LEBOYER, F.: Das Fest der Geburt. Kösel, München 1990

LEITER, K.: Ach wie gut, dass jemand weiß … Tyrolia, Wien 1996

LIESENFELD, S. (Hrsg.): Alles wirkliche Leben ist Begegnung. Hundert Worte von Martin Buber. Verlag neue Stadt, München 1998

MANN, K.: Kinder dieser Zeit. Autobiographie. Rowohlt, Reinbek, München 1965

MITGUTSCH, A.: Erinnern und Erfinden. Literaturverlag Droschl, Graz 1999

MITSCHERLICH, M.: Erinnerungsarbeit. Suhrkamp, Frankfurt/M. 1987

MITTLINGER, K.: »… der Himmel ist in dir« (Angelus Silesius): Selbsterfahrung in der Begegnung mit Jesus. In: Wort auf dem Weg. Die Quelle, 274/46. Jg. Feldkirch 2001

MITTLINGER, K.: Gedichte und Prosa. Unveröffentlichte Texte. Graz 1996–2001

MITTLINGER, K.: Jakobisonntag in Kaindorf. In: Heimat – was bedeutet das? Steirische Berichte/1, S. 22 f., Graz 1994

MONTAGU, A.: Körperkontakt. Konzepte der Humanwissenschaften. Klett-Cotta, Stuttgart 1974

MÜLLER, W.: Meine Seele weint. Vier Türme, Münster-Schwarzach 1993

NADOLNY, S.: Selim oder die Gabe der Rede. Piper, München 2002

NADOLNY, S.: Das Erzählen und die guten Ideen. Piper, München 2001

NAVRATIL, L.(Hrsg.): Ernst Herbeck: Im Herbst da reiht der Feenwind. Gesammelte Werke. Residenz, Salzburg 1992

NIETHAMMER, L.: Lebenserfahrung und kollektives Gedächtnis. Die Praxis der »Oral history«. Suhrkamp, Frankfurt/M. 1980

NIETZSCHE, F.: Sämtliche Werke. Kritische Studienausgabe. dtv, München 1988

OERTER, R.; MONTADA, L. (Hrsg.): Entwicklungspsychologie. Beltz, Weinheim 1995

OSBORNE, C. et al.: Erinnern. Eine Anleitung zur Biographiearbeit. Lambertus, Freiburg 1997

OMPTEDA, G.v.: Sylvester von Geyer. F. Fontane & Co., Berlin 1903

PELZ, M.: »Nicht mich will ich retten« Die Lebensgeschichte des Janusz Korczak. Beltz & Gelberg, Weinheim 1997

PESESCHKIAN, N.: Auf der Suche nach Sinn. Fischer, Frankfurt/M. 2000

PESESCHKIAN, N.: Das Geheimnis des Samenkorns. Fischer, Frankfurt/M. 1999

PESESCHKIAN, N.: Der Kaufmann und der Papagei. Fischer, Frankfurt/M. 1979

PETZOLD, H.: Die Behandlung und Aktivierung alter Menschen durch Integrative Tanz- und Bewegungstherapie. In: WILKE, E. et al.: Tanztherapie. Theorie und Praxis. Junfermann, Paderborn 1991

PHILBERT-HASUCHAK, S.: Pflege – Prozeß – Standards. Springer, Berlin 1999

PIUMINI, R.: Eine Welt für Madurer. dtv, München 2002

RANKE-GRAVES, R. v.: Der Pelasgische Schöpfungsmythos. Aus: Griechische Mythologie Bd. 1, S. 22, Reinbek 1955

REISSENBERGER, W.: Das verlorene Paradies. Erinnerungen an eine siebenbürgische Jugend. Leopold Stocker, Graz 1986

RICOEUR, P.: Zeit und Erzählung. Fink, München 1991

RIEDEL, I.: Hans mein Igel. Weisheit im Märchen. Kreuz, Zürich 1984

RILKE, R. M.: Die Aufzeichnungen des Malte Laurids Brigge. In: Werke in drei Bänden, Band 3. Insel, Frankfurt 1966

RILKE, R. M.: Und ich bitte Sie ... Aus: »Brief an Kappus«. Gesammelte Werke, S. 604, Insel, Frankfurt 1966

RILKE, R. M.: Werke in drei Bänden, Insel, Frankfurt 1966 (Band 2, S. 16: Ein Frühlingswind und S. 181 Spiegelungen II)

ROGERS, C. R.: Die klientenzentrierte Gesprächspsychotherapie. Kindler, München 1972

RUHE, H. G.: Methoden der Biografiearbeit. Beltz, Weinheim 1998

RÜSEN, J.; STRAUB, J. (Hrsg.): Die dunkle Spur der Vergangenheit. Suhrkamp, Frankfurt/M. 1998

RYAN, T.; WALKER, R.: Wo gehöre ich hin? Biografiearbeit mit Kindern und Jugendlichen. Beltz, Weinheim 1997

SACKS, O.: Der Mann, der seine Frau mit einem Hut verwechselte. Rowohlt, Reinbek 1987

SAINT-EXUPERY, A. de: Der Kleine Prinz. Arche, Zürich 1998

SAINT-EXUPERY, A. de: Man sieht nur mit dem Herzen gut. Herder, Freiburg 1996

SATIR, V.: Mein Weg zu dir. Kontakt finden und Vertrauen gewinnen. Kösel, München 1989

SCHAFER, R.: Erzähltes Leben. Narration und Dialog in der Psychologie. Pfeiffer, München 1995

SCHAMI, R.: Erzähler der Nacht. Beltz & Gelberg, Weinheim 1989

SCHAMI, R.: Der ehrliche Lügner. Beltz & Gelberg, Weinheim 1996

SCHARB, B.: Spezielle validierende Pflege. Springer, Berlin 2001

SCHUMACHER, K.: Der Körper als Beziehungsinstrument. In: Beiträge zur Musiktherapie. Bd. I., Freies Musikzentrum, München 1995

SCHWARZER, A.: Marion Dönhoff. Ein widerständiges Leben. Knaur Taschenbuch, München 1997

SELVINI PALAZZOLI, M. et al.: Paradoxon und Gegenparadoxon. Klett-Cotta, Stuttgart 1977

SHOTTER, J.; GERGEN, K. J. (Hrsg.): Texts of identity. Sage, London 1989

SIGMUND, A.: Glück. Unveröffentlichte Gedichte. Graz 2001

SPECHT-TOMANN, M; TROPPER, D.: Zeit des Abschieds. Sterbe- und Trauerbegleitung. Patmos, Düsseldorf 1998

SPECHT-TOMANN, M.; TROPPER, D.: Hilfreiche Gespräche und heilsame Berührungen im Pflegealltag. Springer, Berlin 2000

SPECHT-TOMANN, M.; TROPPER, D.: Wir nehmen jetzt Abschied. Kinder und Jugendliche begegnen Sterben und Tod. Patmos, Düsseldorf 2000

SPECHT-TOMANN, M.; TROPPER, D.: Wege aus der Trauer. Kreuz, Stuttgart 2001

SPECHT-TOMANN, M.; TROPPER, D.: Zeit zu trauern. Kinder und Erwachsene verstehen und begleiten. Patmos, Düsseldorf 2001

STOLL, H. W. (Hrsg.): Die Sagen des klassischen Altertums. Magnus, Stuttgart o. J.

STRAUB, J. (Hrsg.): Erzählung, Identität und historisches Bewusstsein. Suhrkamp, Frankfurt/M. 1998

STRAUSS, A.: Spiegel und Masken. Suhrkamp, Frankfurt/M. 1974

STROHAL, E.: Ernst nehmen. In: STROHAL, E.: Fang nochmal an. Spuren ins neue Leben. Verlag am Eschbach, Eschbach 1990

TAUSCH, A.: Gespräche gegen die Angst. Rowohlt, Hamburg 1994

TAUSCH, R.: Lebensschritte. Rowohlt, Hamburg 1993

TOLSTOJ, L: Aus: DROHLA, G.: Tolstojs letzte Jahre. Achtundreißig Fotografien. Insel, Frankfurt 1979

TOMM, K.: Die Fragen des Beobachters. Carl-Auer-Systeme, Heidelberg

TROPPER, D.: In Würde altern. Pflege und Begleitung älterer Menschen. Patmos, Düsseldorf 2002

TROPPER, E.: Gedichte. Unveröffentlichte Texte. Graz 1998–2000

UNSELD, S. (Hrsg.): Goethe. Das Leben, es ist gut. Insel, Frankfurt/M. 1997

UNSELD, S. (Hrsg.): Goethe. »Warum gabst du uns die tiefen Blicke« und »Zum Sehen geboren«. Insel, Frankfurt/M. 1997

WAIS, M.: Biographiearbeit Lebensberatung – Krisen und Entwicklungschancen des Erwachsenen. Urachhaus, Stuttgart 1999

WATZLAWICK, P. (Hrsg.): Die erfundene Wirklichkeit. Piper, München 1985

WATZLAWICK, P.: Münchhausens Zopf oder Psychotherapie und Wirklichkeit. Piper, München 1992

WATZLAWICK, P.: Wie wirklich ist die Wirklichkeit? Piper, München 1976

WATZLAWICK, P.; BEAVEN, J.H.; JACKSON, D.D.: Menschliche Kommunikation. Huber, Bern 1967

WEINBERGER, S.: Klientenzentrierte Gesprächsführung. Eine Lern- und Praxisanleitung für helfende Berufe. Beltz, Weinheim 1998

WEISSENSTEINER, B.: Leben mit der Krankheit. Verein Chance B., Heft 4/99, S. 6–12, Gleisdorf

WHITE, M.; EPSTON, D.: Die Zähmung der Monster. Carl-Auer-Systeme, Heidelberg 1998

WINNICOTT, D.W.: Der Anfang ist unsere Heimat. Klett-Cotta, Stuttgart 1990

WIRSING, K.: Psychologisches Grundwissen für Altenpflegeberufe. Beltz, Weinheim 1997

WITTGENSTEIN, L.: Schriften 1. Suhrkamp, Frankfurt/M. 1969

WONDRATSCHEK, W.: »In den Autos«. Gedicht 1976

WYGOTSKI, L. S.: Denken und Sprechen. Fischer, Frankfurt/M. 1977

ZEITpunkte 1/96: Keine Angst vor dem Alter. Hamburg 1996

Abbildungsverzeichnis